典籍英译图书评论观点挖掘与知识发现

祁瑞华 著

清华大学出版社
北京

内 容 简 介

本书分别从全局主题视角和局部主题视角多维度抽取典籍英译海外评论关注的主题，为适应网络评论的多语言跨领域环境，提出基于情感词典的中英文评论情感分析方法、基于跨领域迁移学习的典籍英译评论情感分析方法和基于多任务学习的典籍英译评论细粒度情感分析方法，并完成典籍英译评论观点汇总和主题词云可视化。

本书主要面向计算语言学和文本挖掘领域的研究生和相关专业的研究人员，既可以作为开展文本分析与处理研究的教科书，又可以作为相关部门管理和研发人员的参考书。

版权所有，侵权必究。举报：010-62782989，beiqinquan@tup.tsinghua.edu.cn。

图书在版编目（CIP）数据

典籍英译图书评论观点挖掘与知识发现 / 祁瑞华著. -- 北京：清华大学出版社，2024.12. -- ISBN 978-7-302-67758-1

Ⅰ.H315.9

中国国家版本馆CIP数据核字第2024KB5217号

责任编辑：贾　斌
封面设计：何凤霞
责任校对：韩天竹
责任印制：曹婉颖

出版发行：清华大学出版社
网　　址：https://www.tup.com.cn，https://www.wqxuetang.com
地　　址：北京清华大学学研大厦A座　　邮　编：100084
社 总 机：010-83470000　　邮　购：010-62786544
投稿与读者服务：010-62776969，c-service@tup.tsinghua.edu.cn
质量反馈：010-62772015，zhiliang@tup.tsinghua.edu.cn
课件下载：https://www.tup.com.cn，010-83470236

印 装 者：三河市春园印刷有限公司
经　　销：全国新华书店
开　　本：170mm×230mm　　印　张：14.25　　字　数：280千字
版　　次：2024年12月第1版　　印　次：2024年12月第1次印刷
印　　数：1～1000
定　　价：79.00元

产品编号：085435-01

前言

FOREWORD

典籍英译是中华文化"走出去"的重要途径,读者评论是译本被接受的最终标准。2015年5月,习近平总书记在《人民日报》(海外版)创刊30周年的批示中指出:"用海外读者乐于接受的方式、易于理解的语言,讲述好中国故事、传播好中国声音,努力成为增信释疑、凝心聚力的桥梁纽带。"推动典籍英译等中华文化海外传播的工作,既要有宏观层面的思考,又要有实践层面对读者接受结果反馈的科学分析。

典籍英译读者评论是译者和出版社研究读者的第一手资料。本书的目标首先是丰富充实读者反应理论体系的研究内容,为典籍英译策略提供新的研究视角,从目的语读者角度揭示典籍英译顺利契合译入文化的途径,为系统考查读者观点提供客观数据的分析方法;其次,探索典籍英译领域知识与自然语言处理技术、文本挖掘技术的跨学科研究,这是对现有读者接受理论、评价理论、翻译质量评估理论和计算语言学理论有益的完善和延伸;最后,将本书的研究模式推广到其他语种和领域,从更广泛意义上探讨对我国典籍外译事业的启示。

全书共由9章组成,第1章是绪论,介绍研究背景与意义,第2章介绍研究的相关理论,第3章基于主题模型进行典籍英译海外评论全局主题抽取,第4章基于知识库进行典籍英译评论局部主题词抽取,第5章基于多源知识进行典籍英译评论情感词典构建,第6章开展典籍英译评论篇章级情感分析,第7章基于多任务学习进行典籍英译评论细粒度情感分析,第8章进行典籍英译评论观点汇总和词云可视化,第9章是结论与展望。

本书受到国家社会科学基金一般项目"典籍英译国外读者网上评论观点挖掘研究"(项目编号:15BYY028)资助。

本书能够出版,首先要感谢清华大学出版社的编辑和审稿专家们,是他们耐心细致的工作使本书得以顺利出版,其次还要感谢参与本书数据收集整理与分析的杨明昕、简悦、邵震和李旻等同学，本书的若干专题研究与他们经过了深入的讨论，最后感谢本书所有参考文献的作者和公开语料库的开发者，本书的写作从他们的研究成果中获取了很多经验，他们勤奋和乐于分享的科研精神始终启发着我的研究工作。

  虽然我始终以认真严谨的态度对待本书的撰写工作，但很多研究尚属于探索阶段，书中难免有不足之处，恳请广大读者批评指正！

编 者

2024 年 9 月

目录
CONTENTS

第 1 章　绪论 ·· 1

  1.1　选题背景与研究意义 ·· 1
      1.1.1　选题背景 ·· 1
      1.1.2　研究意义 ·· 4
  1.2　研究内容 ·· 5
  1.3　研究方法 ·· 6
  1.4　研究创新点 ··· 7
  本章小结 ··· 7

第 2 章　相关理论基础 ·· 9

  2.1　读者反应理论 ·· 9
  2.2　评价理论 ·· 10
  2.3　翻译质量评估理论 ··· 13
  2.4　接受理论 ·· 15
  本章小结 ··· 17

第 3 章　基于主题模型的典籍英译海外评论全局主题抽取 ········· 18

  3.1　主题性相关研究 ·· 19
      3.1.1　译本主题性相关研究 ······································ 19
      3.1.2　隐含狄利克雷分布主题模型 ······························ 21
  3.2　研究思路 ·· 25
  3.3　数据采集与文本预处理 ··· 26
  3.4　基于 LDA 模型的典籍英译评论主题抽取 ···················· 29

  3.4.1 主题数量确定 ·· 29
  3.4.2 主题抽取 ·· 32
  3.4.3 主题词统计和可视化 ·· 33
 本章小结 ··· 38

第4章 基于知识库的典籍英译评论局部主题词抽取 ······················· 39

 4.1 基于自然语言处理技术的主题词抽取相关研究 ························ 39
  4.1.1 显性主题词抽取 ·· 40
  4.1.2 隐性主题词抽取 ·· 41
  4.1.3 基于知识库的主题抽取 ·· 42
  4.1.4 图书评论主题挖掘 ·· 42
 4.2 基于知识库的典籍英译评论主题词抽取 ······························ 43
  4.2.1 AffectNet 常识知识库 ··· 43
  4.2.2 显性和隐性主题词抽取 ·· 44
  4.2.3 主题共词聚类 ·· 45
 4.3 典籍英译评论主题词抽取实证研究 ·································· 47
  4.3.1 典籍英译评论主题词抽取实验 ···································· 47
  4.3.2 典籍英译评论主题聚类实验 ······································ 49
  4.3.3 各典籍英译评论主题聚类实验 ···································· 52
  4.3.4 《红楼梦》霍克斯和杨宪益译本评论主题分析 ······················ 65
 本章小结 ··· 74

第5章 基于多源知识的典籍英译评论情感词典构建 ······················· 75

 5.1 译本情感分析和情感词典研究现状 ·································· 75
  5.1.1 译本情感分析 ·· 75
  5.1.2 情感词典研究现状 ·· 76
 5.2 基于多源知识融合的领域情感词典表示学习 ························· 82
  5.2.1 多源数据领域差异权重计算 ······································ 82
  5.2.2 基于 Fasttext 的词向量表示 ······································ 84
  5.2.3 基于多源知识融合的领域情感词典学习算法 ······················ 85
 5.3 典籍英译评论情感词典构建 ·· 86
  5.3.1 典籍英译评论情感词典与普通图书评论对照实验 ·················· 87
  5.3.2 典籍英译评论共有情感词表 ······································ 91
  5.3.3 典籍英译评论独特情感词表 ······································ 92

        5.3.4 《红楼梦》英译评论情感词实例分析 ·················· 94
    本章小结 ··· 97

第6章 典籍英译评论篇章级情感分析 ························ 98
  6.1 基于情感词典的英文评论情感分析 ······················· 98
      6.1.1 英文评论情感分析实验数据 ························ 99
      6.1.2 实验参数 ·· 100
      6.1.3 表示学习维度实验 ···································· 100
      6.1.4 英文评论情感分析实验 ····························· 102
  6.2 基于情感词典的中文评论情感分析 ······················· 103
      6.2.1 中文评论情感分析实验数据 ······················· 103
      6.2.2 中文评论情感分析实验 ····························· 104
  6.3 基于跨领域迁移学习的典籍英译评论情感分析 ······· 105
      6.3.1 迁移学习相关研究 ···································· 106
      6.3.2 跨领域迁移学习 ······································· 107
      6.3.3 词嵌入情感特征 ······································· 110
      6.3.4 深度学习情感分析 ···································· 112
      6.3.5 注意力机制 ··· 112
      6.3.6 跨领域迁移学习相关研究小结 ···················· 113
      6.3.7 基于特征融合与注意力机制的跨领域情感分析模型 ··· 113
      6.3.8 基于跨领域迁移学习的评论情感分析实验 ····· 118
  本章小结 ··· 124

第7章 基于多任务学习的典籍英译评论细粒度情感分析 ··· 125
  7.1 多任务学习 ·· 125
  7.2 基于多任务学习的典籍英译细粒度情感分析 ·········· 128
      7.2.1 细粒度情感分析相关研究 ·························· 128
      7.2.2 任务描述 ·· 130
      7.2.3 基于多任务学习的细粒度情感分析模型 ······· 131
      7.2.4 典籍英译评论主题词和情感词匹配 ············· 137
      7.2.5 基于多任务学习的典籍英译评论细粒度
            情感分析实验 ·· 139
  本章小结 ··· 142

第 8 章 典籍英译评论观点汇总和词云可视化 …… 143

8.1 典籍英译评论观点汇总 …… 143
8.1.1 《红楼梦》译本评论情感汇总 …… 144
8.1.2 《论语》译本评论情感汇总 …… 152
8.1.3 《三国演义》译本评论情感汇总 …… 161
8.1.4 《孙子兵法》译本评论情感汇总 …… 169
8.1.5 《西游记》译本评论情感汇总 …… 177

8.2 典籍英译评论词云可视化 …… 188
8.2.1 《红楼梦》译本评论词云可视化 …… 188
8.2.2 《论语》译本评论词云可视化 …… 190
8.2.3 《三国演义》译本评论词云可视化 …… 192
8.2.4 《孙子兵法》译本评论词云可视化 …… 192
8.2.5 《西游记》译本评论词云可视化 …… 195

本章小结 …… 199

第 9 章 结束语 …… 200

9.1 研究结论 …… 200
9.2 研究局限 …… 202
9.3 研究展望 …… 203

参考文献 …… 204

第1章

绪　论

1.1　选题背景与研究意义

1.1.1　选题背景

典籍英译是中国文化走出去的重要途径,读者评论是译本被接受的最终标准。2015年5月,习近平主席在《人民日报》(海外版)创刊30周年的批示中指出:"用海外读者乐于接受的方式、易于理解的语言,讲述好中国故事、传播好中国声音,努力成为增信释疑、凝心聚力的桥梁纽带。"[1]推动典籍英译等中华文化的海外传播,既要有宏观层面的思考,也需要实践层面对读者接受结果反馈的科学分析。

国内外翻译理论研究始终关注读者需求,奈达在读者反应论指出翻译的重点是读者对译文的反应,译者应根据接受者的要求调整译文[2];纽马克认为信息型文本的翻译应以读者语言层次为标准,呼唤型文本应遵循读者第一原则[3];恩斯特·奥古斯特·格特强调作者的交际意图应与译文读者的期待相吻合[4]。

---

[1] 习近平.习近平就人民日报海外版创刊30周年作出重要批示.新华网.[2021-05-23].http://www.xinhuanet.com//politics/2015-05/21/c_1115367376.htm.

[2] Nida E A. Toward a Science of Translating. Shanghai: Shanghai Foreign Language Education Press,2004.

[3] Newmark P. A Textbook of Translation. New York: Prentice Hall,2004.

[4] Gutt E A. Translation and Relevance: Cognition and Context. Blackwell,Oxford,1991.

国内翻译家严复提出的"信达雅"追求的正是读者的审美境界和感同身受；傅雷提出的"神似"、钱锺书提出的"化境"、林语堂提出的"忠实通顺美"和许渊冲提出的"三美三化"皆与读者需求密切相关。

直接以中华典籍英译读者观点为研究对象的文献主要集中于国内，研究方法可分为定性研究和定量研究①。其中，定性研究多以译文词句或篇章为研究对象，以文字剖析翻译策略或应遵循的原则，代表有潘文国指出"心里要有读者"是典籍英译的重要原则，结合吴国珍《论语》新译本分析了实现的具体途径②；蒋骁华和姜苏以杨译《宋明平话选》为例分析以读者为中心的翻译在对外文化传播中的独特作用③；易鸣和蒋坚松运用接受理论对《道德经》四个英译本的可接受性进行了比较分析④；白玉杰和郭尚兴选取《论语》四个英译本例证了读者因素对跨文化传播能力的影响⑤；王欣探讨了《论语》和《道德经》英译的策略和方法，举例说明了目的语读者可以接受的译文和容易误解的译文⑥。

以典籍英译为研究对象的定量研究通常基于一定规模的语料数据，代表研究有刘朝晖依托接受理论和测试理论设计了《红楼梦》两个译本目的语读者测试，发现研究方法单一是测试结果和传统观念不一致的主要原因，且参加测试的目的语读者范围非常有限，这些主修或辅修中文的美国大学生都未读过原著或译本⑦；陈梅和文军统计了美国Amazon网站上100页典籍英译作品查询结果中的译本、译者、出版社和评分人数，发现流行译本的译者多来自英美⑧；张阳归纳了《论语》10种译本的90份网上评论的正面和负面评论主题⑨；何晓花人工归纳了米歇尔《道德经》译本的245条网上评论，分析了情感

---

① 祁瑞华. 跨学科研究：典籍英译海外评论挖掘的有效路径. 中国社会科学报, 2020-05-12(007).

② 潘文国. 典籍英译心里要有读者——序吴国珍《〈论语〉最新英文全译全注本》. 吉林师范大学学报(人文社会科学版), 2012, 40(01), 16-19.

③ 蒋骁华, 姜苏. 以读者为中心："杨译"风格的另一面——以杨译《宋明平话选》为例. 外国语言文学, 2007(03), 188-197.

④ 易鸣. 从接受理论视角看《道德经》在英美的翻译. 湖南师范大学, 2006.

⑤ 白玉杰. 论中国典籍英译本的跨文化传播能力. 河南大学, 2009.

⑥ 王欣. 读者因素对汉语典籍英译的影响. 沈阳师范大学学报(社会科学版), 2011, 35(01), 159-161.

⑦ 刘朝晖. 评《红楼梦》两个英译本的可接受性——以美国亚利桑那州立大学学生的抽样调查为例. 中国翻译, 2014, 35(01), 82-87.

⑧ 陈梅, 文军. 中国典籍英译国外阅读市场研究及启示——亚马逊(Amazon)图书网上中国典籍英译本的调查. 外语教学, 2011, 32(04), 96-100.

⑨ 张阳. 中华典籍海外读者市场的生态解读及启示——以亚马逊《论语》英译本为例. 浙江理工大学学报, 2013, 30(03), 410-414.

极性分布及其变化[1]。上述研究主要基于某位译者或特定作品少量数据的对比分析。

典籍英译读者评论研究可借鉴现有观点挖掘方法,其研究热点主要集中于主题识别、观点挖掘和情感分析三个方面。其中主题识别研究主要包括人工构建主题和自动主题识别。人工构建主题的方法不具备领域通用性,需专家参与才能为不同领域创建新的观点特征集合;自动特征识别方法主要有基于关联规则挖掘[2]、语言模式识别[3]、隐含狄利克雷分布的特征自动识别[4]。观点挖掘方面的主要方法有基于规则模板和基于依存关系的方法[5],存在的主要问题是当句式复杂或不规范时效果明显受限。情感分析研究的主要目的是分析评论中所持的观点是积极、中立或是消极的,主要方法有基于机器学习和情感词典的方法等[6],待解决问题是极性词典与领域知识的动态更新。

调研发现,国内学界在典籍英译评价的实践层面对典籍英译的读者研究关注不足,主要表现为三方面:

第一,以国外读者为研究对象的文献数量少,往往囿于单一译者或少量译本的微观层面,缺乏从全局视角对读者观点的客观研究。

第二,缺乏有说服力的数据支持。现有研究方法多为基于主观判断的例举式定性研究,定性研究较多而定量研究不足,即使是定量研究也仅对小样本数据统计分析,观点内容提取和分析方法局限于人工归纳。当前面临互联网环境下产生的评论大数据,亟待在常规翻译评估研究方法之外对典籍英译海外读者接受情况进行客观研究和自动分析。

第三,欠缺对互联网阅读环境的适应性。互联网评论可以有效帮助译者和出版社了解读者需求,还可以发现读者关注的译本特征。但网上评论数据规模大、观点多元分散,人工翻阅归纳既费时又易流于主观片面,亟须开展基于数据挖掘技术的典籍英译海外读者接受关键因素研究。

基于当前的研究现状,刘海涛和潘夏星指出计量研究是大数据时代语言研

---

[1] 何晓花. 从读者反应论看历史典籍翻译现代重构的可行性——以斯蒂芬·米歇尔《道德经》译本为例. 沈阳农业大学学报(社会科学版),2014,16(03),366-369.

[2] Hu M,Liu B. Mining and summarizing customer reviews. KDD-2004-Proceedings of the Tenth ACM SIGKDD International Conference on Knowledge Discovery and Data Mining,2004,168-177.

[3] Liu B,Zhang L. A Survey of Opinion Mining and Sentiment Analysis. Springer,Boston,MA. https://doi.org/10.1007/978-1-4614-3223-4_13,2004.

[4] 刁宇峰,杨亮,林鸿飞. 基于LDA模型的博客垃圾评论发现. 中文信息学报,2011,25(01),41-47.

[5] 王素格,吴苏红. 基于依存关系的旅游景点评论的特征——观点对抽取. 中文信息学报,2012,26(03),116-121.

[6] 刘鸿宇,赵妍妍,秦兵,等. 评价对象抽取及其倾向性分析. 中文信息学报,2010,24(01),84-88+122.

究的必要手段①。许家金认为,当前国内语料库翻译学的翻译风格研究中,借鉴大数据文本数据挖掘等计量与统计方法,是传统语料库译者风格研究手段和研究方法需要拓展的方向②。

1.1.2 研究意义

典籍英译读者评论是译者和出版社研究读者的第一手资料③。本书研究以典籍英译读者观点为研究对象,从评论文本中抽取关键要素,在此基础上研究用户对典籍英译作品具体主题方面所持的观点和态度。本书研究既能帮助潜在的读者详细了解典籍译本的读者反馈从而做出购买决策,又能帮助出版社和翻译研究人员实现精准观点挖掘,从而为实现典籍英译作品海外传播的读者关注提供科学依据。

本研究成果的学术价值在于:

(1) 丰富充实读者反应理论体系的研究内容,为典籍英译翻译策略提供新的研究视角,从目的语读者角度揭示典籍英译顺利契合译入文化的途径,为系统考察读者观点提供客观数据的分析方法。

(2) 探索典籍英译领域知识与自然语言处理技术、文本挖掘技术的跨学科研究,是对现有读者接受理论、评价理论、翻译质量评估理论和计算语言学理论有益的完善和延伸。

(3) 研究模式可推广到其他语种和领域,从更广泛意义上探讨对我国典籍外译事业的启示。

本书研究成果的应用价值主要体现在:

(1) 研究分析中国典籍译本在国外读者接受环节的主要制约因素。

(2) 通过对读者观点的深层挖掘、梳理、阐释,加深对典籍英译接受的效果和特点的了解,是重新认识中华典籍外译的有效方法和途径。

(3) 扩大翻译理论研究的视野,更全面地考察典籍英译的读者对象,指导翻译实践活动,对中华典籍更好地走向国际有着积极的现实意义。

---

① 刘海涛,潘夏星.汉语新诗的计量特征.山西大学学报(哲学社会科学版),2015,38(02),40-47.
② 许家金.语料库翻译研究遗珠.解放军外国语学院学报,2018,41(02),1-10,160.
③ 祁瑞华,杨明昕,徐琳宏,等.图书评论特征抽取研究综述.现代情报,2019,39(09),160-167.

1.2 研究内容

首先,在本研究的第1章和第2章梳理典籍英译海外评论研究背景,分析典籍英译评论挖掘的研究意义、典型研究方法、关键问题和相关理论基础,从典籍英译目的语读者角度提出新的研究模式和方法框架。本研究提出的研究模式和方法框架可推广到其他语种和领域。研究框架如图1.1所示。

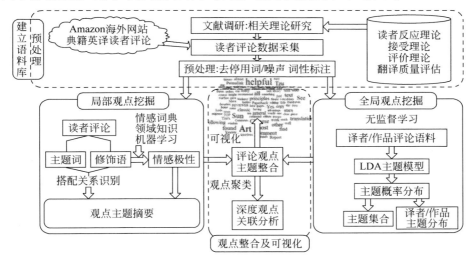

图1.1 研究框架图

第3、4章分别从全局主题视角和局部主题视角多维度抽取典籍英译海外评论关注的主题,将高维评论文本映射到低维主题空间。其中,第3章从语义层面基于主题模型抽取典籍英译海外评论全局主题。

第4章基于知识库抽取典籍英译海外评论局部主题词,分析典籍英译海外评论主题聚类和主题词表,从主题词项分布中发现有价值的评论主题。

第5章基于多源知识构建典籍英译评论情感词典,融合多源数据语义信息和情感信息弥补典籍英译评论挖掘先验知识的不足,从无标注数据中抽取情感信息,自动构建适应大数据多领域和多语言环境下的典籍英译评论情感词典,结合典籍英译共有情感词表和独特情感词表分析海外读者接受的情感特征。

第6章从篇章层面分析典籍英译评论情感,探究蕴含在读者评论中的整体观点态度,帮助译者和出版社基于可信数据准确掌握读者对译本的评价。为适应网络评论的多语言跨领域环境,分别提出基于情感词典的中英文评论情感分析方法和基于跨领域迁移学习的典籍英译评论情感分析方法,并通过实验验证了方法的有效性。

第7章提出用于典籍英译评论细粒度情感分析的多任务学习模型,将细粒度情感分析的两个关键子任务:评价对象主题词抽取和情感倾向分析作为整体任务完成,加强了情感分析子任务之间的语义关联,为典籍英译评论细粒度情感分析提供了新的思路。

第8章整合典籍英译评论主题与情感信息,生成典籍英译评论观点摘要。综合分析读者视角中不同译者和译本各自的优势和劣势,系统深入地分析评论观点与主题观点间的相互联系和内在规律,为典籍英译策略研究提供客观可靠的数据分析。在此基础上采用自然语言处理技术完成主题可视化。

第9章总结了研究结论、研究局限和研究展望。

1.3 研究方法

本研究采用的研究方法主要包括自然语言处理技术、机器学习和深度学习算法、主题建模和文本可视分析。

1. 自然语言处理技术

通过 Amazon 网站 API 接口收集评论语料,进行去停用词、词性标注等预处理,在上下文环境中进行依存句法分析和语义分析提取主题词和观点词的搭配关系,探究主题词和情感词的搭配组合中表达的读者观点。

2. 机器学习和深度学习算法

从机器学习和深度学习的角度看,情感极性识别可以看作多类别、单标签文本分类任务。本研究基于机器学习聚类算法探究评论主题间的内在联系和客观规律,基于深度学习算法挖掘读者评论中的主题词和情感倾向,为定量研究典籍英译读者评论观点提供客观依据。

3. 主题建模

采用隐含狄利克雷主题模型对全部典籍英译评论语料建模,综合考虑模型的困惑度(Perplexity)和主题一致性(Coherence)寻找最优主题数量,将评论文本从高维词空间映射到低维主题空间,提取隐含语义结构,分析典籍英译评论中潜在的子话题和侧重点,梳理读者评论观点的主要影响因素。

4. 文本可视分析

采用统计上浮原理以主题词可视化方式显示典籍英译评论中频繁使用的主题词,并将汇总后的主题词按照重要性排序。

1.4　研究创新点

（1）学术思想上以新的视角探讨典籍翻译策略研究,提出从典籍英译目的语读者角度的研究模式和方法框架,研究模式可推广到多语种和多领域。读者的网上评论是判断翻译策略是否得到读者肯定的重要线索,本书以新的理论视角探讨典籍英译翻译策略,对国内外研究的典型方法和关键问题进行客观分析,提出从目的语读者角度出发揭示典籍英译新的研究模式和方法框架,完成了典籍英译评论语料库的构建。

（2）学术观点上提出在跨学科视野下典籍英译研究与计算语言学、自然语言处理技术、文本挖掘技术结合的新途径。典籍英译评论观点挖掘既要从译本风格、用词遣句等微观层面考察,又要从全局把握观点主题的内在联系和重要性排序。本研究提出基于全局主题和局部主题多维度梳理典籍英译读者评论主题的新思路,系统分析读者评论关注的重点。

（3）研究方法上提出篇章级观点挖掘与细粒度观点挖掘相结合、有监督情感分析和无监督主题抽取相结合的互补模式,有助于解决大数据环境下典籍英译评论观点挖掘面临的问题。

（4）观点挖掘结果以主题摘要形式呈现典籍英译观点主题内在关联,进一步分析主题词和情感词分布情况,为译者和出版社了解读者需求提供科学直观的数据支持和客观依据。

本章小结

本章介绍了选题背景、研究意义、研究内容、研究方法和研究创新点。

选题背景方面,典籍英译的海外传播需要实践层面对读者接受结果反馈的科学分析,现有研究以国外读者为研究对象的文献数量少,缺乏有说服力的数据支持,欠缺对互联网阅读环境的适应性。归纳现有研究,跨学科计量研究是大数据时代典籍英译研究的必要手段。

　　研究意义方面，本研究以典籍英译读者观点为研究对象，充实读者反应理论体系的研究内容，探索典籍英译领域知识与自然语言处理技术、文本挖掘技术结合的跨学科研究，研究模式可推广到其他语种和领域，从更广泛意义上探讨对我国典籍外译事业的启示。应用价值主要体现在：通过对读者观点的深层挖掘和梳理阐释，分析中华典籍译本在国外读者接受环节的主要制约因素，对于中华典籍走向国际有着积极的现实意义。

　　研究内容主要包括：相关理论基础梳理，典籍英译海外评论全局主题抽取和局部主题词抽取，典籍英译评论情感词典构建，典籍英译评论篇章级情感分析和细粒度情感分析，典籍英译评论观点汇总和可视化。

　　研究方法主要包括机器学习和深度学习算法、主题建模、自然语言处理技术和文本可视化分析等方法。

　　最后，从学术思想、学术观点、研究方法和观点挖掘结果呈现四方面总结了研究创新点。

第2章

相关理论基础

2.1 读者反应理论

读者反应理论(reader-response theory)是对动态对等理论的进一步解释。动态对等理论强调翻译的语言表达要更易于读者接受,"动态对等"(20世纪80年代后改为"功能对等")与关注信息(message)的"形式对等"不同,动态对等更关注读者反应的对等,即译本读者与信息之间的接受关系与原著读者与信息的接受关系相同。因此,读者反应理论更关注读者阅读译文后的反应,并以读者反应为标准评价翻译质量。

尤金·奈达(Eugene A. Nida)认为"翻译是用最恰当、自然和对等的语言展现源语的信息"[1],为了让译本达到与源语文本近乎对等的读者反应,译者不但要改变对源语的绝对忠诚,而且要反思对读者语言的态度[2],即使改变源语的形式,如词性、句子结构和语法结构等,也要确保源语的信息被正确传达,以及目的语读者的反应与原文读者大致相同。奈达的读者反应理论将读者因素引入翻译范畴,消解了译者中心思想,为翻译界带来新的研究思路,丰富了翻译理论。

---

① Nida E A, Taber C R. The Theory and Practice of Translation. Foreign Language Educational Press, Shanghai, 2004.

② Nida E A. Language and Culture: Contexts in Translating. Shanghai: Shanghai Foreign Language Education Press, 2001.

目前国内对于读者反应理论的应用研究多集中于运用理论解释分析译本并提出翻译策略，如谭志强和刘林通过读者的自我阐释和读后行为考察了《左传》中赋诗与章节的关系①，杨亚利总结了在读者反应论视域下儿童科幻小说的翻译策略②；也有部分学者关注考察理论本身的研究，如林克难分析了读者反应在奈达理论中的重要地位与作用③。

通过读者反应考察中国文学外译效果方面，郑晔分析了制约文学外译的因素，其中不仅包括翻译质量，也包括目的语国家的接受环境④。陈小春分析了中国玄幻小说海外读者的评论和反应，探讨了更利于中国文学外译的翻译策略和译介模式⑤。

虽然奈达的读者反应理论对翻译理论的发展有重大而深远的影响，但仍存在一定局限。首先，不同读者阅读译本会产生不同的反应，很难确定翻译质量评判的标准。其次，源语和译语之间不仅存在文化差异，也存在时空差异，所以译文难以与原文产生完全相同的读者反应。另外，国内相关研究虽颇有成果，但关于中华典籍外译的读者反应与接受的研究很少。

鉴于此，本研究以海外读者对典籍英译作品的评论为读者反应来源，采取定量分析的方法，研究海外读者对中国典籍译本的反应，目标是得出影响海外读者阅读体验、期待和接受度的主要因素，为中国典籍英译译者翻译策略的选择提供客观参考依据。

2.2　评价理论

评价理论（appraisal theory）或称评价系统（appraisal system）是基于系统功能语言学对人际意义的发展，主要关注语篇中评价、情感、态度及立场等语义资源。

根据澳大利语言学家马丁（James. R. Martin）和怀特（P. R. R. White）的定义，

---

① 谭志强,刘林.从读者反应批评看《左传》"赋诗首章"现象.齐鲁学刊,2019(01),122-127.
② 杨亚利.读者反应论视域下儿童科幻小说的英汉翻译策略研究.北京外国语大学,2020.
③ 林克难.论读者反应在奈达理论中的地位与作用.解放军外国语学院学报,2012,35(02),81-85＋128.
④ 郑晔.从读者反应看中国文学的译介效果：以英文版《中国文学》为例.中国比较文学,2017(01),70-82.
⑤ 陈小春.由《斗破苍穹》的译介看中国当代网络小说的输出："读者反应论"视角.福建师范大学,2018.

评价系统可被分为"态度"(attitude)、"介入"(engagement)和"级差"(graduation)三个相互作用的子系统,这三个子系统又分别有其子系统①。

其中,"态度"是评价系统中最复杂的部分,主要关注说话人或作者对人类行为、文本或现象做出的判断和鉴赏,以及主观情感的体现。态度可以是正面或是负面的,可以是显式或是隐式的,包含"情感""判断""鉴赏"三部分。"介入"指的是语言学意义上的"态度"介入,即人们在使用语言表达情感时的表达方式,直接表达情感被称为"自言"(monogloss);引用他人观点、话语的间接表达情感的方式被称为"借言"(hetergloss)。"级差"指的是态度的强弱程度和清晰程度,可被分为"语势"(force)和"聚焦"(focus)。评价系统框架如图2.1所示。

评价系统最初被运用于分析叙事语篇中的情感倾向、立场和价值判断,后来也被运用于文学批评、艺术批评、广告媒体等其他话语类型。如赵卫和李南尝试拓展评价理论的评价视域,将主位、信息、衔接结构等体现语篇功能的元素和诗歌的音韵系统纳入评价资源范畴②;吴智慧以评价系统为理论基础解读海明威小说③;张荆欣和伍思静考察了评价资源在香水广告中的分布特征④;董丹分析了意大利主流媒体对十九大报道话语中的态度资源,并得出意大利媒体的真实态度⑤。

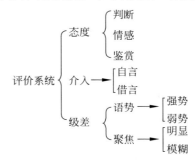

图2.1 评价系统框架(Martin,2000)

随着评价理论对语篇分析解释性的增强,评价理论也被运用于翻译语篇研究领域。翻译可被看作一种复杂的人际活动,包括译者向读者传达意义、态度和立场的过程和读者通过阅读译本的接受过程,即翻译是译者以译本为媒介与读者进行互动的过程,在此过程中,语篇中的态度、情感和立场等资源需要被译者准确地传达给读者。

近年来国内学者对评价理论在翻译领域的研究多着眼于翻译策略的提出,

---

① Martin J R. White P R R. The Language of Evaluation:Appraisal in English. Palgrave Macmillan:New York,2005.
② 赵卫,李南.诗歌解读的评价视角.山东社会科学,2012(02),84-88.
③ 吴智慧.评价理论视角下看《白象似的群山》中的人物形象.语文建设,2012(04),9-10.
④ 张荆欣,伍思静.评价理论视域下香水广告语篇对比研究.东北师大学报(哲学社会科学版),2018(03),125-131.
⑤ 董丹.评价理论视角下意大利主流媒体对十九大报道的积极话语分析.外国语文,2019,35(04),17-23.

如张先刚探究了引入评价理论对翻译的促进作用①；钱宏借助评价理论解释翻译中的"不忠实"现象②；刘世铸以评价系统为框架构建了评价意义的翻译过程模型③；陈曦蓉探析了评价系统中态度视域下的英译策略④。

关于特定评价资源的运用，陈梅和文军探析了评价资源在白居易叙事诗英译版中的分布和使用频率⑤；鞠玉梅研究了《论语》英译本中介入资源和判断资源的修辞功能⑥⑦；王树槐考察了《祝福》三个英译本中情感资源的使用情况⑧。

关于评价理论在特定语篇翻译中的运用，鄢佳和李德凤探析了评价意义在奥运新闻标题中的使用情况⑨；徐珺和夏蓉分析了英汉商务语篇中态度资源的分布特征与实现手段⑩；王国凤依据政治性新闻语篇中的态度资源提炼出态度比较框架⑪；司炳月和高松考察了外宣文本中英级差资源的分布特点⑫。

关于不同译本中的评价意义对比，刘晓琳比较分析了《红楼梦》两个英译本译者对原文的忠实程度⑬；张虹等通过译者行为批评分析了《孝经》译者对评价意义的改变⑭。也有学者关注特定词性的评价意义，如翁义明和王金平考察了评价类语气副词的情态意义⑮，丁立和刘泽权考察了报道动词的评价意义⑯。

---

① 张先刚.评价理论对语篇翻译的启示.外语教学,2007(06),33-36.
② 钱宏.运用评价理论解释"不忠实"的翻译现象——香水广告翻译个案研究.上海外国语大学学报,2007(06),57-63.
③ 刘世铸.评价理论观照下的翻译过程模型.山东外语教学,2012,33(04),24-28.
④ 陈曦蓉.评价理论态度视域下语篇英译策略——以上市公司年报致辞为例.上海翻译,2019(06),41-45+68.
⑤ 陈梅,文军.评价理论态度系统视阈下的白居易诗歌英译研究.外语教学,2013,34(04),99-104.
⑥ 鞠玉梅.《论语》英译文语篇介入资源的修辞劝说功能.当代修辞学,2017(02),37-46.
⑦ 鞠玉梅.《论语》英译文语篇评价系统之判断资源的修辞功能.当代修辞学,2016(05),37-48.
⑧ 王树槐.小说翻译的情感批评——以《祝福》英译为例.外语学刊,2020(05),86-92.
⑨ 鄢佳,李德凤.评价意义在奥运新闻标题编译中的改写.中国科技翻译,2013,26(01),52-55.
⑩ 徐珺,夏蓉.评价理论视域中的英汉商务语篇对比研究.外语教学,2013,34(03),16-21.
⑪ 王国凤.政治性新闻语篇翻译中的评价——基于《华盛顿邮报》和《参考消息》中的钓鱼岛事件.外语教学,2017,38(03),34-39.
⑫ 司炳月,高松.外宣文本中英级差资源分布与翻译——以2019年政府工作报告双语文本为例.上海翻译,2019(05),14-20.
⑬ 刘晓琳.评价系统视域中的翻译研究——以《红楼梦》两个译本对比为例.外语学刊,2010(03),161-163.
⑭ 张虹.深度翻译模式彰显《孝经》的译者主体性研究.解放军外国语学院学报,2020,43(05),128-134+160.
⑮ 翁义明,王金平.人际功能视角下《围城》中的评价语气副词英译研究.西安外国语大学学报,2019,27(04),21-25.
⑯ 丁立,刘泽权.报道动词的评价意义及英译考察——以王熙凤的"笑道"为例.上海翻译,2021(01),77-82.

面向译本的读者评价和读者接受,汪宝荣和全瑜彬提出可以通过书评大致了解英美国家对余华小说《兄弟》的英译本的评价和接受情况[①]。近年来,也有学者通过分析文学作品英译本的读者评价得出中国文学英译本的海外接受度及其原因,如张璐考察了海外读者对《三体》英译本的接受与评价[②];石春让和邓林考察了莫言小说英译本在西方的接受程度[③]。

评价理论应用研究中存在的主要问题在于:首先,其理论内部各个范畴的界定不明确而带来的主观性,造成评价理论不适用于大规模语料分析;其次,由于在不同的语境中词汇含义不同,基于词汇的评价效果相应地受到影响。此外,虽然国内对于评价理论的运用领域较广,但对外译作品海外读者的评价和接受研究远远不足。

鉴于此,本研究以典籍英译海外读者评论这一评价性语言高度集中的语料为研究对象,采取定量分析的方法,研究典籍英译海外评论语料中的评价性语言情感资源的分布,以及情感资源和读者接受之间的关系。

2.3　翻译质量评估理论

基于话语分析和系统功能语言学理论的"翻译质量评估模式"是翻译理论界公认的具有完整理论和实证的翻译质量评估模式。德国学者朱莉安·豪斯(Juliane House)提出翻译质量评估模式的核心是文本功能对等,即目的语文本应实现和源语言文本相同或对等的意义和人际的语用功能[④]。基于这一观点,目的语文本和源语言文本功能匹配度越高,则翻译质量越好。另外,豪斯通过比较语篇、语域和体裁三个参数,找出译文和原文文本功能的异同,将翻译中的不对应或误译区分为显型错误性误译(overtly erroneous errors)和隐型错误性误译(covertly erroneous errors)。显型错误性误译是指代意义上的翻译不匹配,而隐型错误性误译指的是在语篇、语域和体裁等涉及语境意义的翻译不匹配。

---

① 汪宝荣,全瑜彬.《兄弟》英译本在英语世界的评价与接受——基于全套英文书评的考察.外国语文,2015,31(04),65-71.
② 张璐.从 Python 情感分析看海外读者对中国译介文学的接受和评价:以《三体》英译本为例.外语研究,2019,36(04),80-86.
③ 石春让,邓林.基于情感分析技术的莫言小说英译本在西方的接受程度研究.外国语文,2020,36(03),91-96.
④ House J. Translation Quality Assessment: A Model Revisited. Tubingen: Gunter Narr,1997.

虽然豪斯的理论在翻译理论界有较大影响力,但也有学者认为她的理论过分强调"对等",忽视了文本意义的重要性[①],质疑其仅用个案研究验证的翻译质量评估模式是否具有普遍可操作性和量化操作性[②]。

具有一定的影响力的翻译质量评估理论还有威廉姆斯(Malcolm Williams)和赖斯(Resis)的翻译质量评估模式。威廉姆斯提出翻译质量评估可以通过两种方式：一是采用数学和统计方法进行定量分析；二是通过读者反应和调查问卷等方法进行定性分析[③]。赖斯则主张以语篇为翻译质量的评价的研究单位,关注翻译中文本的内容、类型和语言外的背景因素的影响[④]。

目前国内关于翻译质量评估的研究多关注豪斯的翻译质量评估模式,研究角度多为将豪斯翻译评估模式应用于翻译教学和翻译实践,如李彦等提出了将翻译质量评估模式与教学实践相结合的对策[⑤]。有学者运用不同理论探索和构建新的翻译质量评估模式,如司显柱以系统功能语言学和体裁分析为理论基础,提出了对原功能语言学视角下翻译质量评估的修正[⑥]；祁玉玲等借助语料库和计量语言学理论和方法,通过语言计量特征的参照数据构建了翻译质量评估的参照模型[⑦]；王均松介绍了根据交际渠道、文本类型、UTS参数等因素灵活选择评估方法的动态质量评估框架[⑧]。也有学者探索更适切的评价参数,如何三宁结合英汉语言差异,探索了以语言、实体和思维为参数的翻译质量评估[⑨]。

综上所述,翻译质量评估在国内有广泛的应用与较好的理论接受基础,但在中华文化海外传播的时代背景下,鲜有学者将翻译质量评估模式运用于中华典籍英译以及海外读者对译本的接受和评价研究中。本研究将典籍英译作品置于海外读者评论的语境下,扩展对译本翻译质量评估的观察和研究视野,从读者反应和定量评估的角度考察读者接受与翻译质量的相关性。

---

① 张美芳.翻译研究的功能途径.上海：上海外语教育出版社,2005.
② 屠国元,王飞虹.跨文化交际与翻译评估——J. House《翻译质量评估(修正)模式》述介.中国翻译,2003(01),62-64.
③ Williams M. Translation quality assessment. Mutatis Mutandis,2009,2(01),3-23.
④ Reiss K. Translation Criticism: the Potentials and Limitations, Shanghai: Shanghai Foreign Language Education Press,2000.
⑤ 李彦,肖维青.翻译专业教学中的应用型文本翻译质量评估：问题与对策.外语学刊,2020(05),71-78.
⑥ 司显柱.翻译质量评估模式再研究.外语学刊,2016(03),84-94.
⑦ 祁玉玲,蒋跃.基于语言计量特征的文学翻译质量评估模型的构建.西安电子科技大学学报(社会科学版),2016,26(01),84-92.
⑧ 王均松.翻译质量评估新方向：DQF动态质量评估框架.中国科技翻译,2019,32(03),27-29.
⑨ 何三宁.再探翻译质量评估参数.中国翻译,2012,33(02),27-31.

2.4 接受理论

接受理论(reception theory)或称接受美学(reception aesthetics)受20世纪60年代哲学、心理学和社会学理论的影响，认为作者对作品的创作和读者对作品的接受与理解并不是孤立的，而是彼此影响、有机互联的，强调作品在读者中的接受与理解[1]。

根据关注点的不同，伊格尔顿(Terry Eagleton)将现代文学理论分为"关注作者阶段(浪漫主义和19世纪)"、"关注作品阶段(新批评)"和"关注读者阶段"三个阶段[2]。由此，读者的重要性在文学领域被慢慢显现出来，在接受理论中得到了体现。

接受理论的主要代表人物有姚斯(或尧斯，Hans Robert Jauss)和伊瑟尔(Wolfgang Iser)，他们的理论侧重点不尽相同，但都承认读者在文学接受中的重要地位，重视读者对于文本的主观作用。

姚斯于1974年发表的《作为向文学理论的挑战的文学史》(*Literary History as a Challenge to Literary Theory*)阐述了接受理论的基本原理，强调了"以读者为中心"的研究方法[3]。姚斯的接受理论主要包括："读者期待视野"、"读者接受方式"、"读者的主体能动地位"、"效果与接受史"、"审美经验"和"文学解释学"六方面。受解释学和说明学的构成的主观性的影响，"读者期待视野"是姚斯接受理论中最重要的内容，指的是"阅读一部作品时读者已有的文学阅读经验所构成的思维定向或先在结构"[4]，即读者脑海中在阅读文学作品之前就存在的文学知识、经验、阅历、审美观等经验基础的积累。因此，不同的读者期待视野会导致不同时代、地区的读者对特定文本的接受与理解产生差异。

伊瑟尔接受理论的提出受到了德国现象学、俄国形式主义和法国结构主义思潮的影响，更关注读者个体在阅读时的反应机制，倾向于从微观角度分析读者与文本之间的互动。伊瑟尔认为文学作品的接受是由作者创作和读者接受

---

[1] 季红琴. 基于读者接受的《孟子》英译与传播研究. 湖南师范大学, 2016.
[2] 伊格尔顿. 20世纪西方文学理论. 伍晓明, 译. 西安：陕西师范大学出版社, 1987.
[3] Jauss H. Benzinger E. Literary History as a Challenge to Literary Theory. New Literary History, 1970, 2(1), 7-37.
[4] 姚斯, 霍拉勃. 接受美学与接受理论. 周宁等, 译. 沈阳：辽宁人民出版社, 1987.

组合而成的过程。他认为要理解文本，就要通过读者自身的努力将文本中的未明示的潜在意义具体化。这些潜在意义就是"意义空白"①。伊瑟尔的接受理论主要关注"读者和文本的交流模式"、"隐含读者"和"意义空白"。

虽然姚斯和伊瑟尔的接受理论的中心有所不同，姚斯关注读者主观的期待视野，而伊瑟尔更关注读者阅读时意义空白的具体化，但他们的思想均以读者为中心，关注读者对作品的接受。

接受理论于 20 世纪 80 年代中期传入中国，被运用到中国文学翻译批评领域，主要研究某个国家的文学作品被译为外国语言后在外国读者群体中的接受效果。接受理论将中国文学翻译批评研究视角从关注"文学作品-作者"的关系转向关注"文学作品-读者"的关系。这一转向让译者意识到翻译不仅仅是译者将源语言文本转化为目的语文本的过程，也是读者对译本阅读的接受和理解的过程。同时，也将文学翻译批评学研究对象的范围进一步拓展为"译者"、"译本"和"目的语读者"②。

国内较早将接受理论应用到翻译研究的学者有杨武能③等。近年来，国内学者将接受理论运用于研究翻译过程、原文本忠实度、译者对文本的作用以及提出翻译策略等，如胡安江探索了读者角色对翻译的操控与影响④；刘朝晖依托接受理论调查了《红楼梦》两英译本的可接受性⑤；尹佳探析了外宣翻译中的读者关照⑥；贺娜娜等以接受理论为理论依据探析了中医典籍英译，并为其提出翻译参考意见⑦；雷沛华等调查了《庄子》英译本的海外接受度⑧；汪静分析了《三体》的英译⑨；张晓雪等研究了汉语新词的英译接受度⑩；李书影等利用

---

① Iser, W. The Act of Reading: A Theory of Aesthetic Response. Baltimore and London: The Johns Hopkins University Press, 1987.
② 季红琴. 基于读者接受的《孟子》英译与传播研究. 湖南师范大学, 2016.
③ 杨武能. 阐释、接受与再创造的循环——文学翻译断想. 中国翻译, 1987(6), 3-6.
④ 胡安江. 论读者角色对翻译行为的操纵与影响. 语言与翻译, 2003(02), 51-53＋72.
⑤ 刘朝晖. 评《红楼梦》两个英译本的可接受性——以美国亚利桑那州立大学学生的抽样调查为例. 中国翻译, 2014, 35(01), 82-87.
⑥ 尹佳. 从读者接受理论看外宣翻译中的读者关照——黄友义、徐明强访谈录. 中国翻译, 2016, 37(05), 76-80.
⑦ 贺娜娜, 徐江雁, 林法财, 等. "接受理论"视阈下中医典籍英译探析. 中华中医药杂志, 2017, 32(05), 2104-2107.
⑧ 雷沛华, 杨春丽.《庄子》国内英译本海外评价调查及启示. 出版发行研究, 2018(06), 89-92.
⑨ 汪静. 从读者接受理论视角浅析《三体》的英译. 华东师范大学, 2018.
⑩ 张晓雪, 窦卫霖. "翻译说服论"视阈下汉语新词英译效果与策略研究——以一项汉语新词英译的接受度调查为例. 上海翻译, 2020(01), 76-81.

Python 技术调查了《道德经》的海外接受度[①]。

关于接受理论在翻译领域的适用性研究,胡开宝等提出应在合理的范围内将接受理论应用在翻译研究中,不能生搬硬套[②];卞建华探析了接受理论在文学翻译批评中的合理性与局限性[③]。

尽管国内将接受理论应用到翻译领域中的收获颇丰,但研究视角大多为利用接受理论分析译者和作品,以期得出更好的翻译策略或更利于文化传播的策略。现有研究对读者期待视野、读者接受方式、读者的主体与能动性和读者接受效果的关注不够。本研究基于典籍英译海外评论语料,采用定量分析的研究方法,挖掘读者评论中隐含的期待视野和接受效果。

本章小结

本章分析了选题的理论基础,分别从读者反应理论、评价理论、翻译质量评估理论和接受理论的角度,梳理了理论背景和发展脉络、研究现状、已有的研究成果和存在的问题,论证了开展研究的可行性和必要性。

[①] 李书影,王宏俐.《道德经》英译本的海外读者接受研究——基于 Python 数据分析技术.外语电化教学,2020(02),35-41+6.
[②] 胡开宝,胡世荣.论接受理论对于翻译研究的解释力.中国翻译,2006,27(03),10-14.
[③] 卞建华.文学翻译批评中运用文学接受理论的合理性与局限性.外语与外语教学,2005(01),42-45.

第3章

基于主题模型的典籍英译海外评论全局主题抽取

从语言学研究的角度,人类语言可以看作由词汇、词组等有限语法元素以某种语法规范组合构成的有明确表达意图的序列。从认知上理解人类语言,首先必须识别和理解这些序列中的实体或概念。从文学作品研究的角度来看,这些实体或概念最直接的认知形式就是主题,主题是某部作品情节内容或某个人物典型所表现出的中心思想,是作者特定意图的思想概括[1]。语料库语言学中语篇及文本研究中涉及的主题性,源于信息检索领域中的关键词(keywords)[2]。主题词是表达和组织人类语言的关键知识元信息,是能够准确表达语言中显性和隐性知识关联的具体载体。

近年来,网络评论成为了解典籍外译作品读者评价的主要渠道之一,是获取读者接受客观情况的主要数据来源。典籍英译读者评论主题抽取的目标是从读者评论中挖掘被评价的具体主题方面。面向典籍英译评论的主题研究可以帮助译者、出版社及翻译研究人员更准确全面地了解海外读者的真实想法,对翻译策略选择和中华文化海外传播具有重要的现实意义。

典籍英译评论文本语料具有数量大、口语化、语法不规范、典籍领域术语多等特点,为此本研究分别提出全局主题抽取和局部主题词抽取的自动方法,从而提高典籍英译评论分析的效率。

本章主要研究基于主题模型的典籍英译海外评论的全局主题抽取。

---

[1] 方汉文.比较文学基础原理.苏州:苏州大学出版社,2002.
[2] 刘克强.《水浒传》四英译本翻译特征多维度对比研究.上海外国语大学,2013.

3.1 主题性相关研究

3.1.1 译本主题性相关研究

典籍英译作品主题研究方面,曾利沙指出典籍英译作品是特定社会文化语境的产物,作者对客观世界的主观认识必然反映在对主题倾向的规约性[①],指出西方古典修辞学、文体学和语篇语言学忽略了宏观主题和微观命题之间的主题中观结构,提出微观命题只有通过对次级主题的形态化概括,才能产生结构上的认知逻辑关联[②]。

目前典籍英译作品主题研究的思路主要是借助翻译研究专家的知识经验,通过文本细读和专家分析等方式开展研究,可以分为叙事主题分析、主题句分析和主题词分析三个层面。

从叙事主题分析的层面,张永喜以翻译家王佐良两部译作《雷雨》和《彭斯诗选》为例,指出译者选择翻译主题的因素是多重的,在相当程度上与时代背景、意识形态、诗学观念及译者个人意愿等因素有关联[③]。敖得列和段初发在诗歌翻译传达原诗技巧探讨中,以《离骚》为例提出以空缺的方式强化所要表现的主题[④]。李震红认为译作主题具有潜在性、时代性和作者特点,在译者阐述原主题意义时会引入本人独特的思想,从而实现主题意义对等,并提出评价译作不仅应考虑语言形式对等,还应该从译作的主题意义对等和社会影响效果对等的角度深入考察[⑤]。李红绿探讨了刘半农如何借鉴译诗主题建构新的诗歌主题[⑥]。姜欣等分析了茶典籍文本的互文主题,发现这一主题文本语言编码表现为简约化、含义化和隐喻化,如果采用字面直译的策略则目标语读者难以领悟

---

① 曾利沙.主题与主题倾向关联下的概念语义生成机制——也谈语篇翻译意识与 TEM8 语段翻译教学.外语教学,2007(03),83-87.

② 曾利沙.论古汉语诗词英译批评本体论意义阐释框架——社会文化语境关联下的主题与主题倾向性融合.外语教学,2010,31(02),88-92.

③ 张永喜.影响译者选择翻译主题的多重因素——以王佐良的两部译作为例.外语研究,2009(06),70-73.

④ 敖得列,段初发.译诗要传达原诗言少意多的技巧.江西教育学院学报(社会科学),2000(01),33-38.

⑤ 李震红.从主题对等与效果对等角度重评林译《黑奴吁天录》.江苏教育学院学报(社会科学版),2007(03),107-109.

⑥ 李红绿.从翻译他者到建构自我——刘半农对译诗主题的借鉴.牡丹江大学学报,2009,18(03),91-93.

作者的意图和文化暗示①。

关于《红楼梦》的译本研究，周汝昌提出西方对《红楼梦》文化主题深度和高度的认知存在空白，亟须展开进一步研究②；刘桂兰分析比较了霍克斯译本和杨宪益、戴乃迭译本的叙事主题③。

从主题句分析的层面，陈谊认为总结型英语新闻主题句是新闻报道中最为重要的内容，新闻翻译的关键是理清句子逻辑关系和发生顺序，在此基础上用目标语表达方式和因果逻辑关系对原文进行处理④。

从主题词分析的层面，斯科特（Mike Scott）给出文本主题词定义为：与参照语料库相比，出现频率远超常态的词汇，斯科特指出主题词研究是研究文本内容和文本语言特征差异的重要手段⑤。斯科特根据参照语料库对照词汇频率，将主题词分为正主题性和负主题性。正主题性主题词是指频率显著高于参照语料库的词汇，负主题性主题词是指频率显著低于参照语料库中的词汇，主题性统计分析的具体方法包括卡方检验、对数似然检验等⑥。

从词性的角度，斯科特将主题词分为三类：（1）专有名词；（2）名词、动词、副词和形容词等实词主题词；（3）其他与语体风格特征关系密切的高频词⑦。基于这一理论，早期主题词研究的思路主要关注词频较高的名词和名词短语，根据词汇在语料中出现的频率判断其语言产生能力和代表主题的能力。例如，基于斯科特的理论，李晓倩和胡开宝指出实词主题词可以凸显文本焦点内容，虚词主题词能够体现文体风格。此外，主题词研究还可以为其他研究提供出发点，李晓倩和胡开宝考察了2000年至2014年期间的中国政府工作报告英译文的主题词及其搭配，重点分析了高频主题词development和improve的搭配⑧。彭发胜和万颖婷从微观和宏观两个层面，从《边城》汉英三译本平行语料的主题性、平均词长、词长分布、高频词和类符形符比等方面揭示了各译本的

---

① 姜欣,姜怡,汪榕培.以"外化"传译茶典籍之内隐互文主题.辽宁师范大学学报（社会科学版），2010,33(03),87-90.

② 周汝昌.《红楼梦》西译上的趣事与真正的文化主题.中华读书报,2011.

③ 刘桂兰.《红楼梦》亦真亦幻主题叙事英译解读.长江大学学报（社会科学版），2013,36(11),96-98.

④ 陈谊.总结型英语新闻主题句分析及其汉译策略.前沿,2010(08),160-162.

⑤ Scott M, Tribble C. Textual patterns: Key words and corpus analysis in language education. Philadelphia: John Benjamins,2006.

⑥ Scott M. PC analysis of key words—And key key words,System,1997,25(2),233-245.

⑦ Scott M. Problems in Investigating Keyness. Philadelphia: John Benjamings Publishing Co. 2010,43-58.

⑧ 李晓倩,胡开宝.中国政府工作报告英译文中主题词及其搭配研究.中国外语,2017,14(06),81-89.

文体特色①。李文中基于大学英语学习者语料库,考察和分析了主题词分布与主题表达的关系、同一作文题目的主题词间的联想关系、不同题目作文主题词的相互关系,以及联想词与词语搭配的关系②。刘克强综合利用语料库语言学、对比语言学、功能语言学及文体学、信息论等理论,从宏观和微观层面分析了《水浒传》英译本的主题词与主题语义域,研究发现四个译本的共性特征和独特特征③。刘海涛和方昱从高频主题词、各译本典型词汇和词汇丰富度角度分析了《飞鸟集》三个译本的风格变异,发现译本越忠实于原文,接受度就越高④。从文化负载词的角度,钱佩瑶研究了如何运用文体学研究方法处理英国作家巴里的小说《死了更好》中的文化负载词,分析了译文在文本主题意义和美学价值之间的取舍策略⑤。

综上所述,现有的译本主题性研究文献通常关注译本在语言使用上的差异,很少涉及在中华文化海外传播的大语境下对译本接受效果的观察。上述学界相关研究集中于从译本的角度做主题分析,未见从译本读者角度对典籍英译的接受效果展开主题分析。目的语读者反应是评价译本接受效果的最直接因素,从目前研究而言,典籍英译评论主题研究还处于起步阶段,研究的广度和深度还远远不够,还有很多待探索的内容,现有文献为从新的视角观察典籍英译海外接受效果提供了较好的研究基础。

3.1.2 隐含狄利克雷分布主题模型

伴随着计算语言学和自然语言处理技术的发展,自动主题抽取受到学术界关注,特别是无须人工标注数据的无监督自动主题抽取技术得到广泛应用,成为近年来文本挖掘领域的研究热点。其中最具代表性的是隐含狄利克雷分布(latent Dirichlet allocation,LDA)主题模型。

1. 隐含语义分析理论

隐含语义分析(latent semantic analysis,LSA)理论认为文本中词的属性是

---

① 彭发胜,万颖婷.基于语料库的《边城》三个英译本文体特色分析.合肥工业大学学报(社会科学版),2014,28(06),83-89.
② 李文中.基于英语学习者语料库的主题词研究.现代外语,2003(03),284-293+283.
③ 刘克强.《水浒传》四英译本翻译特征多维度对比研究.上海外国语大学,2013.
④ 刘海涛,方昱.忠实原则与诗歌翻译的风格变异:以《飞鸟集》三个译本为例.浙江大学学报(人文社会科学版),2017,47(04),89-103.
⑤ 钱佩瑶.文体学视角下文化负载词的汉译研究.南京大学,2014.

由其上下文刻画的,这就意味着含义相近的单词的使用模式和上下文也相似,即存在着隐含语义结构,这些隐含的语义结构可以通过统计方法提取并量化分析。LSA采用向量空间模型表示文本,通过奇异值分解获取语义结构,提取由若干奇异值构成的新向量空间来近似表示原文本。

隐含语义分析理论最初应用在文本信息检索领域,利用文本中词共现信息将词和文档映射到隐含语义空间,有效地解决了同义词和多义词的语义表达问题,目前已经广泛地应用在交叉语言检索、信息理解、信息聚类等领域,主要局限在于计算成本高、速度慢和可解释性差。

2. 概率隐含语义分析模型

为改善隐含语义分析的可解释性,学界提出概率隐含语义分析模型(probabilistic latent semantic analysis,PLSA),其主要思想是假设每篇文档包含一系列可能的隐含主题,文档中的每个词在潜在主题的引导下以一定概率分布。

在概率隐含语义分析模型中,每个主题被表示成多个单词的概率分布,每篇文档可被表示为在若干主题上的概率分布。概率隐含语义分析模型通过上述两层概率分布为隐含语义分析模型赋予了概率意义上的假设,改善了隐含语义分析模型的可解释性。但随着文档数量的增加,概率隐含语义分析模型容易出现过拟合问题。

3. 隐含狄利克雷分布主题模型

为解决PLSA模型的过拟合问题,隐含狄利克雷分布主题模型被提出。隐含狄利克雷分布主题模型是在PLSA的基础上引入参数先验分布概念形成的概率生成模型,主要思路是采用狄利克雷分布表示每篇文档在各个主题上的概率先验分布,以及每个主题在各个单词上的概率先验分布。一般情况下,隐含狄利克雷分布主题模型中文档与主题的个数均大于1,文档主题矩阵和主题词汇矩阵表示为两个狄利克雷分布。

隐含狄利克雷分布主题模型在词汇层和文档层之间引入中间主题层,由词语层、主题层和文档层组成,适用于挖掘文本主题信息[①]。在隐含狄利克雷分布主题模型中,每一篇文档是由若干主题构成的概率分布,每一个主题是由若干单词所构成的概率分布,从文档到主题、从主题到词汇均服从多项式分布,形成

---

① Blei D M, Ng A Y, Jordan M I. Latent dirichlet allocation. Journal of machine Learning research, 2003,3(4-5):993-1022.

的文档主题矩阵和主题词汇矩阵构成相应的文档集。由于隐含狄利克雷分布主题模型划分主题时能够将出现次数较高的词语汇聚在一起,因此也被视为一种词袋模型。

隐含狄利克雷分布主题模型作为一种非监督的机器学习方法,能够根据词共现关系自动识别大规模语料中潜在的主题信息。使用隐含狄利克雷分布主题模型挖掘文本隐含主题信息的优势在于:不需要关于文本的先验知识,文本内容的隐性语义表示可以建模一词多义和多词一义的语言现象。

生成隐含狄利克雷分布主题模型的主要步骤如下:

(1) 首先,预设定主题数 k 以及 Dirichlet 分布参数 a 和 β。

(2) 将文档 d 从以 a 为参数的 Dirichlet 分布中抽取出该篇文档的主题分布 θ,在以 β 为参数的 Dirichlet 分布中抽取出每个主题 k 的词汇分布 Φ_k。

(3) 根据得到的主题分布 θ 选定主题 Z,根据 Z 和 Φ 最后生成该文档的词汇表示 W。

隐含狄利克雷分布的生成过程如图 3.1 所示。

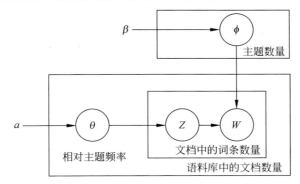

图 3.1　隐含狄利克雷分布生成过程图

采用隐含狄利克雷分布主题模型进行主题分析的优点在于:通过隐含语义结构将词语进行关联,避免了词袋模型和向量空间模型存在的数据稀疏问题,同时还能处理主题词的一词多义问题,能够通过复杂度较低的模型计算提供科学可靠的主题量化研究方法。

近年来,隐含狄利克雷分布主题模型被广泛应用于文本挖掘领域,例如廖海涵等使用隐含狄利克雷分布主题模型抽取微博舆情事件中不同传播者发布的文本主题语义,通过主题分析发现热点话题的显著差异[①]。刘雅姝等在构建

---

① 廖海涵,王曰芬,关鹏.微博舆情传播周期中不同传播者的主题挖掘与观点识别.图书情报工作,2018,62(19),77-85.

舆情话题图谱的基础上，使用隐含狄利克雷分布主题模型分析图谱中的话题属性，从多维特征融合的角度研究了读者观点的演化①。王珠美等采用隐含狄利克雷分布主题模型抽取农产品在线评论主题内容，得到消费者对农产品属性的关注权重，并结合直觉模糊 TOPSIS 理论分析了评论中反映的消费者情感倾向②。面向图书评论，陈晓美选择《卡尔威特的教育》一书的网上读者评论，基于隐含狄利克雷分布主题模型提出图书评论主要观点识别和深度观点判定方法，但未得到广泛验证③。

隐含狄利克雷分布主题模型的改进模型方面，Ma 等通过隐含狄利克雷主题模型生成特征词及其同义词的候选集④，Ye 等提出改进的 MF-隐含狄利克雷分布（microblog features latent Dirichlet allocation）模型抽取微博特征词⑤，Chen 等提出结合文本聚类和特征选择的 FSC-隐含狄利克雷分布（feature selection and cluster based on latent Dirichlet allocation）模型⑥，Xie 等提出基于草图的主题模型抽取推特文本中的突发主题，有效地降维了推特信息流并生成快照⑦。Lu 等在 PLSA（probabilistic latent semantic analysis）的基础上提出半监督模型，用名词属性词训练模型参数，这种方法可应用于其他领域的评论数据⑧。彭云等提出语义关系约束的隐含狄利克雷分布主题模型（semantic relation constrained LDA，SRC-LDA），结合语义关系提取属性词，该方法还可以应用于发现情感词，与其他主题模型比较，此方法的准确率和召回率都有明显提升⑨。Andrzejewski 等提出半监督直接分步线性判别分析模型 DF-LDA（direct

---

① 刘雅姝,张海涛,徐海玲,等. 多维特征融合的网络舆情突发事件演化话题图谱研究. 情报学报, 2019,38(08),798-806.

② 王珠美,胡彦蓉,刘洪久. 基于 LDA 主题模型和直觉模糊 TOPSIS 的农产品在线评论情感分析. 数据采集与处理,2020,35(05),965-977.

③ 陈晓美. 网络评论观点知识发现研究. 长春：吉林大学,2014.

④ Ma B,Zhang D,Yan Z,et al. An LDA and Synonym Lexicon Based Approach to Product Feature Extraction from Online Consumer Product Reviews. Journal of Electronic Commerce Research,2013, 14(4),304-314.

⑤ Ye Y,Du Y,Fu X. Hot Topic Extraction Based on Chinese Microblog's Features Topic Model. 2016 IEEE International Conference on Cloud Computing and Big Data Analysis,2016,348-353.

⑥ Chen Y,Li W,Guo W. et al. Popular Topic Detection in Chinese Micro-blog Based on the Modified LDA Model. 2015 12th Web Information System and Application Conference. IEEE,2015,37-42.

⑦ Xie W,Zhu F,Jiang J,et al. Topicsketch：Real-time Bursty Topic Detection from Twitter. IEEE Transactions on Knowledge and Data Engineering,2008,28(08),2216-2229.

⑧ Lu Y,Zhai C. Opinion integration through semi-supervised topic modeling. Proceedings of the 17th international conference on World Wide Web,2008,121-130.

⑨ 彭云,万常选,江腾蛟,等. 基于语义约束 LDA 的商品特征和情感词提取. 软件学报,2017, 28(03),676-693.

fractional-step linear discriminant analysis），该模型允许用户为文本中每两个词设置"must-link"或"cannot-link"约束关系，然后利用这两种关系建立狄利克雷森林，直接分步线性判别分析模型能够比隐含狄利克雷分布主题模型识别出更多属性词[1]。Mukherjee 等提出了加入种子词的 SAS 模型（seeded aspect and sentiment model）和加入最大熵先验的 ME-SAS 模型（maximum entropy-SAS model）提取属性词，其中 ME-SAS 模型能够同时提取属性词和情感词，性能优于直接分步线性判别分析模型[2]。Wang 等提出 FL-隐含狄利克雷分布主题模型（fined-grained labeled LDA）和 UFL-隐含狄利克雷分布主题模型（unified fine-grained labeled LDA）用于抽取属性词[3]。FL-LDA 模型加入了从网站上收集的种子属性词，通过种子属性词对评论进行分类，让模型学习到更多属性信息，UFL-LDA 模型结合未标记文本发现高频词，这种方法充分利用了产品特征，但方法的性能依赖于种子词集的选择。

综上所述，隐含狄利克雷分布主题模型作为一种非监督机器学习算法，无须人工标注语料和对比语料库就能够发现语料库中的隐藏主题，应用于主题自动抽取任务具有一定的优势。但主题模型发现的是粗粒度的评价对象，并且需要提前人工设置主题数量，在短文本或高噪音的网络文本上的效果还有待改善。

本章调用 Python 的 gensim 库中的隐含狄利克雷分布主题模型完成读者评论的主题提取，生成文档词频矩阵，通过困惑度等指标确定最佳主题数量，生成典籍英译评论隐含狄利克雷分布主题模型，得到典籍英译海外评论粗粒度的主题分布，在此基础上分析读者评论的全局主题。

3.2 研究思路

本章的研究对象是典籍英译海外评论文本，研究目标是从典籍英译海外评论文本中自动抽取读者评论中的主题，分析海外读者对典籍英译作品的关注重点。

典籍英译主题抽取研究的难点主要在于：

---

[1] Andrzejewski D, Zhu X, Craven M. Incorporating domain knowledge into topic modeling via Dirichlet forest priors. Proceedings of the 26th annual international conference on machine learning, 2009, 25-32.

[2] Mukherjee A, Liu B. Aspect extraction through semi-supervised modeling. Proceedings of the 50th Annual Meeting of the Association for Computational Linguistics (Volume 1: Long Papers), 2012, 339-348.

[3] Wang T, Cai Y, Leung H F, et al. Product aspect extraction supervised with online domain knowledge. Knowledge-Based Systems, 2014, 71, 86-100.

（1）大数据环境下的海量网络评论中混杂大量的噪声数据和不规范文本表达，现有自动主题抽取方法的效率和准确率有待改善。

（2）图书评论是一种特殊的产品评论，图书评论文本中常出现对图书内容的引用，干扰对图书产品本身的主题抽取，其他领域的方法也无法简单地迁移应用。

（3）典籍英译海外评论文本尚无标准的语料库可参照，为每个典籍译本构建人工标注语料库需要大量的人力和精力投入，成本过高不适合推广应用。

为此，针对典籍英译海外评论文本语料规模巨大、长短不一、创作随意性强、口语化的特点，本研究在主题词抽取阶段采用无监督的隐含狄利克雷分布主题模型对典籍英译海外评论文本进行全局主题自动抽取，将评论文本映射到具有可解释性的低维主题空间，提取隐含语义结构。根据量化评论文本和主题之间的相似度对评论进行主题建模，发现评论文本中隐含的子话题，分析典籍英译评论的侧重点。

本研究的后续章节将采用自然语言处理技术进行局部即微观层面的主题词自动抽取和情感倾向分析，最终形成结构为"评论主题、评论主题词、主题词情感倾向"的主题知识元，为进一步理清读者观点的主要影响因素提供语义层面的研究方法。

本章典籍英译评论全局主题抽取的研究流程如图3.2所示，研究流程包括图书评论采集、数据预处理、基于隐含狄利克雷分布主题模型的全局主题抽取和主题分析。

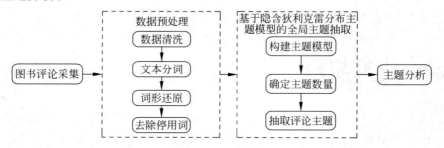

图 3.2　全局主题抽取的研究流程图

3.3　数据采集与文本预处理

1. 数据采集

典籍英译作品是中国文化走出去的重要途径，读者评论是判断译本是否得到读者肯定的重要线索。在典籍英译海外评论数据采集阶段，考虑到亚马逊作为全球最大的购书商城,图书种类齐全,海外读者群庞大,因此选择 Amazon.com 作为数据获取来源。通过编写 Python 语言网络爬虫程序获取评论数据,程序功能主要包括图书评论的数据检索、数据抓取和数据初步分析。

数据采集环节的具体方案为:从亚马逊网站采集典籍英译评论数最多的《孙子兵法》《西游记》《三国演义》《红楼梦》《论语》5 本典籍的读者评论。采集的典籍英译评论数据属性说明如表 3.1 所示。

表 3.1　典籍英译评论数据属性说明

属　　性	属性说明	属　　性	属性说明
book_id	书号	stars	评级
book_name	中文典籍名	date	评论日期
book_tr_name	译名	helpful_vote	评论支持数
author	作者	title	评论标题
translator	译者	contents	评论内容
user_name	读者名		

将相同译者信息进行归并,如 Yang Hsien Yi 和 Yang Xianyi 为同一译者,Moss Roberts 参与一个全译本与一个节译本,得到五本典籍 18 个英译本的读者评论共计 4581 条。经过分句预处理得到由 14 751 句评论文本构成的语料,总字符数 112 万,平均每句评论的文本长度为 76 字符。每个典籍译本的评论数、句子数、字符数、译本版本数和平均句子长度如表 3.2 所示。

表 3.2　图书评论语料情况

书　　名	评论数	句子数	字符数	版本数	平均句长(字符数)
红楼梦	123	877	88 457	2	100.86
论语	309	1079	97 834	3	90.67
三国演义	334	2120	193 604	3	91.32
孙子兵法	3288	7826	483 208	3	61.74
西游记	527	2849	258 837	7	90.85
平均	916.2	2950.2	224 588	3.6	76.06
合计	4581	14 751	1 121 940	18	76.06

经整理后的典籍译本评论数据来源如表 3.3 所示。

表 3.3　典籍译本评论数据来源

典籍中文名	译　　者	典籍译名
红楼梦	David Hawkes	The Story of the Stone, or The Dream of the Red Chamber, Vol.1: The Golden Days
	Yang Hsien Yi (Yang Xianyi)	A Dream of Red Mansions

续表

典籍中文名	译 者	典籍译名
论语	Annping Chin	The Analects
	D. C. Lau	The Analects
	Roger T. Ames, Henry Rosemont Jr.	The Analects of Confucius: A Philosophical Translation
三国演义	C. H. Brewitt-Taylor	Romance of the Three Kingdoms
	Moss Roberts (Moss Roberts, John S. Service)	Three Kingdoms
	Yu Sumei	The Three Kingdoms
孙子兵法	Brace E. Barber	The Art of War
	Gary Gagliardi	The Only Award-Winning English Translation of Sun Tzu's The Art of War
	Lionel Giles	The Art of War
西游记	Anthony C. Yu	The Journey to the West
	Arthur Waley	Monkey: Folk Novel of China
	Christine Sun	Journey to the West (Chinese Classics)
	David Kherdian	Monkey: A Journey to the West
	Kathryn Lin	The Journey to the West: Birth of the Monkey King
	Timothy Richard	The Monkey King's Amazing Adventures: A Journey to the West in Search of Enlightenment
	W. J. F. Jenner	Journey to the West

2. 文本预处理

实现主题自动抽取之前,需要对爬取到的典籍英译评论进行文本预处理,目的是减少无关数据的干扰、降低主题模型数据读入时的出错概率,以及改善主题模型提取效果和加快模型运行速度。文本预处理的主要步骤为:数据清洗、文本分词、词形还原和停用词处理。

1) 数据清洗

数据清洗步骤的任务是去除评论数据中无意义、难以解析的字符,纠正或者删除语料中的错误数据。本研究采用 Python 程序的正则表达式对待处理语料进行清洗与替换,具体处理步骤包括:

① 建立无意义字符表,字符表包括类似"^&/~"等无意义的文本内容,采用正则表达式进行查找与清除,降低无关数据的干扰。

② 编写程序处理仅有标题但内容为空的评论,为了保证评论的完整性,将评论标题补充至空缺的评论内容字段。

③ 同一替换评论文本中的非英文评论,如法文、德文、西班牙文、日文等,为了方便统一分析,将非英文的外文评论统一翻译成英文进行替换。

2）文本分词

文本分词的效果直接影响后续主题抽取实验的效果。本实验的典籍英译海外评论英文文本用正常的空格和标点符号作为分隔符。为保证研究框架的完备性,为处理多语种语料做准备,在此步骤中预留设计,采用 Python 的 NLTK 库完成中文等语料的分词。

3）词形还原

英文单词的曲折变化较多,为表示词汇的语义关联,本步骤将单词归一化为语义词根,即词形还原。考虑到图书评论主题词以名词为主,因此在此步骤中采用 Python 的 NLTK 库将语料中的名词进行词形还原。

4）停用词处理

停用词处理的目的是将评论数据中的不具有实际意义的高频词移除,例如 the、of、on 等对主题没有贡献的常用词会影响主题抽取的效果。本步骤采用 Python 的 NLTK 库的英文停用词表进行英文停用词处理,如果处理多语种语料可以选用相应语种的停用词表。

3.4 基于 LDA 模型的典籍英译评论主题抽取

3.4.1 主题数量确定

本章的目的是进行典籍英译评论的全局主题自动抽取,与专家文本细读和少量译本分析的方式不同,LDA 主题自动抽取首先需要通过数据分析选择适合语料的主题数量,本实验参照裘惠麟和邵波采用的综合考虑模型困惑度(perplexity)和主题一致性(coherence)结合的方法[①]。

其中,困惑度是信息论中信息熵的指数,是衡量不确定性的指标。在主题模型生成研究中,困惑度越低代表模型对样本数据的分类预测的不确定性就越小,则模型的效果就越好,泛化能力也越强。主题一致性也是估计主题数量、定量评价主题模型效果的有效指标,此处采用一致性参数 c_v 计算主题一致性。

编写 Python 程序调用 gesim 库计算困惑度和主题一致性的结果如图 3.3 和图 3.4 所示。

---

① 裘惠麟,邵波.多源数据环境下科研热点识别方法研究.图书情报工作,2020,64(05),78-88.

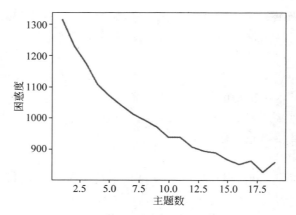

图 3.3 主题模型困惑度曲线图

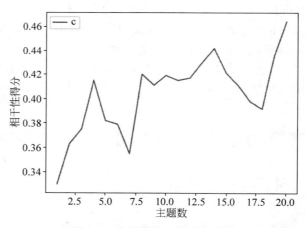

图 3.4 主题模型一致性曲线图

由图 3.3 中的主题模型困惑度曲线可以看出，随着主题数的增加，主题模型的困惑度持续减小，这是由于随着主题数增加时，模型趋向于过拟合。因此，本实验进一步计算主题一致性作为参考，主题一致性曲线图如图 3.4 所示。

由图 3.4 中的主题一致性曲线可以看出，主题个数为 4 和 8 时模型的主题一致性得分最高。为了确定最优的主题数目，进一步采用 Python 中的 LDA 可视化工具 pyLDAvis 将主题个数为 4 和 8 的主题模型进行可视化，结果分别如图 3.5 和图 3.6 所示。

在图 3.5 与图 3.6 的主题模型可视化结果中，图左半部分的气泡分布代表不同的主题。右半部分是主题中权重最高的前 30 个主题词，浅色柱状表示词在整个文档中出现的频率权重，深色柱状表示词在本主题中所占的权重。图中

第3章 基于主题模型的典籍英译海外评论全局主题抽取 31

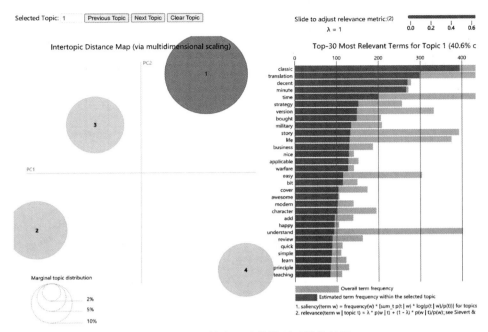

图 3.5 主题数为 4 时的模型可视化结果

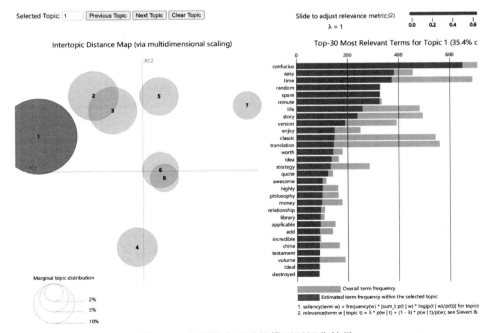

图 3.6 主题数为 8 时的模型可视化结果

气泡的大小表示主题出现的概率，气泡间若有重叠则表示两个主题中的主题词有交叉。各个主题间的重叠区域面积越小，代表话题区分度越高，就越能准确地划分主题。

从图 3.5 与图 3.6 可以看出，当主题个数为 4 时，气泡平均分布在四个象限，不重叠，不交叉，气泡大小相对均匀，由此确定本实验主题模型的最佳主题数为 4。

3.4.2 主题抽取

采用 LDA 主题模型进行典籍英译评论主题抽取时，每一条评论被看作一篇文档，每一篇文档由若干无序的词组成。在 LDA 建模过程中，文档中的词被映射到多个隐主题，同时多个词也可以被映射到同一个隐主题，LDA 主题模型通过这种多对多的映射解决了一词多义和多词同义的知识表达，并通过概率分布的方式定量地表示词汇在主题中的重要程度，避免了传统词袋模型的高维稀疏和低频词被忽略的问题。

基于 3.4.1 节根据困惑度和主题一致性指标确定的主题数目，接下来将 LDA 主题模型抽取的四个主题的主题词按照概率分布权重排序，每个主题的描述内容和排序前 10 个主题词如表 3.4 所示。

表 3.4　LDA 模型抽取的典籍英译海外评论主题

主题	主题描述	主题特征词
主题 1	主题内容与翻译风格	classic、translation、strategy、version、military、business、warfare、easy、cover、modern
主题 2	人物情节与质量价格	confucius、understand、random、original、money、table、volume、edition、character、China
主题 3	翻译风格	version、classic、family、translation、military、English、human、note、space、edition
主题 4	质量价格	easy、strategy、product、series、translation、thin、box、condition、review、philosophy

由表 3.4 可以得到读者关注的主题和主题词，主题 1 中的 strategy、military、business、warfare、modern 可归纳为典籍英译作品的主题内容，classic、translation、version、easy 可归纳为典籍英译作品的翻译风格；主题 2 中的 confucius、original、character、China 可归纳为典籍英译作品的人物情节，random、money、table、volume 可归纳为典籍英译作品的质量价格；主题 3 中的 version、classic、translation、English、edition 可归纳为典籍英译作品的翻译风

格；主题 4 中的 product、thin、box、condition、review 可归纳为典籍英译作品的质量价格。综上所述，通过 LDA 主题模型提取的主题特征可以将典籍英译评论主题归纳为主题内容、翻译风格、人物情节与质量价格 4 个主题。

基于以上分析生成典籍英译作品评论主题词示例，如表 3.5 所示。LDA 主题模型提取的典籍英译评论主题词，一定程度上揭示了读者评论中对典籍英译作品关注的主要方面。

表 3.5　图书评论主题词示例

图书评论主题	主题词示例
主题内容	strategy、military、business、warfare、modern、human、philosophy
人物情节	confucius、original、character、China、family、series
翻译风格	classic、translation、version、easy、understand、edition、English
质量价格	cover、random、money、table、volume、note、space、product、thin、box、condition、review

3.4.3　主题词统计和可视化

为进一步量化分析读者对典籍英译作品主题的关注程度，对 3.4.2 节中 LDA 主题模型抽取的主题词进行词频统计。《红楼梦》英译本读者评论中频率前 30 的主题词如表 3.6 所示，对文本进行分词和去除停用词处理后，《红楼梦》英译本读者评论共包含 2505 个类符（type），按照主题类别分析频率前 30 的主题词，translation、English、hawkes、culture、version、david、translator、language、poem、understand、easy 等属于翻译风格主题类别，volume、review 和 set 是与质量价格相关的主题词，character、family、literature、China、baoyu、woman、century、daiyu、author、jia、mansion、servant、history、introduction、chapter 等主题词与人物情节主题类别相关，18th 等为主题内容相关的主题词。

表 3.6　《红楼梦》英译本读者评论中频率前 30 的主题词

特征词	频次	频率	特征词	频次	频率	特征词	频次	频率
translation	83	0.033	baoyu	26	0.010	david	18	0.007
volume	68	0.027	woman	25	0.010	author	18	0.007
character	60	0.024	hawkes	23	0.009	jia	16	0.006
family	52	0.021	culture	22	0.009	translator	16	0.006
English	41	0.016	version	22	0.009	mansion	15	0.006
literature	30	0.012	century	21	0.008	18th	14	0.006
China	28	0.011	daiyu	19	0.008	servant	13	0.005

续表

特征词	频次	频率	特征词	频次	频率	特征词	频次	频率
history	13	0.005	introduction	12	0.005	set	11	0.004
language	13	0.005	poem	11	0.004	understand	10	0.004
review	13	0.005	chapter	11	0.004	easy	10	0.004

《论语》英译本读者评论中频率前 30 的主题词如表 3.7 所示,对文本进行分词和去除停用词处理后,《论语》英译本读者评论共包含 2262 个类符,按照主题类别分析频率前 30 的主题词,confucius、introduction、China、master、disciple、government、character、author、original、paragraph 等属于人物情节,translation、edition、language、classic、understanding、English、ancient、version、study 等主题词属于翻译风格主题类别,philosophy、teaching、idea、leader、wisdom、virtue、principle、philosophical 等与主题内容相关,note、review 和 quality 等为质量价格主题词。

表 3.7 《论语》英译本读者评论中频率前 30 的主题词

特征词	频次	频率	特征词	频次	频率	特征词	频次	频率
confucius	188	0.083	note	23	0.010	author	18	0.008
translation	92	0.041	English	23	0.010	wisdom	17	0.008
philosophy	48	0.021	master	21	0.009	review	17	0.008
introduction	31	0.014	idea	21	0.009	original	17	0.008
edition	28	0.012	ancient	20	0.009	virtue	17	0.008
language	25	0.011	disciple	20	0.009	study	16	0.007
China	25	0.011	government	19	0.008	quality	16	0.007
classic	24	0.011	character	19	0.008	principle	15	0.007
understanding	24	0.011	leader	19	0.008	philosophical	15	0.007
teaching	23	0.010	version	18	0.008	paragraph	15	0.007

《三国演义》英译本读者评论中频率前 30 的主题词如表 3.8 所示,对文本进行分词和去除停用词处理后,《三国演义》英译本读者评论共包含 3651 个类符,分析频率前 30 的主题词的主题类别,character、history、China、dynasty、liu、empire、historical、literature、han、original、period、series、zhuge 等主题词属于人物情节主题类别,translation、version、robert、edition、classic、English、language 等主题词属于翻译风格主题类别,volume、set、quality、error、review 等与质量价格主题类别相关,epic、romance、battle、military、power 等为主题内容相关主题词。

表 3.8 《三国演义》英译本读者评论中频率前 30 的主题词

特征词	频次	频率	特征词	频次	频率	特征词	频次	频率
translation	161	0.044	set	52	0.014	battle	38	0.010
character	127	0.035	liu	52	0.014	period	37	0.010
version	110	0.030	empire	50	0.014	military	35	0.010
history	100	0.027	English	50	0.014	series	34	0.009
China	84	0.023	historical	47	0.013	quality	32	0.009
robert	81	0.022	literature	45	0.012	language	32	0.009
volume	72	0.020	han	42	0.012	power	32	0.009
dynasty	66	0.018	original	42	0.012	zhuge	31	0.008
edition	55	0.015	epic	40	0.011	error	30	0.008
classic	54	0.015	romance	38	0.010	review	28	0.008

《孙子兵法》英译本读者评论中频率前 30 的主题词如表 3.9 所示，对文本进行分词和去除停用词处理后，《孙子兵法》英译本读者评论共包含 5408 个类符，分析频率前 30 的主题词的主题类别，version、classic、translation、easy、edition、copy、understand、ancient 等主题词属于翻译风格主题类别，battle、wisdom、strategy、military、business、tactic、principle、idea、situation、warfare、leader 等属于主题内容类别，price、quality、product、note、review、summary、condition 等属于质量价格主题类别，original、enemy、chapter、history 等与人物情节主题类别相关。

表 3.9 《孙子兵法》英译本读者评论中频率前 30 的主题词

特征词	频次	频率	特征词	频次	频率	特征词	频次	频率
version	288	0.053	price	111	0.021	understand	85	0.016
classic	246	0.045	tactic	109	0.020	review	84	0.016
strategy	235	0.043	copy	108	0.020	principle	84	0.016
military	213	0.039	warfare	108	0.020	ancient	76	0.014
translation	198	0.037	chapter	101	0.019	summary	70	0.013
business	196	0.036	original	95	0.018	condition	70	0.013
easy	123	0.023	quality	92	0.017	idea	66	0.012
enemy	119	0.022	product	89	0.017	situation	63	0.012
battle	117	0.022	note	88	0.016	history	61	0.011
edition	112	0.021	wisdom	85	0.016	leader	60	0.011

《西游记》英译本读者评论中频率前 30 的主题词如表 3.10 所示，对文本进行分词和去除停用词处理后，《西游记》英译本读者评论共包含 4475 个类符，分析频率前 30 的主题词的主题类别，character、original、China、chapter、adventure、 monk、tale、heaven、series、literature、tripitaka、child、demon、tang、monster 等主题词属于人物情节主题类别，translation、version、classic、culture、English、waley、yu、edition、language 等属于翻译风格主题类别，epic、buddhist、buddha、scripture 与主题内容类别相关，volume 和 set 与质量价格主题类别相关。

表 3.10　《西游记》英译本读者评论中频率前 30 的主题词

特征词	频次	频率	特征词	频次	频率	特征词	频次	频率
translation	215	0.048	tale	69	0.015	literature	47	0.011
version	149	0.033	culture	68	0.015	tripitaka	47	0.011
character	126	0.028	heaven	64	0.014	child	47	0.011
classic	90	0.020	English	62	0.014	demon	46	0.010
volume	86	0.019	waley	61	0.014	epic	42	0.009
original	81	0.018	yu	60	0.013	tang	41	0.009
China	80	0.018	buddhist	56	0.013	buddha	38	0.008
chapter	74	0.017	series	52	0.012	monster	37	0.008
adventure	72	0.016	edition	49	0.011	language	37	0.008
monk	70	0.016	set	49	0.011	scripture	36	0.008

基于以上统计结果计算《红楼梦》《论语》《三国演义》《孙子兵法》《西游记》英译本的读者评论对主题内容、人物情节、翻译风格和质量价格四个主题关注度的平均值与标准差，结果如表 3.11 所示。

表 3.11　读者对五本典籍的各主题关注度

主题类别	红楼梦	论语	三国演义	孙子兵法	西游记
主题内容	0.006	0.078	0.050	0.247	0.038
人物情节	0.142	0.165	0.207	0.07	0.214
翻译风格	0.106	0.120	0.149	0.229	0.176
质量价格	0.036	0.025	0.059	0.113	0.030
平均值	0.073	0.097	0.116	0.165	0.115
标准差	0.054	0.052	0.065	0.075	0.082

由表 3.11 可以看出，读者对每本典籍英译本的关注点及关注度均不相同，且各主题的最大关注度与最小关注度差距较大，通过计算每本典籍各主题关注度的平均值并进行比较后可以看出读者对每本典籍英译本的关注侧重点，如《红楼梦》《论语》《三国演义》《西游记》英译本评论关注度中高于平均值的主题有人物情节与翻译风格，表明这四本典籍的海外读者对这两个主题类别讨论较多；对于《孙子兵法》英译本，读者更关注翻译风格与主题内容。进一步计算标准差可以看出，五本典籍英译本中主题关注度标准差最大的为《西游记》，标准差越大代表该读者对该典籍英译本的主题关注度与平均值之间的差异大，说明

读者对该典籍的部分主题讨论更具有针对性和差异性。

为了更直观地展示读者对每本典籍主题之间的关注差距,本实验采用Python中的可视化工具库pyecharts,对上述典籍英译本读者对四个主题的关注情况进行可视化对比分析,结果如图3.7所示。

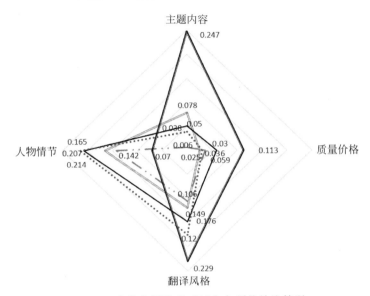

图3.7 典籍英译读者对四个主题的关注情况

从图3.7可以看出,除《孙子兵法》外,海外读者对于其余四本典籍英译本的总体关注侧重点基本相同,其中人物情节和翻译风格的关注度都较高,而《孙子兵法》译本的主题内容和翻译风格更受海外读者关注。在人物情节方面讨论最多的是《西游记》译本和《三国演义》译本,这两本典籍分别是古代长篇浪漫主义小说和中国历史演义小说的巅峰之作,人物生动形象、家喻户晓,故事跌宕起伏、引人入胜,在国内外都有极高的评价。

在质量价格、翻译风格和主题内容方面,《孙子兵法》的关注度最高。《孙子兵法》作为中国儒家经典著作,其主题思想内容影响深远,读者对主题内容方面关注度较高。除了《论语》译本,读者对主题内容关注度由高到低的译本分别为《三国演义》《西游记》《红楼梦》。

基于主题词频的方法对《红楼梦》译本评论分析的结果中,其主题内容关注度最低,一方面源于此主题的词频较低,另一方面由于《红楼梦》译本海外评论的数量相对较少,影响了低频主题词的提取。为此,本研究在第4章将引入基于知识库的局部主题词抽取方法,综合研究读者评论的主题分布。

本章小结

　　从语言学研究的角度,人类语言可以看作由词汇、词组等有限语法元素以某种语法规范方式组合构成的有明确表达意图的序列。从文学作品研究的角度来看,文本主题是对这些序列的抽象认知。主题词是表达和组织人类语言的关键知识元信息,是语言中显性和隐性知识关联的具体载体。

　　本章对亚马逊网站评论最多的五本典籍英译作品的读者评论进行全局主题抽取,将高维评论文本映射到低维主题空间,从语义层面揭示评论主题,使其具有更好的可解释性,从主题分布中发现读者关注的主题,为进一步理清典籍英译评论主题知识关联提供了语义层面的挖掘方法。

　　实验过程中,通过爬虫技术爬取了相关评论数据,通过LDA主题模型抽取典籍英译评论主题,在此基础上总结归纳了读者评论的关注侧重点,为掌握国外读者对中华典籍的观点态度提供参考。

第4章

基于知识库的典籍英译评论局部主题词抽取

图书评论主题抽取问题中,自然语言语义的复杂性一直是难点。第3章采用LDA主题模型初步分析了典籍英译评论中的粗粒度、全局性的评价主题,但未利用典籍英译评论文本中的语义信息,在短文本或高噪声的网络评论文本上的效果有待改善。

本章将常识知识库语义信息应用于典籍英译评论的局部主题词发现和主题聚类任务,通过典籍英译评论局部主题词的抽取,细化研究典籍英译读者接受环节的主要影响因素,为中华典籍海外传播研究提供现实参考依据。

4.1 基于自然语言处理技术的主题词抽取相关研究

根据主题词是否在评论文本中以名词或名词短语等形式显性地出现,评论主题词抽取任务可以分为显性主题词抽取和隐性主题词抽取[1]。目前显性主题词抽取的研究成果较为丰富,隐性主题词的抽取相对复杂,是当前研究的难点。

---

[1] 祁瑞华,周俊艺,郭旭,等.基于知识库的图书评论主题抽取研究.数据分析与知识发现,2019,3(06),83-91.

4.1.1 显性主题词抽取

显性主题词抽取的方法主要有无监督的规则方法和聚类方法，和基于标注语料的有监督方法。无监督的规则方法的代表性研究有：Hu 等利用关联规则挖掘频繁项集作为产品特征，抽取距离频繁特征最近的形容词作为观点词，引入 Senti-Wordnet 判别语义和情感倾向，局限是非频繁主题词的识别率较低[1][2]。Qiu 等利用句法依存关系建立双向传播算法抽取模板，通过在观点词种子集上的迭代增加特征词和观点词，在中等规模语料集上取得了较好效果[3]。Poria 等利用依存关系、WordNet 和 SenticNet 常识知识库同时检测显式和隐式评论主题词，在公开数据集上取得了很好的效果[4]。基于规则方法的难点在于规则模板的建立需要领域专家的参与。

基于无监督的聚类算法，Su 利用中文概念词典等多源知识，提出 COP-Kmean 聚类和相互强化规则挖掘隐性产品特征和观点词间的映射[5]。Santosh 等使用组平均聚类算法抽取 Amazon.com 商品评论中的特征词，方法具有领域无关性，可推广到其他领域[6]。Ma 等利用部分标注数据采用 LDA 主题模型生成特征主题词候选集[7]。聚类方法的局限在于可移植性受限。

基于有监督方法，Jin 等通过隐马尔可夫算法抽取显性主题词和观点词，并将抽取的观点词分为积极和消极两类[8]。Li 等利用 Tree CRFs 和 Skip-chain

---

[1] Hu M, Liu B. Mining and Summarizing Customer Reviews. Proceedings of the Tenth ACM SIGKDD International Conference on Knowledge Discovery and Data Mining, 2004, 168-177.

[2] Hu M, Liu B. Mining Opinion Features in Customer Reviews. Association for the Advancement of Artificial Intelligence. 2004b, 4(04), 755-760.

[3] Qiu G, Liu B, Bu J, et al. Opinion Word Expansion and Target Extraction through Double Propagation. Computational Linguistics, 2011, 37(01), 9-27.

[4] Poria S, Cambria E, Ku L W, et al. A Rule-based Approach to Aspect Extraction from Product Reviews. Proceedings of the Second Workshop on Natural Language Processing for Social Media, 2014, 28-37.

[5] Su Q, Xu X, Guo H, et al. Hidden Sentiment Association in Chinese Web Opinion Mining. Proceedings of the 17th International Conference on World Wide Web. ACM, 2008, 959-968.

[6] Santosh R, Prasad P, Vasudeva V, An Unsupervised Approach to Product Attribute Extraction. Proceedings of the 31th European Conference on IR Research on Advances in Information Retrieval, 2009, 796-800.

[7] Ma B, Zhang D, Yan Z, et al. An LDA and Synonym Lexicon Based Approach to Product Feature Extraction from Online Consumer Product Reviews. Journal of Electronic Commerce Research, 2013, 14(04), 304-314.

[8] Jin W, Ho H H. A Novel Lexicalized Hmm-based Learning Framework for Web Opinion Mining. Proceedings of the 26th Annual International Conference on Machine Learning, 2009, 465-472.

CRFs算法,将语义关联作为主题词抽取的输入信息[1]。基于深度学习算法,Poria等抽取视频对白文本特征,结合人物表情和语音生成多模态特征向量,将句子情感分析准确率提升了14%[2]。Poria等还提出七层卷积神经网络用于标注观点主题词,引入语义知识使深层卷积神经网络更能适应自然语言数据。总体上,有监督方法的准确率较高,但在大数据环境下人工标注大量语料的成本很高[3]。

4.1.2 隐性主题词抽取

隐性主题词是在评论文本中未明确出现的语义层面上的实际评论对象,隐性主题词的表现形式主要为形容词、副词等,现有研究文献较少。Poria和Su基于聚类和基于规则的方法抽取了隐性主题词[4],Cruz等人工标注了隐性主题词标识,采用线性链条件随机场序列标注算法在隐性主题词抽取实验中取得了较好的效果[5],隐性主题词抽取的难点在于隐性主题词需要领域专家参与人工标注。

为实现隐性主题词的自动标注,Zhang等提出了基于共词关系的隐性主题词抽取方法,优势在于不需要先验知识或人工标注,局限在于共词关系不能充分体现同义词、近义词等语义关联[6]。Hai等挖掘观点词在共现矩阵中的显著关联规则集,通过聚类显性规则生成健壮规则应用于隐性主题词挖掘[7]。聂卉

---

[1] Li F, Han C, Huang M, et al. Structure-aware Review Mining and Summarization. Proceedings of the 23rd International Conference on Computational Linguistics, Association for computational linguistics, 2010, 653-661.

[2] Poria S, Cambria E, Gelbukh A. Deep Convolutional Neural Network Textual Features and Multiple Kernel Learning for Utterance-level Multimodal Sentiment Analysis. Proceedings of the 2015 Conference on Empirical Methods in Natural Language Processing, 2539-2544.

[3] Poria S, Cambria E, Gelbukh, A. Aspect Extraction for Opinion Mining with a Deep Convolutional Neural Network. Knowledge-Based Systems, 2016, 108, 42-49.

[4] Su Q, Xu X, Guo H, et al. Hidden Sentiment Association in Chinese Web Opinion Mining. Proceedings of the 17th International Conference on World Wide Web. ACM, 2008, 959-968.

[5] Cruz I, Gelbukh A, Sidorov G. Implicit Aspect Indicator Extraction for Aspect Based Opinion Mining. International Journal of Computational Linguistics and Applications, 2014, 5(02), 135-152.

[6] Zhang Y, Zhu W. Extracting Implicit Features in Online Customer Reviews for Opinion Mining. Proceedings of the 22nd International Conference on World Wide Web Companion, 2013, 103-104.

[7] Hai Z, Chang K, Kim J. Implicit Feature Identification via Co-occurrence Association Rule Mining. International Conference on Intelligent Text Processing and Computational Linguistics. Springer, Berlin, Heidelberg, 2011, 393-404.

从信息整合视角,基于特征序列描述隐性主题聚类模型,利用依存句法和词法修饰关系量化评价观点,但不能体现评论文本之间的语义关联①。

4.1.3 基于知识库的主题抽取

现有基于知识库的主题抽取研究可分为基于常识知识库的主题抽取和基于领域知识库的主题抽取。基于常识知识库的研究如李伟卿等提出面向大规模评论数据的图书特征词典构建方法,在人工标注的基础上基于 WordNet 同义词集合和词向量训练,计算语义相似度构建产品特征词典②。此类方法的局限在于特征标注需人工完成,并且只能抽取名词、名词短语、动名词、形容词,没有考虑评论中的隐含特征。总体上,一方面现有的常识知识库精度不够,不能有效识别领域相关词汇和专有名词;另一方面领域知识库资源稀缺,现有研究通常需要先根据垂直领域语料和具体任务建立领域知识库,然后再基于领域知识库抽取主题,如冯淑芳等建立了面向汽车评论观点挖掘的本体知识库,为挖掘此领域的评价观点和情感信息奠定了良好的基础,但同时也指出领域知识库中的概念及其关系需要不断更新完善,此外需要领域专家的深入参与才能建立有效的概念抽取模板③。

4.1.4 图书评论主题挖掘

与其他商品相比,图书评论是一种特殊的产品评论,评论主题相对分散④,此外评论文本中对图书内容的引用部分也对图书产品本身观点挖掘形成一定的干扰。观点挖掘任务中,电子产品评论文本主题挖掘已经获得了较高的准确率。相比而言,现有图书评论主题挖掘研究文献较少,主要有 Sohail 等以计算机类图书为研究对象,将图书用户评论的主题分为七类,根据特征重要程度分

---

① 聂卉.隐主题模型下产品评论观点的凝聚与量化.情报学报,2017,36(06),565-573.
② 李伟卿,王伟军.基于大规模评论数据的产品特征词典构建方法研究.数据分析与知识发现,2018,2(01),41-50.
③ 冯淑芳,王素格.面向观点挖掘的汽车评价本体知识库的构建.计算机应用与软件,2011,28(05),45-47+105.
④ Zhang P, Gu H, Gartrell M, et al. Group-based Latent Dirichlet Allocation(Group-LDA): Effective audience detection for books in online social media. Knowledge-Based Systems,2016,134-146.

配权重并计算综合评分[①②],但此研究只是基于20个用户的主观反馈进行验证,主题类别并不是从评论文本中抽取的,客观性不足。鉴于以上文献,当前图书评论主题抽取研究多限于单一图书评论数据,或是主题分析方法限于主观,亟须开展面向大样本数据的图书评论主题自动抽取方法的研究。

从现有文献来看,商品评论的显性主题词自动抽取技术已经比较成熟,尤其随着深度学习算法和高维表示模型的利用,显性主题词的自动抽取准确率提升明显。但隐性主题词的抽取自动化程度不高,通常需要领域专家的参与,成本高但准确率改善并不明显。领域知识库的建立有助于将领域专家的知识建模,从而为领域的评论主题抽取提供先验知识,目前领域知识库面临资源少、建设成本高的困难,还需要随着语料的变化不断地更新。

基于以上研究现状,本章尝试在典籍英译评论主题抽取任务中突破主观分析和小样本数据的局限,引入常识知识库自动抽取显性主题词和隐性主题词,并形成主题词聚类图谱呈现关键主题词。

4.2 基于知识库的典籍英译评论主题词抽取

主题词抽取问题中,自然语言语义的复杂性一直是难点。自然语言文本中的同义词、近义词、同词异形、同词异义等语义信息只有在上下文中才有意义,本节利用外部常识知识库对典籍英译评论语料进行语义映射,提出直接从评论文本中同时抽取显性主题词和隐性主题词的无监督方法。

自然语言中的概念可以表达为多种形式,受限于知识库规模,语料中的词汇无法全部映射到知识库的概念上。基于常识库主题挖掘的关键问题是如何表示这部分非概念词汇。

4.2.1 AffectNet 常识知识库

AffectNet 是多学科的常识和情感知识库[③],其中每个概念表示为矩阵中的

---

① Sohail S S, Siddiqui J, Ali R. Book Recommendation System Using Opinion Mining. International Conference on IEEE, 2013, 1609-1614.

② Sohail S S, Siddiqui J, Ali R. Feature extraction and analysis of online reviews for the recommendation of books using opinion mining technique. Perspectives in Science, 2016, 754-756.

③ Cambria E, Chandra P, Sharma A, et al. Do not Feel the Trolls. CEUR Workshop Proceedings, 2010, 664.

一行。学者 Rajagopal 和 Cambria 利用 AffectNet 知识库,采用相似性检测将知识库中未包含的非概念词映射到知识库中的相似概念词,通过知识库矩阵行向量之间的点积来量化计算概念之间的相似程度。在计算中,被同向特征描述的两个概念的点积值会增加,被负向特征描述的概念点积值随之降低[①]。为避免点积计算的维度灾难,在计算中采用截断的奇异值分解法,设 AffectNet 矩阵的低阶近似矩阵 $\widetilde{A}$ 满足 $\widetilde{A}=USV^*$,其中 S 是有 K 个非零对角线元素的对角矩阵,则可以基于公式(4.1)最小化 AffectNet 情感矩阵的 Frobenius 范数,得到 AffectNet 的低阶近似值[①]。

$$\min_{\widetilde{A}\,|\,\mathrm{rank}(\widetilde{A})=k} |A-\widetilde{A}| = \min_{\widetilde{A}\,|\,\mathrm{rank}(\widetilde{A})=k} |\Sigma-U^*\widetilde{A}V|$$
$$= \min_{\widetilde{A}\,|\,\mathrm{rank}(\widetilde{A})=k} |\Sigma-S| \qquad (4.1)$$

4.2.2　显性和隐性主题词抽取

基于常识知识库 AffectNet 抽取显性和隐性主题词的具体步骤如下[①]:
(1) 对评论语料进行分句处理。
(2) 每次输入一句评论文本,进行句法分析后截断为语块,通过词性标注分析获取句子的概念列表全集。
(3) 检测句法相似度,对于步骤(2)中获取的概念列表中的每一个名词短语语块,分别抽取语块中的句法元素及其在知识库中匹配概念的属性,组成名词短语语块的相关属性集合。两两比较这些属性集合,判断两个名词短语语言构成的概念是否存在共同的元素,如果发现共同元素则认为两个名词短语相似,记录在知识库中匹配的概念集合。
(4) 检测语义相似度,对于步骤(2)获取的概念列表中的每一个名词短语语块,在知识库中搜寻语义相似的概念,语义上相似的概念在语义空间上也表现为相似,此处通过常识知识库 AffectNet 计算语义相似度,AffectNet 矩阵中的行表示自然语言中的概念,列表示不同的常识特征值。基于公式(4.1)中的多维度矩阵中两个概念向量之间的夹角计算语义相似度。
(5) 组合句法相似度检测和语义相似度检测的结果,找出候选词在

---

① Rajagopal D, Cambria E, Olsher D, et al. A Graph-based Approach to Commonsense Concept Extraction and Semantic Similarity Detection. Proceedings of the 22nd International Conference on World Wide Web. ACM, 2013, 565-570.

AffectNet 中句法和语义均相似的概念,添加到主题词列表。这些主题词既包含显性主题词,也包含隐性主题词。

(6) 重复步骤(2)至(5),直到所有语料处理完毕。

4.2.3 主题共词聚类

不同读者在表达同一意义时使用的词汇不尽相同,为将含义相近主题词与同义词和近义词归并,需要对主题词进行聚类。斯科特指出,与关键主题词高频共现的主题词也具有重要的价值。因此,统计分析主题词的分布和内在关系,能够进一步发现主题触发的词汇群。

传统的共词聚类存在着同义词、近义词辨识和词语歧义问题,共现关系不能有效表现关键词间的语义相关性,人工调整或加权处理也很难保证其共现关系的真实性[1][2],胡昌平[3]和 Wang 等[4]的研究发现,对词语进行语义化处理可以改善共词分析效果。

Aitchison 在语义场理论和心理词库理论中也提出语义聚类的理据,即认知中的词汇通过语义联结而形成语义场,词之间的语义越相似,在心理词库中的位置就越临近[5]。相关研究例如束定芳采用语义聚类帮助学习者构建语义场词汇联结网络,连带式学习具有语义关联的词汇[6]。陈艳艳和张萍指出主题聚类构建的微语境能够铺陈语言使用者有关世界假设的片段,有效促进新词意义的感知和构建[7]。

本节提出的主题共词聚类方法将 4.2.2 节中基于常识知识库映射的全局语义信息作为共词聚类的输入,采用加权模块参数化聚类算法,将主题词之间的共词网络简化成若干概念相对独立的主题聚类类团,使得同一类团内主题相似性最大,不同类团间主题相似性最小,从而直观地表示主题词间联系的密切

---

[1] 李锋.基于核心关键词的聚类分析——兼论共词聚类分析的不足.情报科学,2017,35(08),68-71+78.
[2] 傅柱,王曰芬.共词分析中术语收集阶段的若干问题研究.情报学报,2016,35(07),704-713.
[3] 胡昌平,陈果.科技论文关键词特征及其对共词分析的影响.情报学报,2014,33(01),23-32.
[4] Wang Z Y, Li G, Li C Y, Li A. Research on the semantic-based CO-word analysis. Scientometrics,2012,90(3),855-875.
[5] Aitchison J. Words in the mind: An introduction to the mental lexicon. Blackwell: John Wiley & Sons,2012.
[6] 束定芳,黄洁.汉语反义复合词构词理据和语义变化的认知分析.外语教学与研究,2008(06),418-422+480.
[7] 陈艳艳,张萍.语义和主题聚类呈现对英语词汇联想反应的影响.外语界,2018(06),61-69+78.

程度,进一步对读者共同关注的具体图书属性进行概括分类。

加权模块参数化聚类算法的优点是效率高,适合处理大规模数据,能够保持同一领域多个映射之间的一致性。具体实现方法如下①:设 c_{ij} 代表 n 个节点组成的网络中节点 i 和 j 之间的共现矩阵链接($c_{ij}=c_{ji} \geqslant 0$),$c_i$ 代表节点 i 总的链接,m 代表网络中的链接总数,S_{ij} 代表节点 i 和 j 之间的关联强度,则有公式(4.2):

$$S_{ij}=\frac{2mc_{ij}}{c_i c_j} \qquad (4.2)$$

聚类的具体任务是为每一个节点 i 找到一个正整数 X_i 表示其所属的类别,即最小化公式(4.3)①:

$$V(x_1,\cdots,x_n)=\sum_{i<j}s_{ij}d_{ij}^2-\sum_{i<j}d_{ij} \qquad (4.3)$$

公式(4.3)中等号右边的第一项代表节点间的吸引力,关联度高的节点互相吸引,节点间关联越强吸引力就越强;第二项代表排斥力,关联度低的节点互相排斥。其中,d_{ij} 代表节点 i 和节点 j 之间的距离,计算方法如公式(4.4)所示①:

$$d_{ij}=\|x_i-x_j\|=\sqrt{\sum_{k=1}^{p}(x_{ik}-x_{jk})^2} \qquad (4.4)$$

$$d_{ij}=\begin{cases} 0, & x_i=x_j \\ 1/\gamma, & x_i \neq x_j \end{cases} \qquad (4.5)$$

公式(4.5)中,分辨参数 $\gamma(\gamma>0)$ 的值越大,得到的聚类数越多。综合公式(4.3)和公式(4.4),公式(4.3)的最小化等价于公式(4.6)和(4.7)①。

$$\widehat{V}(x_1,\cdots,x_n)=\frac{1}{2m}\sum_{i<j}\delta(x_i,x_j)w_{ij}\left(c_{ij}-\gamma\frac{c_i c_j}{2m}\right) \qquad (4.6)$$

$$\delta(x_i,x_j)=\begin{cases} 1, & x_i=x_j \\ 0, & x_i \neq x_j \end{cases} \qquad (4.7)$$

其中,权重 w_{ij} 的计算如公式(4.8)所示①:

$$w_{ij}=\frac{2m}{c_i c_j} \qquad (4.8)$$

---

① Waltman L, van Eck N J, Noyons E C. A unified approach to mapping and clustering of bibliometric networks. Journal of Informetrics,2010,4(04),629-635.

4.3 典籍英译评论主题词抽取实证研究

为了验证本章提出的基于知识库的图书评论主题词抽取方法的有效性，本节实验包括：典籍英译评论主题词抽取实验和典籍英译评论主题聚类实验。实验数据来源同3.3节。

4.3.1 典籍英译评论主题词抽取实验

首先对语料进行分句，以句子为单位进行概念主题词抽取，采用改进的Stanford词性标注工具[①]将输入的句子拆分为分句和语句块；然后采用Lancaster stemming 算法词干化每个语句块[②]；使用 Concept parser 在线分析器[③]进行逐句的主题词抽取，通过定义概念词的词性标注搭配规则、句法相似检测和语义相似检测，找出候选词在常识知识库 AffectNet 中相似度最大的概念词，获取概念词列表，概念词通常表现为复合词。

基于知识库概念词抽取结果与Qiu等提出的双向传播算法[④]的对照结果如表4.1所示。从表4.1的句子层面观察，基于知识库的概念词抽取的信息比双向传播抽取的信息更丰富，抽取信息的统计结果如表4.2所示，双向传播算法只有67.3%的句子返回了抽取结果，本文提出的基于知识库方法有98.1%的句子返回了概念词抽取结果，从语料中更多的句子中抽取了信息。从抽取信息的质量来看，双向传播返回总词次（也称为型符（Token））有60 597个，不重复计算的类符（Type）有4061个；基于知识库方法返回总词次有175 889个，不重复计算的类符有7224个，基于知识库方法返回的型符、类符数量均比双向传播方法多。

词汇多样性是反映词汇信息丰富程度的测量维度，为避免语篇长度对测量信度的影响，本实验采用Uber index 量化主题词抽取结果的词汇多样性，计算方法如公式(4.9)所示。

[①] Manning C D. Part-of-speech Tagging from 97% to 100%: is it Time for Some Linguistics? International Conference on Intelligent Text Processing and Computational Linguistics. Springer, Berlin, Heidelberg, 2011, 171-189.

[②] Chris D P. Another Stemmer. ACM SIGIR Forum, 1990, 24(03), 56-61.

[③] SenticNet. Concept Parser. [2021-05-33]. http://www.sentic.net.

[④] Qiu G, Liu B, Bu J, et al. Opinion Word Expansion and Target Extraction through Double Propagation. Computational Linguistics, 2011, 37(01), 9-27.

$$\text{Uber index} = \frac{(\log \text{Tokens})^2}{(\log \text{Tokens} - \log \text{Types})} \tag{4.9}$$

表 4.1　基于知识库的概念词抽取与双向传播算法结果对照

例句文本	双向传播抽取	基于知识库抽取
I fell in love with this story when i was a little kid, watching the Japanese tv show from the 70s called 'monkey'.	Show Japanese/ i kid	watch_tv_show japanese_tv_show tv_show fall_in_love love_with_story story little_kid kid 70s call_monkey
i love that show.	无	love_show that_show
when i was in primary school, i read an English abridged version of the journey to the west.	version abridged/ version English	be_in_school primary_school english abridged_version version_of_journey journey abridged_to_west west
but i cant read Chinese so i was never able to.	无	i_read
I bought all four volumes of this immediately on my kindle.	无	buy_volume volume volume_of_this buy_on_kindle
and I felt so great having the complete novel on my kindle, ready for me to read at my leisure.	novel ready/ novel complete/ ready novel	have_novel complete_novel novel novel_on_kindle read_at_leisure
I wanted to write this review to thank Anthony Yu, who i read spent 6 years translating this novel.	无	write_review review thank_yu anthony_yu spend_yu translate_novel novel
Thank you Mr Yu!	无	mr_yu
I've read Journey to the West, Yu's translation, every few years for the last decade or so now.	无	read_journey read_year read_to_west west few_year year last_decade decade

表 4.2　基于知识库的概念词抽取与双向传播算法统计对照

方　　法	返回结果句数	返回结果句子	Tokens	Types	Uber_index
双向传播算法	11 328	67.3%	60 597	4061	19.485
基于知识库方法	16 512	98.1%	175 889	7224	19.844

从表 4.2 可以看出，基于知识库方法抽取结果的词汇多样性高于双向传播抽取方法，虽然基于知识库抽取的复合概念词中重复出现大量的虚词，如功能词 of 和介词 to、in、with 等，这些词的重复次数会降低词汇多样性；而双向传播抽取的是特征词-特征词对、观点词-特征词对、特征词-观点词对和观点词-观点词对，抽取结果主要包含名词、形容词等有实在意义的实词，虚词的出现次数对词汇多样性影响不大。综合考虑以上因素，基于知识库主题词抽取方法的效果更好。

接下来分别统计五本典籍主题词频,保留概念词列表中的有名词释义的词汇,根据自定义的停用词表筛选去除停用词形成主题词表,停用词表包含语料中的非实体词条。结果截取每本典籍的词频最高的 20 个主题词。如表 4.3 所示,在三本以上典籍抽取结果中出现的高频主题词汇已经加粗表示。可以看出,五本典籍英译读者有很多共同关注的主题词,如:translation 是五本典籍英译作品均被关注的高频主题词,Chinese、classic、reader、time、version 出现在四本典籍英译读者高频关注主题词列表中,character、edition、end、language、life、original、page、volume 出现三次,表明相关话题被海外读者高度关注。

表 4.3 基于常识知识库的主题词抽取 Top20

孙子兵法	三国演义	西游记	红楼梦	论语
text	translation	translation	translation	word
life	**version**	**version**	**Chinese**	**time**
version	**character**	**Chinese**	story	wisdom
translation	**Chinese**	**character**	**version**	**life**
business	history	**volume**	**life**	order
time	**volume**	**time**	family	study
reader	game	adventure	**classic**	philosophy
Chinese	**time**	chapter	pinyin	**translation**
strategy	**page**	**page**	**language**	kindle
original	dynasty	tale	tone	history
situation	text	culture	**reader**	quote
commentary	**edition**	**edition**	**page**	truth
warfare	China	**classic**	**original**	meaning
lesson	**end**	**language**	love	disciple
deal	people	series	**character**	teach
understanding	**language**	part	English	stuff
sense	han	**end**	**end**	fact
warrior	**classic**	**reader**	**edition**	idea
military	epic	**original**	culture	**classic**
position	**reader**	world	**volume**	collection

4.3.2 典籍英译评论主题聚类实验

本节的研究目标是发现五本典籍英译海外读者共同关注的主题,面临海量同时不断快速增长的网络评论信息,对主题词进行聚类分析研究可以从冗杂信息中抽取描述实体的概括性信息,可以获取读者评论的热点主题以及主题间的关系,形成读者关注的主题脉络,有助于对读者观点进行汇总分析,以达到知识发现的目的,并且能够帮助译者和出版社等相关机构前瞻性地获取读者需求,从而有利于在中华传统文化海外传播中占据制高点。

本节提出一种人工参与少、结构评价合理的典籍英译海外评论主题聚类方法,为了改进传统共词分析对于词汇语义关系表现的不足,以常识知识库抽取的主题词表作为共词聚类的输入,使用VOSviewer① 实现主题词共词聚类,取词频20以上、句共现频率100以上的167个共现主题词,VOSviewer聚类模型吸引力参数取1,排斥力参数取-1,聚类分辨率参数取25,最小类簇取20,标准化参数为"Linlog/modularity",迭代次数为300次。

聚类结果如图4.1所示,图中不同圆圈代表主题词节点,圆圈越大表明主

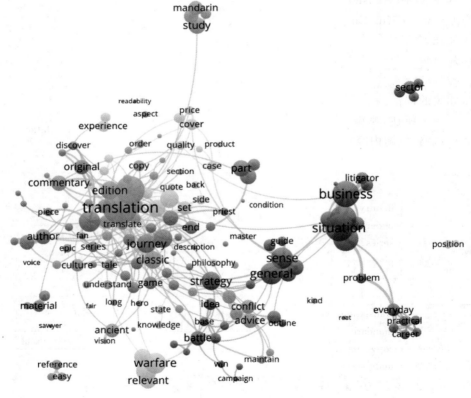

图4.1　五本典籍英译评论共词聚类图谱

---

① Van Eck N J, Waltman L. Software survey: VOSviewer, a computer program for bibliometric mapping. Scientometrics, 2018, 84(02), 523-538.

题词出现的频率越高,距离越邻近表明主题词的共现频率越高。主题词被分为 4 个聚类,其中类 1 包含 51 个主题词,类 2 包含 46 个,类 3 包含 41 个,类 4 包含 29 个主题词。

共词强度是社会网络分析中节点关键程度评价的重要标准,主要指标是度数中心度。度数中心度越高,说明该节点在知识网络中影响力越大,越可能成为关键主题词[1]。

本实验采用知识网络中的度数中心度来衡量每个类簇中的节点重要程度,通过 UCINET 6.0 软件分析得到按类簇度数中心度排序的主题词如表 4.4 所示:类 1 中包含的关键主题词主要有 history、journey、character、part、interesting、plot、child、hero 等,主要与书中人物和情节相关;类 2 中包含的主题词主要有 translation、version、edition、classic、study、commentary、advice、rating、mandarin、English、translate、translator 等,对译本的翻译风格、版本的关注比较集中;类 3 包括 situation、business、nature、deal、strategy、battle、fight、politics 等,主要与书中的主题内容相关;类 4 中包含的主题词主要有 page、volume、cover、note、review、side、quality、price、error、paper 等与书籍质量相关的词汇。

综上所述,典籍英译海外读者主要关注的问题可以概括为书中人物情节、翻译风格、主题内容和质量价格四类。

表 4.4 五本典籍英译评论概念主题词共词聚类结果

聚 类	主题词(按度数中心度排序)
Cluster1 人物情节	history、journey、character、part、interesting、chapter、original、author、understanding、end、game、drab、introduction、dynasty、material、China、enjoy、series、tale、background、century、information、adventure、concept、discover、piece、epic、literature、period、priest、damage、test、plot、concise、fan、style、child、aspect、long、presentation、hero、collection、power、element、format、kind、description、strategist、imagination、readability、reat
Cluster2 翻译风格	translation、version、edition、classic、study、commentary、advice、rating、mandarin、English、ancient、language、conflict、provide、word、type、culture、copy、highest、translate、meaning、reference、translator、year、easy、money、understand、insight、Asian、maintain、mind、order、job、notation、advantage、scholar、age、wisdom、comment、section、average、vision、purchase、voice、fair、informative

---

[1] 杨颖,崔雷.基于共词可视化的学科战略情报研究.情报学报,2011,30(03),325-330.

续表

聚　类	主题词（按度数中心度排序）
Cluster3 主题内容	situation、business、nature、deal、general、sense、strategy、practice、human、foresight、battle、ageless、principle、sector、everyday、owner、litigator、leader、idea、student、fight、problem、professional、practical、corporate、guide、competitive、career、base、America、tactic、ahead、planning、outline、country、win、result、victory、campaign、politics、sawyer
Cluster4 质量价格	warfare、lesson、page、volume、relevant、modern、set、experience、cover、note、review、case、hand、present、side、quality、state、price、error、position、knowledge、philosophy、back、quote、master、paper、managerial、product、condition

　　从图4.1和表4.4可以看出，与3.4节中的LDA全局主题聚类结果对照分析，一方面，基于知识库的典籍英译评论主题聚类结果的主题内容具有合理性，四个主题类簇（人物情节、翻译风格、主题内容和质量价格），基本与LDA全局主题聚类结果一致，证明了本方法的合理性和可靠性；另一方面，基于知识库的典籍英译评论主题聚类结果更具有纯净度，更有效地刻画了评论主题词围绕主题的聚集关系，在LDA全局主题聚类实验中没有明确聚类的潜在主题，如"主题1主题内容与翻译风格""主题2人物情节与质量价格"在本方法中都有明确的类簇划分，证明了本方法的有效性。

　　从典籍英译海外读者期待视野的角度，基于知识库的主题挖掘和聚类分析发现海外读者普遍关注的关键信息依次为人物情节、翻译风格和质量价格。其中，人物情节方面最关注的是人物形象和故事情节；翻译风格方面关注最多的是与原著的一致性、删减是否影响完整性、翻译的精确性、译本的阅读难度、可读性、趣味性、是否符合英语语言习惯、文本是否流畅、翻译是否偏重学术风格、重视诗歌欣赏；质量价格方面最关注的是译著的总页数、价格、质量、纸张和编辑错误等。

4.3.3　各典籍英译评论主题聚类实验

　　接下来分别观察五本典籍的海外评论的主题词表，再对这些主题词表进行对比统计，探究对于不同的典籍英译作品，海外读者关注的主题词的分布和聚集关系。共词聚类实验中，采用度数中心度指标来描述某一主题词节点在共词网络中的权重和影响力。度数中心度的值越高，则代表该主题词在共词网络中的影响力越大，越处于共词网络的中心地带，说明其越被读者重视，越能代表读者的关注焦点，也就是译者和出版社需要关注的重点。

五本典籍英译评论的主题度数中心度统计如表 4.5 所示,为去除评论语料规模的影响,取度数中心度均值及其标准差作为讨论指标。

表 4.5　五本典籍英译评论的主题度数中心度统计

典　　籍	评论主题	度数中心度累计	主题词频	度数中心度均值	标准差
《红楼梦》 评论数 123	人物情节	145.09	37	3.92	4.42
	翻译风格	166.13	36	4.61	4.01
	主题内容	47.90	14	3.42	1.73
	质量价格	33.88	14	2.42	0.37
《论语》 评论数 309	人物情节	50.47	26	1.94	0.98
	翻译风格	98.61	25	3.94	4.84
	主题内容	64.35	13	4.95	7.81
	质量价格	32.87	15	2.19	0.87
《三国演义》 评论数 334	人物情节	825.85	49	16.85	84.08
	翻译风格	619.39	44	14.08	54.21
	主题内容	278.23	22	12.65	34.18
	质量价格	264.29	27	9.79	20.44
《孙子兵法》 评论数 3288	人物情节	798.27	69	11.57	32.88
	翻译风格	1056.85	79	13.38	45.11
	主题内容	859.45	60	14.32	41.51
	质量价格	505.54	41	12.33	23.10
《西游记》 评论数 527	人物情节	909.31	74	12.29	44.31
	翻译风格	538.62	64	8.42	15.07
	主题内容	233.79	29	8.06	10.78
	质量价格	176.04	31	5.68	4.03
平均		385.25	38.45	8.34	21.74

五本典籍英译评论的主题度数中心度均值可视化对比如图 4.2 所示,从表 4.5 和图 4.2 中可以看出,相比较而言《红楼梦》的评论数最少,只有 123 条,主题度数中心度的均值和标准差相对都较低,四个主题中,读者对翻译风格最为关注,其次是人物情节、主题内容和质量价格。

《论语》英译本的评论数为 309 条,读者评论在四个主题上的关注度远低于《孙子兵法》《三国演义》《西游记》,关注度由高到低分别为主题内容、翻译风格、质量价格和人物情节,标准差也较低,说明主题词影响力分布较均衡。相对于其他典籍,《论语》中的人物情节相对简单,因此读者评论中关于人物情节主题的关注度最低。

《三国演义》英译本的评论总数偏少,只有 334 条,但读者对于其人物情节、

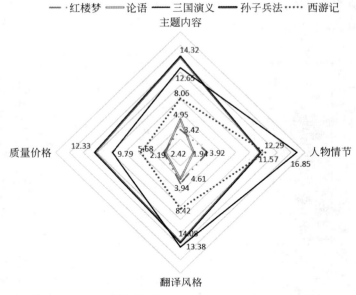

图 4.2 五本典籍英译评论的主题度数中心度均值对比

翻译风格和主题内容的关注度都很高,对质量价格的关注度稍低,但也高于其余三本典籍评论。

《孙子兵法》英译本的评论总数较多,共 3288 条,读者对于主题关注度由高到低分别为主题内容、翻译风格、质量价格和人物情节,其中主题内容、翻译风格和人物情节的度数中心度的标准差较高,表示这三个主题相关的主题词的度数中心度权重的离散度较高,即有影响力很高的主题词,也有很多影响力偏低的主题词。

《西游记》英译本的评论数为 527 条,相对而言读者评论在其四个主题上的关注度并不高,关注度较高的人物情节的度数中心度均值只有 12.29,但其标准差很高,关注度的离散度很高,相对而言质量价格主题词的关注度和标准差较低。

接下来,分别从五本典籍英译评论的角度,结合共词聚类可视化结果和主题词度数中心度,剖析关注度高的主题词汇,发现读者关注的焦点。

1.《红楼梦》英译海外评论主题分析

《红楼梦》英译本读者评论的概念主题词共词聚类的可视化结果如图 4.3 所示,其中节点的大小代表词频的高低,主题词度数中心度排序如表 4.6 所示。综合分析图 4.3 中的共词聚类词频和表 4.6 中的度数中心度,发现受到读者重点关注的占据各个类簇中心主题词分别为:

第4章 基于知识库的典籍英译评论局部主题词抽取 | 55

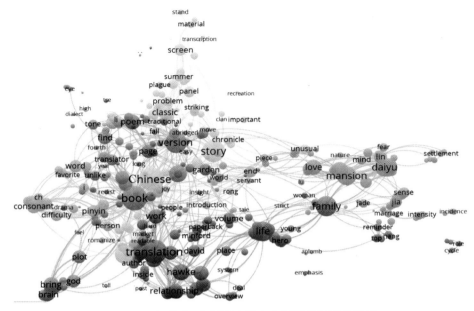

图 4.3 《红楼梦》英译评论概念主题词共词聚类结果

（1）translation、version、classic、author、language、translator、difficult、pinyin、tone 等翻译风格相关的主题词；

（2）Chinese、story、original、China、plot、character、love、family、life 等人物情节相关的主题词；

（3）nature、deal、sense 等主题内容相关的主题词。

《红楼梦》读者评论度数中心度前 30 个主题词如表 4.6 所示。

表 4.6 《红楼梦》读者评论主题词度数中心度前 30 个主题词

排序	主题词	中心度	排序	主题词	中心度	排序	主题词	中心度
1	Chinese	32.243	11	original	11.682	21	character	7.710
2	book	25.467	12	love	11.682	22	pinyin	7.477
3	translation	19.393	13	classic	10.748	23	daily	7.477
4	story	18.458	14	yang	10.280	24	hawke	7.243
5	family	17.757	15	China	9.813	25	rule	6.542
6	life	17.523	16	work	8.645	26	foreign	6.308
7	read	17.290	17	page	8.178	27	language	6.075
8	reader	16.822	18	word	8.178	28	class	6.075
9	version	14.720	19	author	8.178	29	difficulty	6.075
10	English	12.150	20	plot	7.944	30	place	6.075

以主题词 translation 为例,选取两位译者各个评分级别的评论文本观察,发现《红楼梦》英译评论中关于 translation 主题词的评价细节如表4.7所示。

表4.7 《红楼梦》英译评论主题词案例分析

序号	译者	主题类别/主题词	读者评分	评论文本
1	David Hawkes	翻译风格 translation	5	What makes this **translation** truly exceptional (and the reason it is so much better than the English "translation" by Yang Xianyi and Gladys Yang) is because it can stand on its own as a work of literary art. Hawkes' masterful prose makes the reader feel like the book was originally written in English (despite the content letting you know that it's a very different world) because of how smooth and stylish it is
2	David Hawkes	翻译风格 translation	4	Have not completed the book. Great introduction. Four stars just because the **translation** can't express the exact details and feelings from the original Chinese version
3	David Hawkes	翻译风格 translation	3	Nevertheless, with 500+ characters and (according to both Hawkes and the Chinese reviewers/translators here) altogether too many puns and wordplay for the translator to convey them all, he is rather swimming against the tide…I am full willing to grant that I may be missing something due to **translation**, or some idiosyncratic defect of my own, but I simply can't see, judging from this first volume, how this work can be considered great literature
4	David Hawkes	翻译风格 translation	2	poor **translation**…Aside from that the storyline is rather mundane and does not move along at a satisfying pace. But the biggest complaint is the **translation**, I have read other Chinese fables and have found them a satisfying read however this translator seems to have written his own tale. And it is done more as an English Victorian tale in words and phrases rather than a Chinese fable. And in his lengthy introductions he admits he has taken liberties with the earlier manuscripts and **translations**. His language is not at all reminiscent of other Chinese **translations** in use of words or idioms
5	Yang Xianyi	翻译风格 translation	5	There are two fully unabridged **translations**, and this one is simply excellent. Unlike some other reviewers I find the English language here more than adequate, and the style more than satisfactory, doing honor to the unique original book, I'm sure

续表

序号	译者	主题类别/主题词	读者评分	评 论 文 本
6	Yang Xianyi	翻译风格 translation	4	I find the **translation** to be satisfactory, especially of the poems. The story is engrossing and keeps me turning page after page. I often go back to reread beautiful passages. Occasionally there are some illustrations. There are some areas in which the book could improve. -The multitude of characters and relationships makes it difficult to follow sometimes. There is a family tree on one page, but the printing is unclear and small. I had to find a family tree online to consult instead. -The glossary is too brief. I wish that the notes were in more detail, as sometimes I feel I am missing out a lot of the symbolism and such while reading the book. -Lastly, I wish that the aesthetics of the book matched the beauty of the story more. It's slightly unfortunate that they just put the title in the Impact font on the spine…
7	Yang Xianyi	翻译风格 translation	3	Not a great **translation**
8	Yang Xianyi	翻译风格 translation	2	Not a good **translation** and hard to follow. I wish the **translation** was better into what is a classic book with many meanings
9	Yang Xianyi	翻译风格 translation	1	Great book, uninspired **translation**. With all due respects to the Yangs, their **translation** just isn't on par with the Penguin's. The original novel is a paragon of how the classical vernacular Chinese language should be written; Yangs' version is stodgy and half-hearted and captures none of the elegance and depth of the original. Their English borders on paraphrase at times and they don't appear to bother about stylistic recreation, eg. some sentences don't sound native at all-"The arrival of the edict rejoiced the hearts of all officials". Believe me, reading the original is much, much better. The Yangs' works could be serviceable (as in their decent Lu Hsun) but this version of "Dream of the Red Mansions" is embarassingly outclassed by a far superior and more idiomatic rendition: David Hawkes's version is simply unparalleled and a labor of love. Given a choice between the two **translations**, it's a no-brainer; the Penguin is the winner anytime

关于 David Hawkes 的《红楼梦》英译本，表中例句 1 给出的满分 5 分评论中，读者评价 David Hawkes 译《红楼梦》"与众不同，比 Yang Xianyi 和 Gladys 的英文翻译好得多，David Hawkes 的《红楼梦》英译本流畅而时尚，让读者觉得这本书本来是用英语写的"。例句 2 的 4 分好评中，读者对 David Hawkes 译《红楼梦》的评价为"翻译不能准确地表达原著的细节和感受"。在例句 3 的 3 分中性评论中，读者指出"由于翻译的原因，或者读者本身的某些特殊缺陷，我可能会遗漏一些东西，但从第一卷来看，无法看到这部作品如何能被视为伟大的文学作品。"委婉地表达了对译本翻译质量的不满意，并在评论文本中给出了可能的原因"太多的双关语和文字游戏中，译者无法传达所有的意思。"

在例句 4 对 David Hawkes《红楼梦》英译本的 2 分差评中，读者的不满主要针对译本的翻译风格，读者评论中提到："糟糕的翻译……除此之外，故事情节相当平淡，并没有以令人满意的速度前进。但最大的抱怨是翻译，我读过阅读感受令人满意的其他中国寓言，但这位译者似乎写了他自己的故事。它更像是一个用单词和短语写成的英国维多利亚时代的故事，而不是一个中国寓言。在冗长的介绍中，译者承认自己对早期的手稿和翻译进行了随意处理。他的语言在词汇或习语的使用上一点也不像其他中文译本。"

关于 Yang Xianyi 的《红楼梦》英译本，表中例句 5 给出的满分 5 分评论中，读者评价"这本书有两个完整的译本，这个译本简直太棒了。与其他一些评论家不同，我发现这本书的英文写得很好，风格也很令人满意，我敢肯定，这是对这本独特原著的敬意"。例句 6 的 4 分好评中，读者对 Yang Xianyi 译《红楼梦》的评价为"我觉得翻译得令人满意，尤其是诗歌。这个故事引人入胜，让我一页接着一页地读。我经常重读优美的段落。偶尔会有一些插图。"同时此读者也对译本的其他方面提出了更高要求，例如针对译本副文本读者指出："这本书在某些方面还有待改进。太多的角色和关系有时让人很难理解。书中有一个家谱，但打印不清楚，而且字很小。我只好在网上找个家谱来参考。词汇表太简短了。我希望更详细一些，因为有时我觉得我在阅读这本书时遗漏了很多象征意义之类的东西。最后，我希望这本书的美学与故事的美更加匹配。不幸的是，他们只是将标题用 Impact 特效字体放在书脊上。"

由此可见，副文本是呈现译本、译者和译本所在社会语境的重要载体，与译本正文本结合能够共同建构并更好地呈现译本的意义内涵，从评论中可见，人物情节复杂的典籍作品翻译过程中应该充分关照读者视野，重视标题、插页、献辞、题词、题记、序言等译本副文本的作用。

在例句 7 的 3 分中性评论中，读者给出的原因是 Yang Xianyi 译本的翻译不够好。

在例句 8 对 Yang Xianyi《红楼梦》英译本的 2 分差评中,读者针对翻译质量评价:"不是很好的翻译,很难理解。我希望把它翻译成一本有很多含义的经典著作"。在例句 9 对 Yang Xianyi《红楼梦》英译本的 1 分差评中,读者给出了详细的描述"平淡的翻译。恕我直言,Yang Xianyi 的翻译比不上企鹅出版社。原著是白话文写作的典范;杨氏的版本是古板的、冷淡的,没有捕捉到原著的优雅和深度。Yang 译本的英语经常被改写,似乎不关心风格的再创造。有些句子听起来一点也不地道。相信我,读原著要好得多。Yang 译本可能有用,但令人尴尬的是,Yang 译本《红楼梦》被一个更优秀、更地道的版本所超越:David Hawkes 的版本简直是无与伦比的,是发自内心的著作。如果要在这两种译本中做出选择,企鹅出版社随时都是赢家。"

阅读 Yang Xianyi《红楼梦》英译本的其余消极评论发现,读者对其与 David Hawkes《红楼梦》英译本的比较和评价是 Yang Xianyi《红楼梦》英译本消极评论的主要原因之一。从中可见海外受众对译本的权威性很敏感,为进一步提升典籍英译海外传播效果,需要培养海外读者群中对中国文化认同的意见领袖,他们的观点态度通过网络评论等渠道会影响更广大范围的普通读者,引导普通读者欣赏中华传统典籍。

2.《论语》英译海外评论主题分析

《论语》英译本读者评论的概念主题词共词聚类的可视化结果如图 4.4 所示,主题词度数中心度排序如表 4.8 所示。综合分析图 4.4 中的共词聚类词频和表 4.8 中的度数中心度,进一步观察发现《论语》英译本读者评论中占据各个类簇中心,受到读者重点关注的主题词分别为:

(1) country、idea、year、world、situation 等主题内容相关主题词;

(2) read、word、understand、easy、type、translation、culture、text、classic、scholar 等翻译风格相关的主题词;

(3) review、page 等质量价格相关的主题词;

(4) history、truth、action、interest、century、period、background 等人物情节相关的主题词。

通过本研究自动分析得到的结果与学者秦洪武等在《〈论语〉英语多译本受纳状况多维数据分析》一文中,通过对亚马逊网站上《论语》译本读者评论细读分析得出的结论"海外读者首先关注译文的思想内容,其次是可读性和可接受性"[1]是相一致的,印证了本研究方法的有效性。

---

[1] 秦洪武,孔蕾,徐欣.《论语》英语多译本受纳状况多维数据分析.外语教学与研究,2020,52(04),580-593+641.

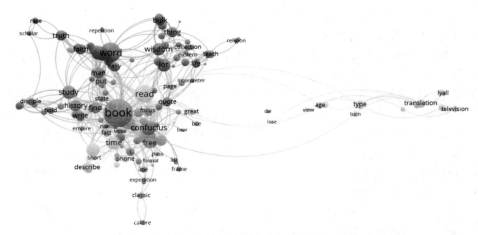

图 4.4 《论语》英译评论概念主题词共词聚类结果

总体看来,读者对于《论语》的主题内容非常关注,对译本的翻译风格也有较多的讨论,如主题词中的 scholar,评论原文中提到:"I have several works in this series and although I may not always agree, I do always appreciate the integrity and the overall quality of the scholarship"和"However, in my case, I certainly wouldn't have minded more scholarship and context"。此外,主题词中的 kindle 表现了读者对 kindle 电子版的关注,如在评论"An excellent and very valuable work, but buy it in printed format, kindle edition quite poor"中,读者反映了《论语》英译本 kindle 版存在着问题,从关注的主题词中发现这一问题有助于出版社及时改善。

《论语》读者评论度数中心度前 30 个主题词如表 4.8 所示。

表 4.8 《论语》读者评论度数中心度前 30 个主题词

排序	主题词	中心度	排序	主题词	中心度	排序	主题词	中心度
1	book	39.815	11	kindle	8.333	21	action	6.019
2	read	22.685	12	review	7.407	22	easy	5.556
3	confucius	18.981	13	life	6.481	23	disciple	5.093
4	word	15.278	14	understand	6.481	24	dry	5.093
5	time	12.500	15	intend	6.481	25	country	5.093
6	study	10.648	16	chance	6.481	26	fact	4.630
7	people	9.722	17	behavior	6.481	27	idea	4.630
8	quote	9.722	18	folk	6.481	28	interest	4.630
9	download	9.259	19	history	6.019	29	philosophy	4.167
10	wisdom	8.333	20	truth	6.019	30	type	4.167

3.《三国演义》英译海外评论主题分析

《三国演义》英译本读者评论的概念主题词共词聚类的可视化结果如图 4.5 所示,主题词度数中心度排序如表 4.9 所示。综合分析图 4.5 中的共词聚类词频和表 4.9 中的度数中心度,进一步观察发现《三国演义》英译本读者评论中占据各个类簇中心,受到读者重点关注的主题词分别为:

(1) story、character、history、game、dynasty、military、background、kingdom 等人物情节相关的主题词;

(2) translation、version、read、text、edition、language、classic、word、note、translator、type、reference、poem 等翻译风格相关的主题词;

(3) battle、year、leader、world、strategy、idea、fight 等主题内容相关主题词;

(4) quality、paper、price、size 等质量价格相关的主题词。

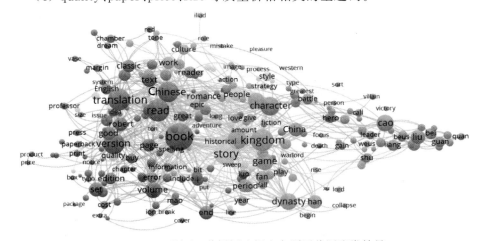

图 4.5 《三国演义》英译评论概念主题词共词聚类结果

总体上《三国演义》英译本评论中权重高的主题词集中在作品的任务情节方面,表明读者对于《三国演义》的人物情节非常关注,此外比较其他典籍译本,读者对《三国演义》译本的质量价格也有较多的讨论。

《三国演义》读者评论度数中心度前 30 个主题词如表 4.9 所示。

表 4.9 《三国演义》读者评论度数中心度前 30 个主题词

排序	主题词	中心度	排序	主题词	中心度	排序	主题词	中心度
1	book	85.374	4	read	63.265	7	translation	52.381
2	story	68.367	5	Chinese	61.905	8	version	47.959
3	kingdom	67.007	6	character	58.163	9	history	47.959

续表

排序	主题词	中心度	排序	主题词	中心度	排序	主题词	中心度
10	time	43.878	17	dynasty	31.293	24	tale	25.170
11	volume	41.497	18	edition	28.912	25	classic	24.830
12	game	38.095	19	set	28.912	26	epic	24.830
13	historical	34.014	20	text	27.891	27	language	24.150
14	page	33.673	21	end	27.551	28	original	24.150
15	people	33.333	22	English	27.211	29	literature	23.810
16	work	31.633	23	period	25.850	30	event	23.810

4.《孙子兵法》英译海外评论主题分析

《孙子兵法》英译本读者评论的概念主题词共词聚类的可视化结果如图4.6所示，主题词度数中心度排序如表4.10所示。综合分析图4.6中的共词聚类词频和表4.10中的度数中心度，发现《孙子兵法》英译本读者评论中占据各个

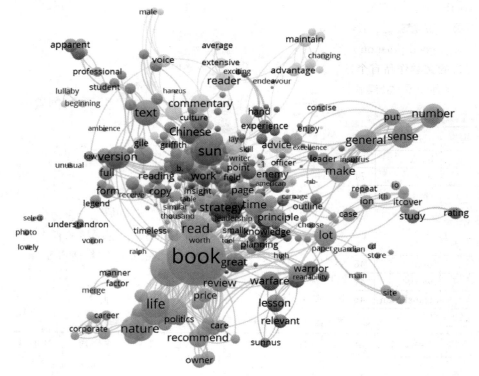

图4.6 《孙子兵法》英译评论概念主题词共词聚类结果

类簇中心,受到读者重点关注的主题词分别为:(1)strategy、business、battle、world、situation、principle、tactic、fight、victory、leader、win、deal、country、politics、corporate 等主题内容相关主题词;(2)read、text、translation、classic、version、ancient、edition、reader、advice、commentary、understand、author、word、understanding、meaning、translator、language、reference 等翻译风格相关的主题词;(3)page、cover、quality、condition、price 等质量价格相关的主题词;(4)military、Chinese、history、chapter、army、original、information、material 等人物情节相关的主题词。

总体上《孙子兵法》英译本评论中四个主题方面的主题词分布较均衡,读者对于《孙子兵法》的主题内容、翻译风格、质量价格和人物情节都比较关注。比较其他典籍译本,读者对《孙子兵法》译本的质量价格的关注度较高,如评论中提到:"It came in great condition, the printing is very clear on every page and there were no folds at all. The quality exceeded my expectations, definitely worth its price!"(收到时书保存得很好,每一页的印刷都很清晰,而且根本没有折叠。质量超出了我的预期,绝对物有所值!),"This was an incredibly economical buy. A good price on a legendary literary work."(这是一次非常划算的购买。一本传奇的文学作品有个好价格)。

《孙子兵法》读者评论度数中心度前 30 个主题词如表 4.10 所示。

表 4.10 《孙子兵法》读者评论度数中心度前 30 个主题词

排序	主题词	中心度	排序	主题词	中心度	排序	主题词	中心度
1	book	83.882	11	life	44.541	21	edition	33.102
2	war	74.523	12	people	43.154	22	reader	32.929
3	read	61.179	13	business	40.381	23	point	32.756
4	military	52.166	14	general	38.995	24	battle	32.409
5	time	49.740	15	write	38.821	25	world	32.409
6	strategy	49.220	16	classic	37.782	26	history	31.716
7	text	48.700	17	version	37.608	27	chapter	31.023
8	work	47.487	18	ancient	36.222	28	advice	30.503
9	translation	46.101	19	enemy	35.529	29	commentary	30.329
10	Chinese	45.061	20	warfare	33.795	30	understand	30.329

5.《西游记》英译海外评论主题分析

《西游记》英译本读者评论的概念主题词共词聚类的可视化结果如图 4.7 所示,主题词度数中心度排序如表 4.11 所示。综合分析图 4.7 中的共词聚类

词频和表4.11中的度数中心度,可以看到《西游记》英译本读者评论中占据各个类簇中心,受到读者重点关注的主题词分别为:

(1) story、monkey、journey、character、adventure、tale、priest、series、demon、plot、hero、dynasty 等人物情节相关的主题词;

(2) translation、read、language、version、reader、text、scripture、poetry、translator、understanding、word、scholar、reference 等翻译风格相关的主题词;

(3) world、buddha、battle、idea、fight、nature、human、problem、victory、lead、win 等主题内容相关主题词;

(4) page、quality、paper、review、error、size 等质量价格相关的主题词。

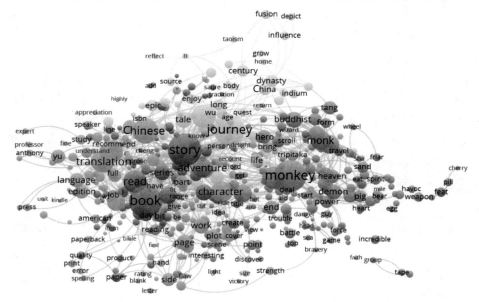

图4.7 《西游记》英译评论概念主题词共词聚类结果

比较其他典籍译本,读者对《西游记》译本的质量价格中的 error 和 size 的关注度较高,如在两条评价为4分的评论中提到:"Beware of printer error. The copy that Amazon sent was misbound at the printer: pages 119 through 150 appear twice in succession, while pages 151 through 182 are missing."(注意印刷错误。亚马逊发货的书在印刷时装订错误:第119页到第150页连续出现了两次,而第151页到第182页没有。)"As a practicing Buddhist I found it particularly thought provoking and uplifting. However, in places it could do with some additional editing-shonky translations and just plain errors in spelling and grammar, but not enough to spoil the read. I do find it a bit presumptuous to be reviewing a classic-it is what it is."(作为一名修行的佛教徒,我发现它特别发人深省、令人振奋。然而,在某些地方,本书编辑可以做得更好——粗糙的翻译、简单的拼写和语法错误,但这些瑕疵不足以破坏阅读。我确实觉得评论一部经典作品有点自以为是——事实就是如此。)关于 size,在一条评价 5 分的评论原文提到:"The Chinese characters are FAR too small to read (they're smaller than the smallest-size font, and can't be resized). This is extremely frustrating, since much of the word-play, and some of the important concepts hinge on the characters used. This needs to be fixed."(汉字太小了,看不清(它们比最小字体还小,不能调整大小)。这是非常令人沮丧的,因为许多诙谐的语言和一些重要的概念都取决于用字。这需要修正。)

综上所述,通过主题词分析,可以从大量评论中自动发现委婉地对译本质量某一方面的负面评价,而如果仅仅依赖于用户评分,无法发现这些隐藏于字里行间的问题。

《西游记》读者评论度数中心度前 30 个主题词如表 4.11 所示。

表 4.11 《西游记》读者评论度数中心度前 30 个主题词

排序	主题词	中心度	排序	主题词	中心度	排序	主题词	中心度
1	book	67.069	11	adventure	34.310	21	tale	22.586
2	monkey	64.828	12	time	31.897	22	buddhist	22.586
3	story	64.138	13	chapter	31.207	23	page	22.414
4	journey	56.207	14	version	30.690	24	set	22.069
5	Chinese	49.828	15	monk	26.379	25	China	21.552
6	read	44.483	16	volume	25.345	26	culture	21.034
7	west	42.069	17	heaven	24.483	27	monster	20.517
8	character	40.862	18	buddha	23.103	28	life	20.517
9	king	38.966	19	tang	23.103	29	reader	20.000
10	translation	35.345	20	original	22.759	30	work	19.828

4.3.4 《红楼梦》霍克斯和杨宪益译本评论主题分析

本节以《红楼梦》英译本为例,进一步分析霍克斯(David Hawkes)和杨宪益(Yang Xianyi)译本读者评论主题词分布情况。

1. 总体分析

David Hawkes 译本共计得到 80 条评论,其中高分评论 5 分 51 条、4 分 18

条,中性评论3分共计7条,低分评论1分、2分各2条;Yang Xianyi译本共计43条评论,其中高分评论5分28条、4分6条,中性评论3分共计5条,低分评论1分、2分各2条。共计123条评论数据如表4.12所示。由评论评分数据可见,红楼梦的两个英译本在海外的接受程度总体较好,两个《红楼梦》译本相比较而言,David Hawkes译本的加权评分略较高于Yang Xianyi译本。

表4.12 《红楼梦》两个译本评论评分统计

	David Hawkes					Yang Xianyi				
	5分	4分	3分	2分	1分	5分	4分	3分	2分	1分
计数	51	18	7	2	2	28	6	5	2	2
占比	0.64	0.22	0.08	0.03	0.03	0.65	0.14	0.11	0.05	0.05
加权平均	4.43分					4.3分				

David Hawkes译《红楼梦》读者评论主题词频统计如表4.13所示,其中粗体的单词是与Yang Xianyi译本评论主题词频前50词对比,David Hawkes译本评论中独有的高频主题词。分析词频前50个主题词,得到character、family、literature、woman、China、century、xueqin、jia、author、bao-yu、golden、servant、original、introduction、chapter、history、household、relationship、fairy、mansion、daiyu、description、piece、series、tale等人物情节相关主题词,translation、English、hawkes、culture、david、translator、classic、poetry、understand、version、poem、easy、language、title、scholar、translated等翻译风格相关主题词,18th、human、modern、custom、buddhist等主题内容相关主题词,volume、review、experience、condition等质量价格相关主题词。

表4.13 David Hawkes译《红楼梦》评论词频前50个主题词

排序	主题词	频次	频率	排序	主题词	频次	频率
1	volume	62	0.031	12	culture	16	0.008
2	translation	54	0.027	13	jia	15	0.007
3	character	53	0.026	14	author	15	0.007
4	family	38	0.019	15	bao-yu	14	0.007
5	English	32	0.016	16	david	13	0.006
6	literature	24	0.012	17	translator	13	0.006
7	woman	24	0.012	18	18th	12	0.006
8	China	21	0.010	19	golden	12	0.006
9	century	18	0.009	20	human	12	0.006
10	xueqin	18	0.009	21	classic	11	0.005
11	hawkes	17	0.008	22	servant	10	0.005

续表

排序	主题词	频次	频率	排序	主题词	频次	频率
23	poetry	10	0.005	37	mansion	7	0.003
24	original	9	0.004	38	easy	7	0.003
25	introduction	9	0.004	39	language	7	0.003
26	chapter	9	0.004	40	title	7	0.003
27	history	9	0.004	41	custom	7	0.003
28	review	9	0.004	42	buddhist	7	0.003
29	household	9	0.004	43	daiyu	7	0.003
30	understand	8	0.004	44	scholar	6	0.003
31	modern	8	0.004	45	description	6	0.003
32	version	8	0.004	46	piece	6	0.003
33	experience	8	0.004	47	translated	6	0.003
34	relationship	8	0.004	48	condition	6	0.003
35	poem	7	0.003	49	series	6	0.003
36	fairy	7	0.003	50	tale	6	0.003

分析 David Hawkes 译本评论中独有的高频主题词，其中除去译本中广泛使用的人物名如"bao-yu""jia""daiyu"等，和评论中提到的译者名和作者名如"david""xueqin"等，David Hawkes 译本评论中特别关注的有 China、century、culture、chapter、history、understand、modern、experience、relationship、easy、language、author、scholar、description、human、classic、condition、series、tale、introduction。这些独有的高频主题词，是分析两位译者译本评价的重要线索。例如，David Hawkes 译本评论中提到："The translation is flawless and makes it easy to read."（译文完美无误，易于阅读。）"However, the narrative is so natural and flows so easily, I found it quite easy to submerge myself in the story."（然而，故事是如此自然和流畅，我发现它很容易让自己沉浸在故事中。）而在 Yang Xianyi 译本评论中提到："I found the characters to be frustrating and the pace slow. Although this is the abridged version, it is still extremely long and not an easy read."（我发现角色很令人沮丧，节奏也很缓慢。虽然这是一个删节版，它仍然非常长，不容易阅读。）

David Hawkes《红楼梦》译本评论的共词聚类可视化如图 4.8 所示。

Yang Xianyi 译《红楼梦》评论主题词频如表 4.14 所示，按照主题类别分析可得到 family、baoyu、original、daiyu、mansion、character、China、death、literature、jias、jade、lin、history、plot、baochai、piece、dynasty、author、servant、marriage、century、introduction 等人物情节相关主题词，translation、version、

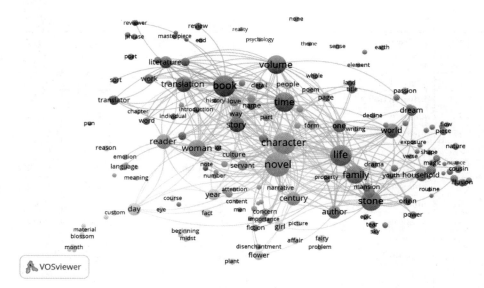

图 4.8 David Hawkes《红楼梦》译本评论主题词共词聚类结果

English、classic、pinyin、consonant、tone、culture、language、hawkes、translated、rule、mind、david、yang、poem、easy、title、edition、poetry、translator 等翻译风格相关主题词，set、volume、penguin、review 等质量价格相关主题词，class 和 upper 等主题内容相关主题词。

表 4.14　Yang Xianyi 译《红楼梦》评论词频前 50 个主题词

排序	单词	频次	频率	排序	单词	频次	频率
1	translation	29	0.033	15	consonant	7	0.008
2	version	14	0.016	16	tone	7	0.008
3	family	14	0.016	17	literature	6	0.007
4	baoyu	14	0.016	18	culture	6	0.007
5	original	12	0.014	19	volume	6	0.007
6	daiyu	12	0.014	20	language	6	0.007
7	English	9	0.010	21	hawkes	6	0.007
8	mansion	8	0.009	22	jias	6	0.007
9	classic	8	0.009	23	translated	5	0.006
10	pinyin	8	0.009	24	rule	5	0.006
11	character	7	0.008	25	mind	5	0.006
12	set	7	0.008	26	david	5	0.006
13	China	7	0.008	27	yang	5	0.006
14	death	7	0.008	28	jade	5	0.006

续表

排序	单词	频次	频率	排序	单词	频次	频率
29	lin	4	0.005	40	tree	3	0.003
30	history	4	0.005	41	title	3	0.003
31	penguin	4	0.005	42	author	3	0.003
32	poem	4	0.005	43	servant	3	0.003
33	class	4	0.005	44	marriage	3	0.003
34	plot	4	0.005	45	century	3	0.003
35	baochai	4	0.005	46	edition	3	0.003
36	review	4	0.005	47	upper	3	0.003
37	piece	3	0.003	48	poetry	3	0.003
38	easy	3	0.003	49	translator	3	0.003
39	dynasty	3	0.003	50	introduction	3	0.003

《红楼梦》Yang Xianyi 译本共词聚类可视化如图 4.9 所示。

图 4.9 《红楼梦》Yang Xianyi 译本评论主题词共词聚类结果

《红楼梦》两个译本评论的主题度数中心度统计如表 4.15 所示。由表 4.15 可以看出，两个译本读者评论对各个主题关注度的平均值接近相等，可以看出读者对《红楼梦》两个译本的关注点大致相同，但关注度均不相同，从关注度的最大值与最小值来看，David Hawkes 译本的翻译风格和人物情节受关注度最高,质量价格关注度最低,Yang Xianyi 译本的翻译风格受关注度最高,人物情节和质量价格的受关注度较低。

表 4.15 《红楼梦》两个译本的读者评论主题度数中心度统计

典籍	评论主题	中心度累计	主题词频	中心度均值	标准差
David Hawkes 译本	人物情节	1034.55	61	16.96	43.09
	翻译风格	947.88	54	17.55	43.57
	主题内容	462.42	32	14.45	24.10
	质量价格	443.15	34	13.03	18.12
Yang Xianyi 译本	人物情节	471.98	35	13.49	32.32
	翻译风格	656.04	36	18.22	55.68
	主题内容	226.57	14	16.18	24.92
	质量价格	243.00	18	13.50	18.18

采用 Python 的 Pyecharts 可视化库直观展示两个译本主题的受关注程度如图 4.10 所示。

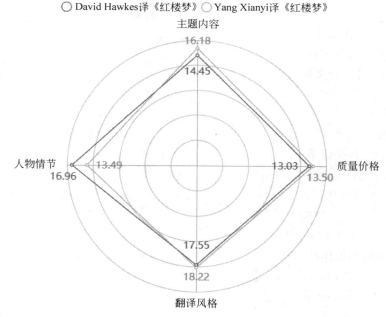

图 4.10 《红楼梦》两个译本的读者评论主题度数中心度

由图 4.10 雷达图中绘制的《红楼梦》两个译本评论的主题关注情况,浅色线代表 David Hawkes 译《红楼梦》、深色线代表 Yang Xianyi 译《红楼梦》。读者对两个译本的关注点大多相同,翻译风格主题关注度都很高,质量价格关注度最低。

在典籍原著内容相同的情况下,译者的翻译功底更能影响读者的阅读体验,本研究将进一步分析读者评论中对《红楼梦》两个译本翻译风格、人物情节和质量价格的反应。

2.《红楼梦》两个译本翻译风格评论分析

归纳总结关于《红楼梦》译本翻译风格的评论,可以明显地看出西方读者对于翻译的文学性有很高的关注度。首先,David Hawkes 译本与 Yang Xianyi 译本对于诗句的翻译均得到读者的好评。如例 4.1 和例 4.2 所示。例 4.1 中读者使用"masterful""originally written in English""smooth""stylish"等溢美之词,高度赞扬了 David Hawkes 译本中散文的翻译。例 4.2 中读者将句子单词的拼写全部使用大写形式,突出强调其感叹强度,又使用感叹词"OMG"和一连串的感叹号,再次加强其对 Yang Xianyi 译本中诗句翻译的赞美之情。

例 4.1 Hawkes' masterful prose makes the reader feel like the book was originally written in English(散文翻译很优美,感觉就像原本就是英语作品)(despite the content letting you know that it's a very different world) because of how smooth and stylish(流利,有文体)it is.

例 4.2 First thought:THE POETRY RHYMES,OMG!!!!!

其次,对于行文风格,读者认为 David Hawkes 译本文学性相对较高,措辞较为古老,用词更偏英式,语言有韵律感,保留了原著的美感,其译本受到大多数读者赞誉。部分读者认为 Yang Xianyi 译本的翻译平铺直叙,语言通俗易懂,不用特别的文字描写景色,也可以从字里行间感受到当时景色的秀丽,风格令人满意,但也有读者认为他的翻译较为呆板(stodgy)且不热情/冷淡(half-hearted),仅仅是对故事情节的转述,失去了原著的优雅与美感。但是,David Hawkes 的翻译风格较为自由,对原文有所改动并不都能被读者接受。例如他对颜色翻译的更改,对人物名字的翻译,再例如将题目译为"The Golden Days",如例 4.3 所示,引起了读者的困惑,此题目让读者想起 18 世纪英国、法国和美国的小说作品,但《红楼梦》与这些作品并不相似。

例 4.3 "The Golden Days" absolutely blew me away—used as I am to eighteenth century novels(British,French,American),this is wholly unlike anything I've read from the era.

此外,可以明显发现大多数西方读者对《红楼梦》译本的接受态度呈积极态度,与"translation"直接关联的词中,"great""best""greatest""beautiful""masterpiece"高频出现。读者认为两译本的翻译均生动、鲜活,细节描写细致,可读性高,并且读者能从译文中体会到原著中的多维度层次,例如古汉语的幽默、文字游戏、人际关系和细微的征兆等。其中有读者称 David Hawkes 的翻译是无瑕的(flawless)、没有意义空白的(seamless)并且是诗意的(poetic)，不仅传达了字面意义，也准确传达了情绪情感、语调和感觉，保持了原著的美感。也有读者称 Yang Xianyi 译本令人满意(satisfactory)、贴切(adequate)。但是，也有读者认为 David Hawkes 译本和 Yang Xianyi 译本在翻译过程中均丢失了一些原著的细节和感觉，例如例 4.4 读者认为 David Hawkes 译本中缺失了原著中的深度讽刺和特定意象。

例 4.4 David Hawkes did a good job, but his translation is <u>lacking</u> in many ways. Dream is full of puns and other language/character specific nuances. Much of the <u>deep irony and symbolism</u>（深度讽刺和意象翻译缺失）is <u>lost</u> in limp.

其次，西方读者对于人名翻译使用现代的拼音系统所持态度，反映了读者受教育的背景对读者反应的影响，一部分读者认为相对于过时的威妥玛式拼音法，现代拼音系统有更好的阅读体验，这部分读者是学过汉语拼音并由较好的拼音阅读基础的。然而另一部分读者认为这是"拼音地狱"(pinyin-hell)，因为对于没有中文拼音知识背景的读者来说，人名较难发音和辨认。David Hawkes 译本评论和 Yang Xianyi 译本评论中均有读者分别持这两种态度。

再者，David Hawkes 译本的读者关照手法得到了广泛的赞誉，例如译者注、家谱图、角色列表、附录等。而 Yang Xianyi 译本虽然有脚注等读者关照，但相比较少，且有评论称 Yang Xianyi 译本欠缺背景知识补充。如例 4.5 所示，读者虽然有很强烈的阅读意愿，但并不了解亚洲的文化背景知识，所以阅读过程较为艰难。这说明译者在翻译《红楼梦》时并未将预期读者纳入考虑范围，未能补全读者的意义空白，增加了读者接受的难度。

例 4.5 I found that it was <u>difficult to follow</u> in spite of being very motivated. It may be a cultural thing so I am going to try to donate it to the Asian history department of my local university.（需要更多背景知识）

虽然 David Hawkes 的读者关照手法降低了接受难度，但 David Hawkes 译本中常换叙述者角度的手法并未得到读者认可，如例 4.6 所示，读者在叙述者转换中迷失了对角色和情节的追踪。

例 4.6 the narrator shifts in and out of plotlines willy-nilly（叙述者随意地在剧情中转换）("Who the heck is this person again?" I said way too often).

3.《红楼梦》两个译本人物情节评论分析

归纳分析相关评价后，首先可以发现西方读者大多关注且称赞《红楼梦》中反映出的中国文化和历史。这类评论在杨译本和霍译本中均存在。受广大读者关心的是《红楼梦》英译本详细描述的18世纪的中国高门大户的家庭生活，反映的当时家族变化、儒家做派和政治变化，和当时对于尊敬、顺从和特权的哲学观念。例如，有读者认为《红楼梦》细节描写丰富，详细描述了当时的文化：服饰、生活习惯、政治（贵族与皇室；主人和奴仆的关系）、食物、疾病和治愈方式等，满足了读者对红楼梦的期待。

其次，受到广大读者广泛赞誉的还有《红楼梦》的优美的故事线，情节叙述流畅，引人入胜，同时故事情感丰富、细腻可直接被完全接受和理解。如例4.7所示。

例4.7 The interesting thing here is that the whole incredibly diverse, elaborate, and minutely described emotional landscape of the novel is instantly and totally accessible and comprehensible（多样化、精妙的情感可被直接且完全接受和理解）to a sensitive western reader.

再者，大多数西方读者认为书中人物刻画精妙，形象鲜活、饱满，每个人物都拥有独特的个性，并且也体现了仆人在故事发展中的推动作用。但是，对于Yang Xianyi译本和David Hawkes译本，都有读者认为书中人物数量过多，名字难以记忆。然而，David Hawkes译本中将仆人的名字译为英语中意义对等或相近的词语，仅将主角的名字保留为拼音形式，这在一定程度上降低了读者的理解难度，补全读者对仆人名字的意义空白，提高了读者的接受程度，这一结果与陈卫斌的研究结果吻合[①]。

另外，有David Hawkes译本读者认为经典著作应对社会和个人保持质疑的态度，《红楼梦》对当时社会情景、事件的细节描写值得被称作经典。但Yang Xianyi译本和David Hawkes译本评论中均有持反对意见的读者，认为在《红楼梦》中读到的仅仅是社会描写，并未体会到经典应有的深度意义和多维性。其次，也有少部分读者认为Yang Xianyi译本中角色描写单薄，不够形象；认为David Hawkes译本故事情节推动缓慢，故事线纷繁复杂，且细节过多，使读者丧失阅读兴趣。

4.《红楼梦》两个译本质量价格评论分析

归纳总结关于质量价格的评论，可以发现大部分读者更加关注购买书籍时的快递运输速度和书籍到达读者手中时的状态，运输速度快且收货时书籍状态好有利于提升读者对书籍的接受度。其次，对于书本的价格和是否有电子版

[①] 陈卫斌.《红楼梦》英译副文本比较与翻译接受.中国比较文学，2020(02)，112-124.

（支持 kindle 阅读）也得到了读者的关注，价格实惠的书籍更容易得到读者的青睐，支持电子阅读也增强了读者的阅读体验。

另外，对于书籍的印刷质量也得到了读者的关注，例如印刷字体、字号，书中图片的大小和清晰度，是否有拼写错误，也是影响读者对于译本评价高低的因素。

最后，Yang Xianyi 译本的版面的设计遭到读者差评，读者认为《红楼梦》作为一本优美的小说，应该也有与之相匹配的版面设计，漂亮的版面设计能更加吸引读者。

本章小结

本章利用常识知识库的语义信息，提出基于知识库的局部评论主题词抽取方法，自动抽取了典籍英译读者评论中的显性主题词和隐性主题词，并以此为基础绘制了主题词共词聚类图谱。通过可视化的相似度映射技术和加权的模块参数化聚类算法呈现了海外读者共同高度关注的主题类簇，印证并梳理了第 3 章中发现的典籍英译海外读者关注的四个主题类别，结合知识网络中的节点中心度呈现了各个类簇中的关键主题词。研究结果表明基于知识库方法抽取的结果句子覆盖面更广、主题词汇多样性更丰富。

采用提出的基于知识库的典籍英译评论局部主题词抽取方法，本章完成了五本典籍英译海外评论主题词抽取实验、主题聚类实验和各典籍英译评论主题聚类实验，并以《红楼梦》两个译本评论为案例进行了对比分析研究。

第5章

基于多源知识的典籍英译评论情感词典构建

情感分析是典籍英译评论观点挖掘研究的另一项关键任务,情感词汇是读者评论中表达情感的主要途径。由情感词汇构成的情感词典能够明显提升情感分析效果,同时具有很好的可解释性,既是判别评论情感倾向的基础,也是观点挖掘的重要技术手段,已经成为无监督情感分析的主要依据[①]。

本章提出基于多源知识的典籍英译评论情感词典自动构建方法,融合多源数据语义信息和情感信息弥补先验知识的不足,从无标注数据中抽取情感信息,自动构建适应大数据时代多领域、多语言环境的领域情感词典。

5.1 译本情感分析和情感词典研究现状

5.1.1 译本情感分析

从译作情感翻译效度方面,霍跃红等基于翻译文体学以霍达的代表作英译为例,以句子为单位研究小说原文中习俗文化和玉器文化抒情性表达的翻译文本所表达情感的翻译效度,发现译作与原文情感倾向基本契合,情感翻译效度较高[②]。王树槐以《祝福》的杨宪益译本、莱尔译本和蓝诗玲译本为研究对象,根

---

① 王科,夏睿.情感词典自动构建方法综述.自动化学报,2016,42(04),495-511.
② 霍跃红,邓亚丽.文学作品中情感翻译效度研究.大连理工大学学报(社会科学版),2017,38(03),150-155.

据 Martin 和 White 的评价理论，定量统计分析三个译本情感赋值，发现莱尔译文的情感赋值显著高于其他两个译本，并考察了译者阅历影响移情体验、译者习惯影响移情倾向和译者理念影响移情再制[1]。

从译本评价的角度，石春让和邓林研究了莫言 11 部小说英译本在西方读者群体中整体接受情况，分析了西方读者对莫言小说发表的积极评论和消极评论中的主要因素[2]。邓林和石春让从微观层面运用情感分析技术挖掘莫言小说的西方读者网络评论，提出可从小说的角色、故事情节、背景设定、叙述视角、主题和风格等六个方面分析西方读者的微观接受态度，并基于关键词分析了评论分句的情感倾向，归纳总结了西方读者对莫言小说英译本的接受特点[3]。李烨和蒋炜分析了 Yang Xianyi《红楼梦》译本接受效果不佳的原因，强调目的语读者是翻译作品的接受者、消费者和检验者，指出在"中国文化走出去"的历史使命中，译者不应满足于翻译作品的出版以及国内的赞美，应关注翻译作品目的语读者的接受反应，如果得不到目的语读者的认可，则说明翻译是不成功的[4]。

现有研究验证了情感分析技术可以为中华典籍英译作品被西方读者接受效果的分析提供可靠的客观量化标准。本研究将进一步探索将自然语言处理技术应用到典籍英译评论情感分析研究中的技术路线。

5.1.2 情感词典研究现状

现有的情感词典自动构建方法主要包括：语义扩展法、词频共现法、启发规则法、词向量表示学习法等。

1. 语义扩展法

基于语义扩展法构建情感词典主要基于专家标注的情感知识库，情感词典构建过程中首先人工选定少量的种子词，然后在情感知识库中查找每个种子词的同义词、反义词等词间关系扩展种子词表，最后经过多轮迭代生成新的情感词典。常用的英文语义知识库如 WordNet、General Inquirer、Senti WordNet、LIWC、ANEW 等，中文知网情感库 HowNet、大连理工大学中文情感词汇本体

---

[1] 王树槐.小说翻译的情感批评——以《祝福》英译为例.外语学刊,2020(05),86-92.

[2] 石春让,邓林.基于情感分析技术的莫言小说英译本在西方的接受程度研究.外国语文,2020, 36(03),91-96.

[3] 邓林,石春让.莫言小说英译本在西方读者群体中接受态度的微观情感分析.湖北科技学院学报,2020,40(04),85-89.

[4] 李烨,蒋炜.影响杨译本《红楼梦》接受性因素的分析.安康学院学报,2021,33(01),51-55.

库等。相关研究有 Mohammad 等根据语言中广泛存在的反义词生成词缀模式,使用 11 个反义词缀模式生成标记词及其反向标记词作为词缀种子词,然后利用 Roget 同义词典生成情感词典[1]。Westgate 等从 Thesaurus.com 和 WordNet 语义知识库递归获取单词同义词构成情感极性图,通过优化路径中词汇的极性加权平均值决定目标词的情感极性[2]。SAĞLAM 等基于同义词反义词数据集构建的词汇图扩展了土耳其语情感词典[3]。面向政治、电影、科学和运动等七个不同领域,Shaukat 等利用 Vadar 和 Senticnet 情感词典计算和对比词汇情感值,保留情感极性不同的词汇构成领域情感词典,但构建的领域情感词典规模很小,每个领域只有 5 至 30 个情感词汇[4]。

语义扩展法的局限在于:依赖于人工标注的情感词典,一般规模较小,难以适应词义变化和网络新词的出现,在实际应用中通常作为辅助方法,如 Kamps 基于图论的基本概念定义了 WordNet 中的词汇距离并以此作为判断形容词语义倾向的依据[5],Wang 等提出情感词典双向查找方法,并与增广多层感知器结合从积极的无标记实例中学习情感知识[6],Wu 等融合通用情感词典和多领域数据中的情感知识训练目标领域情感分类器,得到的情感分类器更准确健壮[7]。

2. 词频共现法

基于词频共现构建情感词典的主要方法包括词频法和词共现法,词频法的主

---

[1] Mohammad S, Dunne C, Dorr B. Generating high-coverage semantic orientation lexicons from overtly marked words and a thesaurus. Proceedings of the 2009 conference on empirical methods in natural language processing, 2009, 599-608.

[2] Westgate A, Valova I. A Graph Based Approach to Sentiment Lexicon Expansion. International Conference on Industrial, Engineering and Other Applications of Applied Intelligent Systems. Springer, Cham, 2018, 530-541.

[3] SAĞLAM F, GENÇ B, SEVER H. Extending a sentiment lexicon with synonym—antonym datasets: SWNetTR++. Turkish Journal of Electrical Engineering & Computer Sciences, 2019, 27(03), 1806-1820.

[4] Shaukat K, Hamee I A, Luo S, et al. Domain Specific Lexicon Generation through Sentiment Analysis. International Journal of Emerging Technologies in Learning, 2020, 15(09), 190-204.

[5] Kamps J, Marx M, Mokken R J, et al. Using WordNet to measure semantic orientations of adjectives. LREC, 2004, 4, 1115-1118.

[6] Wang Y, Zhang Y, Liu B. Sentiment Lexicon Expansion Based on Neural PU Learning, Double Dictionary Lookup, and Polarity Association. Proceedings of the 2017 Conference on Empirical Methods in Natural Language Processing, 2017, 553-563.

[7] Wu F, Huang Y, Yuan Z. Domain-specific sentiment classification via fusing sentiment knowledge from multiple sources. Information Fusion, 2017, 35, 26-37.

要思路是计算词汇频率筛选情感词,如贺飞艳等结合 TF-IDF(term frequency-inverse document frequency)与方差统计,提出面向微博短文本的情感特征抽取的计算方法,赋予少量文本中较高频率的词汇以较高权重[①]。

词共现法假设共现频率越高的词汇之间的语义关联越紧密,一般通过大规模语料计算候选词与情感种子词的关联紧密程度,筛选关联紧密程度高的词汇构成情感词典,代表性研究有 Turney 等通过语义取向点互信息(semantic orientation-pointwise mutual information)计算候选词与情感种子词的距离,以此为基础识别候选词的情感倾向[②]。Mullen 等基于少量代表性情感种子词,通过 PMI 计算形容词的情感倾向值[③],Liu 等针对中文情感词典覆盖率低的问题,通过卡方检验和改进的 SO-PMI 算法联合计算发现新的情感词,结合已有情感词典建立微博情感词典[④]。

由于词频共现法单纯地依赖词共现统计信息,无法充分表示自然语言的复杂语义,因此这种方法的性能提升空间有限。此外,基于词频共现法构建情感词典过程依赖人工选择种子词,增加了不确定性。近年来,学者们持续改进词频共现情感词典构建方法,如叶霞等选取少量中文情感词典种子词,基于连续词袋模型(continuous bag-of-word model,CBOW)和句法规则从领域语料库提取候选情感词集,通过改进的 SO-PMI 算法生成领域情感词典[⑤]。聂卉等计算特征情感对和情感种子词的共现关系,引入依存句法修正了 PMI 算法判断情感词的极性[⑥]。Hamilton 等建立分布式词嵌入向量空间模型,基于 PMI 共现矩阵和 SVD 方法表示词向量,计算语义相似度构建词汇权重图,通过人工标注的种子集采用随机游走算法传播情感极性[⑦]。

---

① 贺飞艳,何炎祥,刘楠,等.面向微博短文本的细粒度情感特征抽取方法.北京大学学报(自然科学版),2014,50(01),48-54.

② Turney P D, Littman M L. Measuring praise and criticism: Inference of semantic orientation from association. ACM Transactions on Information Systems (TOIS),2003,21(04),315-346.

③ Mullen T, Collier N. Sentiment analysis using support vector machines with diverse information sources. Proceedings of the 2004 conference on empirical methods in natural language processing,2004,412-418.

④ Liu J, Yan M, Luo J. Research on the construction of sentiment lexicon based on Chinese microblog. In: International Conference on Intelligent Human-Machine Systems and Cybernetics,Hangzhou,2016,56-59.

⑤ 叶霞,曹军博,许飞翔,等.中文领域情感词典自适应学习方法.计算机工程与设计,2020,41(08),2231-2237.

⑥ 聂卉,首欢容.基于修正点互信息的特征级情感极性自动研判.图书情报工作,2020,64(05),114-123.

⑦ Hamilton W L, Clark K, Leskovec J, et al. Inducing domain-specific sentiment lexicons from unlabeled corpora. Proceedings of the Conference on Empirical Methods in Natural Language Processing. Conference on Empirical Methods in Natural Language Processing. NIH Public Access,2016,595.

领域情感词典构建方面,Labille 等根据产品评论计算词汇属于积极情感词的概率和消极情感词的概率,基于信息论联合 TF-IDF 方法共同判断词汇极性构建领域情感词典[①]。Kiritchenko 等利用 SO-PMI 计算情感词和情感表情符关系,基于标签建立了面向推特的情感词典[②]。Han 等利用 SentiWordNet 计算领域文本情感值,结合互信息和词性标注信息构建领域情感词典,有效改善了领域情感分类任务中消极类别的识别效果[③]。Chen 等面向 Amazon 五个产品领域,从情感词典、标注数据、无标注数据和用户评分数据中抽取词汇情感信息、情感词共现信息、情感词极性信息和情感词对极性关系信息等,融合多源信息构建情感词典,结合交替方向乘子优化算法(alternating direction method of multipliers, ADMM)改善了情感分类准确率[④]。Sharma 等利用用户评分概率分布计算情感候选词的权重,用打分法计算情感倾向值改进了情感词典构建[⑤]。

总体上,基于词频共现构建情感词典方法的局限在于:在大规模语料上构建的情感词表规模太大,导致情感词典构建的效率低,同时词频共现法在方法设计上没有充分利用文本的语义信息。

3. 启发规则法

基于启发规则构建情感词典的方法主要通过观察总结自然语言的语法规则和语言学模式建立情感词典,语法规则如连词规则、否定词规则、双向传播规则以及人工定义的其他规则。Hatzivassiloglou 等基于连词规则提取形容词对,结合形态学约束规则自动构建了对数线性回归模型,预测连词连接的两个形容词是否为同一情感极性,并通过聚类算法判断其情感极性[⑥]。Qiu 等提出

---

① Labille K, Gauch S, Alfarhood S. Creating domain-specific sentiment lexicons via text mining. Proc. Workshop Issues Sentiment Discovery Opinion Mining (WISDOM), 2017, 1-8.

② Kiritchenko S, Zhu X, Mohammad S M. Sentiment analysis of short informal texts. Journal of Artificial Intelligence Research 2014, 50, 723-762.

③ Han H, Zhang J, Yang J, et al. Generate domain-specific sentiment lexicon for review sentiment analysis. Multimedia Tools and Applications, 2018, 77(16), 21265-21280.

④ Chen Z, Li X, Wang M, et al. Domain sentiment dictionary construction and optimization based on multi-source information fusion. Intelligent Data Analysis, 2020, 24(2), 229-251.

⑤ Sharma S S, Dutta G. SentiDraw: Using star ratings of reviews to develop domain specific sentiment lexicon for polarity determination. Information Processing & Management, 2020, 58(1), 102412.

⑥ Hatzivassiloglou V, McKeown K. Predicting the semantic orientation of adjectives. 35th annual meeting of the association for computational linguistics and 8th conference of the european chapter of the association for computational linguistics, 1997, 174-181.

双向传播算法,定义了四类句法依存关系规则,通过迭代路径抽取情感词和目标词①。Wu 等通过一致性连词和否定连词等语法规则改进了双向传播算法情感词极性检测效果②。Hutto 等受现有情感词典 LIWC、ANEW 和 General Inquirer 的启发,提出基于简单规则的情感分析模型,引入多个微博情感词汇特征,如表情符、情感缩略词和俚语等组成候选特征集,使用群智方法人工打分选出情感特征集③。

在领域情感词典构建方面,面向汽车领域和酒店领域 Huang 等引入上下文约束和形态学约束,定义直接上下文线索如 and、as well as 等,定义反向上下文线索如 but、however 等,在形态学约束中采用否定性前缀后缀等线索分析情感词极性,完成了情感词典的自动构建④。吴鹏等基于 OCC(Ortony,Clore & Collins,OCC)模型从网民认知的角度建立了情感规则,提出基于认知情感评价模型和长短期记忆模型的财经微博文本情感分类模型,但需基于 OCC 人工标注语料⑤。

基于启发规则建立情感词典方法的局限在于:需要专家参与人工定义规则,投入大、成本高,此外静态的启发规则定义方法无法适应日新月异的语言现象,在实际应用中启发规则法通常与其他方法结合用于构建情感词典。

4. 词向量表示学习法

基于词向量表示学习法构建情感词典方面,针对数据驱动方法无法利用语义知识的局限,Li 等面向旅游评论领域在人工筛选情感种子词的基础上,通过 Word2Vec 计算候选词与种子词的语义相似度,采用内点算法(interior point algorithm)计算候选词的情感值⑥。杨小平等通过 Word2Vec 算法训练搜狗新闻语料词向量,提出基于转换约束集的多维情感词典构建方法,以及基于词分

---

① Qiu G, Liu B, Bu J, et al. Expanding domain sentiment lexicon through double propagation. IJCAI, 2009, 9: 1199-1204.

② Wu S, Wu F, Chang Y, et al. Automatic construction of target-specific sentiment lexicon. Expert Systems with Applications, 2019, 116: 285-298.

③ Hutto C, Gilbert E. Vader: A parsimonious rule-based model for sentiment analysis of social media text. Proceedings of the International AAAI Conference on Web and Social Media, 2014, 8(01): 216-225.

④ Huang S, Niu Z, Shi C. Automatic construction of domain-specific sentiment lexicon based on constrained label propagation. Knowledge-Based Systems, 2014, 56: 191-200.

⑤ 吴鹏, 李婷, 仝冲, 等. 基于 OCC 模型和 LSTM 模型的财经微博文本情感分类研究. 情报学报, 2020, 39(01): 81-89.

⑥ Li W, Guo K, Shi Y, et al. DWWP: Domain-specific new words detection and word propagation system for sentiment analysis in the tourism domain. Knowledge-Based Systems, 2018, 146: 203-214.

布密度的情感类别和强度的计算和消歧方法①。张璞等选择与种子词具有连词关系的词语作为候选情感词,基于种子词和候选情感词之间的 Word2Vec 词向量相似度构建语义关联图,通过标签传播算法计算情感词的极性构建了情感词典,此方法局限在于情感词典构建过程中依靠人工选择种子集,增加了成本和不确定性,而真正的情感词未必通过连词与种子词连接②。

基于集成方法构建情感词典方面,Li 等面向旅游领域利用 AMI(assembled mutual information)集合互信息发现领域新词,结合人工情感评分值、Word2Vec 词向量与种子词的语义相似度和点互信息(pointwise mutual information,PMI)相似度构建领域情感词典,改善了情感词典构建的效果,但过程中需要人工参与情感词评分③。蒋翠清等面向社交媒体中的汽车评论,分别利用 PMI 和 Word2Vec 算法识别新词情感极性,通过集成规则综合判定二者的识别结果并构建了领域情感词典④。

当前基于词向量表示学习法构建情感词典的主要局限在于:将语义信息等同于情感信息,计算得到的相似度高的词向量,实质关系是语义相似度高,只能作为情感相似度的参考,而不应等同为情感相似度。

5. 情感词典相关研究小结

当前的网络多语言大数据环境下,典籍英译海外评论情感分析任务主要面临两个挑战:一是网络文本情感词汇语义内涵变化快、表达方式微妙,难以准确捕捉情感倾向;二是情感分析方法具有领域依赖性,在面向特定领域的情感分析任务中,通用情感词典如 SenticNet⑤、HowNet⑥⑦ 等虽然能起到一定作用,但通用情感词典无法准确判断新词和领域特有情感词,覆盖率和极性判断准确率

---

① 杨小平,张中夏,王良,等. 基于 Word2Vec 的情感词典自动构建与优化. 计算机科学,2017,44(01),42-47+74.
② 张璞,王俊霞,王英豪. 基于标签传播的情感词典构建方法. 计算机工程,2018,44(05),168-173.
③ Li W,Zhu L,Guo K,et al. Build a Tourism-Specific Sentiment Lexicon Via Word2vec. Annals of Data Science,2018,5(01),1-7.
④ 蒋翠清,郭轶博,刘尧. 基于中文社交媒体文本的领域情感词典构建方法研究. 数据分析与知识发现,2019,3(02),98-107.
⑤ Cambria E,Li Y,Xing F,et al. SenticNet 6: Ensemble application of symbolic and subsymbolic AI for sentiment analysis. Proceedings of the 29th ACM International Conference on Information & Knowledge Management,2020,105-114.
⑥ Dong Z,Dong Q. Ebrary Inc. HowNet and the computation of meaning. USA: World Scientific Publishing Co. Inc,2006.
⑦ Dong Z,Dong Q. HowNet-A Hybrid Language and Knowledge Resource. Proceedings of the 2003 International Conference on Natural Language Processing and Knowledge Engineering,2003,820-824.

也难以满足面向领域的情感分析需求。一方面，通用情感词典应用于特定领域时情感分析性能不理想；另一方面，大量的新兴领域虽然有海量数据但缺乏先验情感知识的指导。因此，迫切需要开展面向领域的情感词典自动构建方法研究。

近年来，深度学习和表示学习的快速发展为情感分析研究提供了契机，基于深度学习的词向量表示方法成为情感词典构建研究的热点方向，其思路为：基于深度学习思想通过无监督训练构建语言模型，将高维文本表示为低维度词向量，以分布式表示方式刻画词汇之间的语义联系。这一类方法有效解决了文本表示的数据稀疏问题[1]，并在情感词典构建中取得了较好的效果[2]。

5.2 基于多源知识融合的领域情感词典表示学习

本节提出基于无标注数据的融合多源知识的无监督领域情感词典构建方法[3]，方法框架如图5.1所示，主要分为四个模块：多源数据领域差异权重计算模块、情感知识融合模块、Fasttext表示学习模块和情感词典表示学习模块。

5.2.1 多源数据领域差异权重计算

多源数据领域差异权重计算模块的任务是选取情感种子词。领域情感词选取的首要任务是计算词汇权重，现有研究大多根据领域语料资源与已有情感知识库结合产生情感词表，权重计算仅依赖于领域语料。本研究提出领域差异联合权重计算方法，引入非领域信息增强领域专有情感词的权重。

首先，改进贺飞艳等和林江豪等文献中的 TF-IDF 算法作为基础权重计算方法，赋予在少量领域样本中频率高但总词频不高的词汇一个相对高的权重。本方法中的 TF 权重采用 Log 标准化，IDF 权重采用逆向文档频率平滑的计算方法，如式(5.1)所示，其中 d 为每一条样本，$f_{t,d}$ 是词 t 在样本 d 中出现的频

---

[1] 李志义,黄子风,许晓绵.基于表示学习的跨模态检索模型与特征抽取研究综述.情报学报, 2018,37(04),422-435.

[2] 林江豪,周咏梅,阳爱民,等.基于词向量的领域情感词典构建.山东大学学报(工学版),2018, 48(03),40-47.

[3] Qi R, Wei J, Shao Z. et al. 基于多源知识融合的领域情感词典表示学习研究. Proceedings of the 21st Chinese National Conference on Computational Linguistics,2022,684-693.

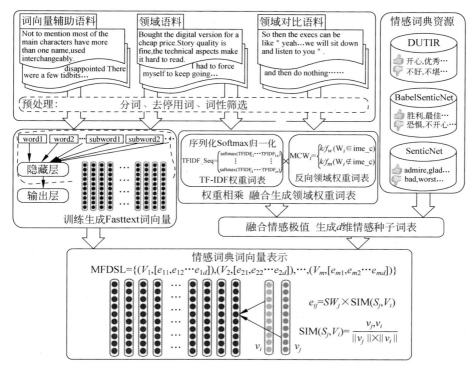

图 5.1 基于多源知识融合的领域情感词典自动构建方法框架

率,N 为所有样本数,n_t 是出现词 t 的样本数。为避免出现 TF-IDF 数值过大的情况,对每个样本的 TF-IDF 值进行 Softmax 归一化。

$$W_{\text{tf-idf}} = \log(1 + f_{t,d}) \times \log\left(\frac{N}{1+n_t}\right) + 1 \tag{5.1}$$

情感词在不同领域语料中的分布差异是发现低频领域情感词的重要线索之一。为找出领域中特有的情感词,本研究基于统计学原理计算领域差异联合权重,引入领域对比语料强化领域相关词汇的权重,降低与领域无关的常用词权重。例如在典籍英译评论中,"语言优美"的领域优先级应当高于"好"。

利用领域对比语料的联合权重计算思路是:领域词汇的联合权重与其在领域对比语料中出现的频率成反比关系。计算方法如式(5.2)所示,首先计算本领域词汇在领域对比语料中的平均词频 k,设 f_{W_i} 代表每个领域词汇的词频,为防止词汇未出现在领域对比语料时函数分母为 0,赋予领域词汇很小的默认词频值 f_m。

$$\mathrm{MCW}_i = \begin{cases} k/f_{W_i} & (W_i \in \mathrm{irre\_c}) \\ k/f_m & (W_i \notin \mathrm{irre\_c}) \end{cases} \quad (5.2)$$

基于上述方法生成候选种子词联合权重之后，在情感知识融合模块中融合多个情感知识库中的情感极性加权求和，得到的结果与情感种子词联合权重值相乘，然后通过阈值筛选情感种子词，生成情感种子词表及其权重。

在模型中，中文情感常识知识库采用大连理工大学信息检索研究室的情感词汇本体[1]和 Babel SenticNet[2]，英文采用 SenticNet 6，多语种情感常识知识库采用 Babel SenticNet。大连理工大学信息检索研究室的情感词汇本体包括七大类 20 小类共 27 466 条中文情感词汇，词典中每个情感词都标注了正向、负向、中性情感极性和情感强度。SenticNet 由美国麻省理工学院媒体实验室、斯特灵大学和 Sitekit Solutions 公司合作构建，目前由 Sentic 项目组和来自于新加坡南洋理工大学等多家研究机构多领域的专家学者维护，其中 SenticNet 6 提供了具有语义和情感关联的 20 万个英文概念的常识库，标注了情感极性和四个情感维度的情感值，Babel SenticNet 是基于 SenticNet 借助统计翻译方法建立的 40 种语言的常识知识库。本研究选取上述情感知识库中正向和负向的情感词汇。

5.2.2 基于 Fasttext 的词向量表示

词向量能够保留词汇在上下文中的语义，但词向量保留的是语义信息而不是情感信息。不同情感极性的词语在语义上可能高度相似，例如"不错"与"不差"在词向量相似度计算时的相似度较大，但这两个词的情感极性完全相反，因此仅依靠相似度计算词向量往往导致情感极性分类不准确。

为此，本研究结合情感知识库和词向量的情感知识和语义信息，通过多源数据和情感知识库自动构建情感词典，借助深度学习进行词嵌入表示，基于表示学习将 Fasttext 词向量和情感权重映射到新的情感语义空间，从而更准确地表示情感语义。

在 Fasttext 表示学习模块中，采用适应大数据多语言环境的 Fasttext 词向

---

[1] 徐琳宏，林鸿飞，潘宇，等. 情感词汇本体的构造. 情报学报，2008，27(02)，180-185.

[2] Vilares D, Peng H, Satapathy R, et al. BabelSenticNet: a commonsense reasoning framework for multilingual sentiment analysis. 2018 IEEE Symposium Series on Computational Intelligence (SSCI). IEEE, 2018, 1292-1298.

量进行词汇的表示学习。Fasttext 词向量表示学习的核心思想为[①]：通过引入子词信息来充实词汇形态学的表征信息，将整篇文档的词及 N-gram 向量叠加平均得到文档向量，使得生僻复杂的单词也能从结构相似的其他单词获得较好的词向量表示。Fasttext 突破了土耳其语、芬兰语等形态丰富语种文本的预训练难题，支持 157 种语言。

Fasttext 预训练模型如图 5.1 所示，输入层特征向量包括词序列中的所有词、子词和 N-gram，并对各个词向量进行加和平均线性变换映射到隐藏层，然后在输出层通过层次 Softmax 函数遍历分类树的叶节点寻找最大概率的分类标签。Fasttext 预训练模型提高了词向量的训练速度，更适合大规模数据的预训练任务。

5.2.3　基于多源知识融合的领域情感词典学习算法

基于多源知识融合的领域情感词典学习算法的具体过程如下所示：

输入：领域语料 re_c、词向量辅助训练语料 ft_c、非领域语料 irre_c、融合情感词典 s_1。

输出：情感词典表示词向量 MFDSL。

步骤 1：训练词向量，将领域语料 re_c 与词向量辅助训练语料 ft_c 合并，进行分词以及去停用词处理，通过 Fasttext 预训练得到语义词向量。

步骤 2：对领域语料 re_c 进行分词处理、停用词处理和词性筛选处理，去除助词、标点符号、非语素字、介词、量词、数词、名词、动词，并进行序列化处理，生成格式化文本如式(5.3)所示，其中 i 为 re_c 的句子数，n 为语料中的最长句子长度。

$$\text{Seq} = \begin{pmatrix} W_{11} & \cdots & W_{1n} \\ \vdots & & \vdots \\ W_{i1} & \cdots & W_{in} \end{pmatrix} \quad (5.3)$$

步骤 3：计算各词的 TF-IDF 值，并对每个句子序列进行 Softmax 处理，得到 TFIDF 矩阵 TFIDF_Seq 如式(5.4)所示。然后根据 TFIDF_Seq 求出每个词的 TF-IDF 权重，得到 TF-IDF 值词表：

TFIDF_L = $\{(V_1, \text{TFIDF}_1), (V_1, \text{TFIDF}_2) \cdots (V_m, \text{TFIDF}_m)\}$，其中 m 为

[①] Bojanowski P, Grave E, Joulin A, et al. Enriching word vectors with subword information. Transactions of the Association for Computational Linguistics, 2017, 5: 135-146.

语料中的形符数量。

$$\text{TFIDF\_Seq} = \begin{pmatrix} \text{softmax}(\text{TFIDF}_{11}) & \cdots & \text{TFIDF}_{1n} \\ \vdots & & \vdots \\ \text{softmax}(\text{TFIDF}_{i1}) & \cdots & \text{TFIDF}_{in} \end{pmatrix} \quad (5.4)$$

步骤 4：对非领域语料 irre_c 进行分词以及去停用词处理，通过式（5.2）计算得到每个词的权重 MCW，其中 f_{W_i} 代表 W_i 的词频，参数 k 默认情况下取所有情感词在非领域语料中的均值，f_m 为当 W_i 不存在于 irre_c 中时的词频默认值，默认取值为 0.5，生成权重词表 MCW_L = {$(V_1, \text{MCW}_1), (V_1, \text{MCW}_2) \cdots (V_m, \text{MCW}_m)$}。

步骤 5：将 TFIDF_L 与 MCW_L 中相同词的权重相乘，构成情感候选词的融合权重词表 Weight_L = {$(V_1, \text{weight}_1), (V_2, \text{weight}_2) \cdots (V_m, \text{weight}_m)$}，其中权重 weight 的计算公式为 $\text{weight}_m = \text{TFIDF}_m * \text{MCW}_m$。

步骤 6：根据 s_1 中的情感极性，与 Weight_L 相结合生成维度为 d 的情感种子词表 Seeds。首先求得各情感词的情感权重值 $\text{SW}_i = p_i * \text{weight}_i$，其中 p 代表 s_1 中的情感词极值，计算方法为各情感词典的极值加权求和。然后选取词表中正权重值前 $d/2$ 个词，负权重绝对值前 $d/2$ 个词，最终得到种子词表 Seeds = {$(S_1, \text{SW}_1), (S_2, \text{SW}_2), \cdots, (S_d, \text{SW}_d)$}。

步骤 7：生成情感词典词向量表示，其中每个情感候选词的维度为 d，表示为 MFDSL = {$(V_1, [e_{11}, e_{12}, \cdots, e_{1d}]), (V_2, [e_{21}, e_{22}, \cdots, e_{2d}]), \cdots, (V_m, [e_{m1}, e_{m2}, \cdots, e_{md}])$}，其中参数 e 的计算公式为 $e_{ij} = \text{SW}_j * \text{SIM}(S_j, V_i)$。

SIM 函数的计算方法如式（5.5）所示，首先利用训练好的 Fasttext 词向量分别得到情感词与种子词的向量表示 $\boldsymbol{v}_i$ 与 $\boldsymbol{v}_j$，然后利用这两个词向量计算情感词与种子词之间的相似度：

$$\text{SIM}(S_j, V_i) = \frac{\boldsymbol{v}_j \cdot \boldsymbol{v}_i}{\|\boldsymbol{v}_j\| \times \|\boldsymbol{v}_i\|} \quad (5.5)$$

5.3 典籍英译评论情感词典构建

基于 5.2 节提出的基于多源知识融合的领域情感词典构建方法，可以生成典籍英译评论情感词典。与现有的情感词典相比，本方法的创新之处包括：

（1）能够发现领域特有的情感词汇，而不限于通用情感词典中的情感词；

（2）能够发现除了以形容词、副词方式出现的显性情感词，还能发现以名

词、动名词或动词等形式出现的隐性情感词,如 slang、fable 等;

(3) 本方法还具有多语种和多领域语料的适应性,对于中文和其他语种的语料均有配套程序包,篇幅所限不在此一一展开,在后续第 6 章的 6.1 节和 6.2 节将进一步验证本方法在中英文和多领域语料上的有效性。

本章实验将典籍英译评论语料与参照语料的情感词对照分析,研究评论文本情感特征的差异。实验中的五本典籍英译评论语料的详情如 3.3 节中所述,用于对照的图书评论语料采用 Blitzer 等收集整理的 Amazon 英文图书评论 6000 条,英文词向量预训练辅助语料采用 Blitzer 等收集整理的 Amazon 无标注评论共 80 821 条[1],如表 5.1 所示。

表 5.1 情感词典词向量构建补充语料

语料名称	评论总数	积极评论	消极评论	无标注
对照图书评论语料 Amazon reviews(books)	6000	3000	3000	0
词向量预训练辅助语料 Amazon reviews	80 821	0	0	80 821

预处理模块中,通过 Python 的 Spacy 模块筛选词性,去除助词、标点符号、非语素字、介词、量词、数词和叹词,英文语料处理时采用 Spacy 模块中的英文停用词表。

5.3.1 典籍英译评论情感词典与普通图书评论对照实验

情感词典是无监督情感分类的主要依据,在本实验中建立典籍英译海外评论情感词点,并与普通图书评论的情感词典进行对照分析,目的是发现典籍英译评论中的情感态度。

借鉴斯科特与参照语料库对比分析主题性的方法,本实验分析普通图书评论情感词表、典籍英译评论积极情感词表、消极情感词表、共有情感词表和独特情感词表。其中,共有情感词表是指在五本典籍英译评论中均出现的情感词汇,独特情感词表是指在典籍英译评论中出现且在普通图书评论中未出现的情感词汇。实验结果如表 5.2 所示。

---

[1] Blitzer J, Dredze M, Pereira F. Biographies, Bollywood, Boom-Boxes and Blenders: Domain Adaptation for Sentiment Classification. Proceedings of the 45th Annual Meeting of the Association of Computational Linguistics, 2007, 440-447.

表 5.2　典籍英译评论情感词典实验总体情况

典　　籍	情感词总数	积极情感词	消极情感词	独特积极词	独特消极词
五本典籍	1853	1065	788	121	125
五本典籍共有交集	227	190	37	—	—
《孙子兵法》	2393	1488	905	477	428
《西游记》	2034	1287	747	339	306
《三国演义》	1640	1064	576	234	206
《红楼梦》	1159	759	400	188	166
《论语》	1011	696	315	115	98

五本典籍英译评论的情感词典按照权重排序前 100 的积极情感词和消极情感词如表 5.3 所示，普通图书评论的情感词表权重排序前 100 的情感词如表 5.4 所示。对比两个表格中的情感词及其权重，可以直观地得到典籍英译评论的情感特征。例如：消极情感词权重第一的是 abridged，说明典籍英译海外读者很在意作品是否被删减，不希望读到删减的版本；消极情感词表中的 unreadable、difficult、confusing、misleading 等的权重明显高于对照语料，说明典籍英译作品的难以理解之处是海外读者产生负面评价的主要原因；特别地，消极情感词 phonetic 说明典籍英译作品中蹩脚的发音是困扰海外读者的问题之一。

表 5.3　五本典籍英译评论的积极和消极情感词表（权重排序前 100）

权重排序	积极情感词	消极情感词	权重排序	积极情感词	消极情感词
1	**timeless**	**abridged**	17	thin	unintelligible
2	**great**	thicker	18	fascinating	general
3	**excellent**	**unreadable**	19	interested	episodic
4	awesome	ancient	20	relevant	**phonetic**
5	**classic**	**difficult**	21	insightful	sloppy
6	concise	**confusing**	22	entertaining	tedious
7	**original**	repetitive	23	awesome	thinner
8	good	disappointing	24	ok	**bad**
9	amazing	naff	25	perfect	irrepressible
10	fantastic	**old**	26	wonderful	stale
11	**easy**	dry	27	handy	bah
12	**epic**	**misleading**	28	interesting	esoteric
13	informative	shorter	29	simple	brief
14	**grammatical**	quickly	30	enjoyable	heavier
15	modern	**boring**	31	explanatory	stilted
16	**readable**	cryptic	32	favorite	compact

续表

权重排序	积极情感词	消极情感词	权重排序	积极情感词	消极情感词
33	enlightening	childish	67	smoothest	orthodox
34	pleased	arduous	68	wise	soft
35	wow	flimsy	69	victorious	stupidly
36	brilliant	numerous	70	**cool**	wrong
37	nicely	stiff	71	famous	damn
38	scholarly	weird	72	suggestive	unable
39	exciting	deceptive	73	lol	onerous
40	greatest	**useless**	74	beautiful	eery
41	strategic	unfortunately	75	crisp	undecided
42	delicately	easiest	76	informational	abruptly
43	poetic	iffy	77	classical	traditional
44	real	yup	78	alright	adversarial
45	smooth	poor	79	easily	outdated
46	strategical	exasperating	80	surprisingly	blank
47	immaculate	overrated	81	fictive	feudal
48	quick	repetitious	82	witty	impractical
49	promptly	bland	83	comic	disorganized
50	literary	clumsy	84	happy	nope
51	splendid	sparse	85	detailed	randomly
52	thx	crappy	86	impressed	monotonous
53	hooked	redundant	87	fun	amateurish
54	new	awful	88	excellently	apart
55	cheaply	forgettable	89	elegant	rambling
56	free	poorly	90	:d	low
57	captivating	manually	91	super	vague
58	superb	awkward	92	legendary	bloodiest
59	fast	crap	93	main	political
60	basic	indispensable	94	metaphorically	silly
61	worth	slim	95	interpersonal	sticky
62	**best**	irreverent	96	magnificent	disruptive
63	favourite	terrible	97	delightful	omg
64	nice	jumbled	98	important	worse
65	actual	heavily	99	incredible	funky
66	**useful**	incomprehensible	100	present	blah

表 5.4　普通图书评论情感词表（权重排序前 100）

权重排序	积极情感词	消极情感词	权重排序	积极情感词	消极情感词
1	**great**	**boring**	37	beautiful	predictable
2	**excellent**	disappointing	38	delightful	loud
3	informative	**old**	39	timeless	flat
4	wonderful	**confusing**	40	real	plain
5	captivating	tedious	41	**best**	strongly
6	beginner	mystical	42	valuable	vague
7	enjoyable	repetitive	43	deftly	sad
8	favorite	**difficult**	44	insightful	**useless**
9	fascinating	uninspired	45	humorous	pagan
10	**easy**	**dry**	46	main	contrived
11	fantastic	sappy	47	wonderfully	repetitious
12	interested	downside	48	basic	crappy
13	entertaining	**bad**	49	terrific	indispensable
14	funny	trite	50	compelling	impossible
15	literary	disjointed	51	vivid	turbulent
16	concise	bored	52	poetic	lame
17	hooked	poorly	53	aloud	redundant
18	exciting	slow	54	perfect	didactic
19	imaginative	preachy	55	enlightening	silly
20	amazing	quickly	56	scholarly	horrible
21	awesome	glossy	57	thorough	uninteresting
22	new	general	58	believable	metaphysical
23	dimensional	dark	59	thanks	traditional
24	invaluable	simplistic	60	**useful**	outdated
25	readable	instructional	61	**cool**	terrible
26	herbal	theoretical	62	descriptive	unreadable
27	good	conversational	63	technical	indulgent
28	comprehensive	vegetarian	64	incredible	philosophical
29	detailed	huh	65	awesome	cryptic
30	intermediate	yuck	66	introductory	mischievous
31	handy	brief	67	practical	numerous
32	witty	unfortunately	68	interesting	unscientific
33	simple	provoking	69	modern	irreverent
34	linear	worst	70	inspirational	corny
35	superb	enigmatic	71	arthurian	impatiently
36	fun	esoteric	72	young	painful

续表

权重排序	积极情感词	消极情感词	权重排序	积极情感词	消极情感词
73	important	casual	87	romantic	ordinary
74	poignant	inseparable	88	contemporary	alcoholic
75	brilliant	stilted	89	outstanding	obscure
76	engrossing	dead	90	available	bland
77	unforgettable	apart	91	personal	wrong
78	impressed	dull	92	intriguing	complicated
79	enthralling	scary	93	heartwarming	shallow
80	wow	compact	94	original	sexual
81	worth	badly	95	extensive	disorganized
82	memorable	constantly	96	favourite	choppy
83	devotional	rambling	97	nicely	mediocre
84	bravo	poor	98	sure	pretentious
85	resourceful	fussy	99	riveting	awful
86	elegant	opinionated	100	beautifully	soft

典籍英译评论的积极情感词表中：timeless、classic 和 epic 等高权重积极情感词，反映了海外读者对经典作品的向往和喜爱之情；original 权重排序很高，说明海外读者将译著对原著的尊重放在较重要的位置；readable 说明典籍译著的可读性是获得读者认可的重要因素；特别地，grammatical 说明了典籍英译读者对于译文表达是否符合语法规则的重视。

对比表 5.3 和普通图书评论情感词表 5.4，在两个词表中的积极情感常用词 easy、great、excellent、useful、best、cool 等，消极情感常用词 boring、old、confusing、difficult、bad、dry、useless 等的权重都很高，体现了图书评论中反映的读者共同的情感特征，也表明了典籍英译评论用词的广泛性。

此外，除了能够抽取传统意义上的情感词汇，本方法还成功地自动抽取出":d"（含义：开心）、":)"（含义：开玩笑、微笑）、":-)"（含义：微笑）等网络文本表情符（部分表情符权重排序在 100 位之后，未全部显示在列表中）。当前网络文本中大量表情符号（emoji）已经成为不可或缺的元素，形成了独特的网络语言，丰富了人类表情传意的方式，生动呈现着交际中的非言语信息。因此，本方法对表情符号的抽取是对现有情感词典构建方法的有益补充。

5.3.2　典籍英译评论共有情感词表

典籍英译评论共有情感词表是五本典籍英译作品评论情感词表的交集，主要反映海外读者对五本典籍英译作品的整体情感评价。在实验中编写 Python 程序自动抽取五本典籍英译作品评论中的共有情感词,得到共有积极情感词 190 个,共有消极情感词 37 个,将情感词汇权重值相加,取权重前 30 个共有情感词汇如表 5.5 所示。其中,积极情感词 timeless、classic、original 是典籍译本评论的共同情感特征,quality 反映了读者对译本总体质量体验良好,easy 反映了读者普遍期待译本易读好懂,特别地,读者普遍喜欢"kindle"形式的图书。

表 5.5 五本典籍英译评论共有情感词表(权重排序前 30)

权重排序	积极情感词	消极情感词	权重排序	积极情感词	消极情感词
1	great	**boring**	16	enjoyed	political
2	**timeless**	**translating**	17	amazing	**confusing**
3	**kindle**	waste	18	perfect	critical
4	awesome	**difficult**	19	wonderful	specific
5	excellent	general	20	gift	appear
6	thank	broken	21	reader	various
7	**classic**	nothing	22	**easy**	none
8	good	bad	23	full	obvious
9	recommend	old	24	**original**	**archaic**
10	copy	**language**	25	content	heavily
11	**quality**	lost	26	**classical**	cost
12	fantastic	numerous	27	fascinating	traditional
13	love	**wrong**	28	introduction	alone
14	beautifully	problems	29	printing	lie
15	great	wait	30	loves	died

消极情感词中,权重最高的"boring"反映了读者的负面评价主要来自于译本的趣味性差、不能引人入胜,权重较高的 translating、difficult、confusing、language、archaic 反映了读者的负面情感一部分来自于翻译中难懂、令人迷惑和对古代汉语的直译等方面,消极情感词 wrong 的高权重反映了读者对于典籍译本中的错误难以容忍。

5.3.3 典籍英译评论独特情感词表

本节抽取典籍英译评论独特情感词表的思路是:将典籍英译评论情感词表与普通图书评论情感词表对比,筛选出典籍英译评论独有的情感词,从领域对比的角度分析典籍英译评论中的情感特征。

典籍英译评论独特情感词表的计算方法为:将典籍英译评论情感词表与普

通图书评论情感词表进行异或运算，得到仅在典籍英译评论情感词表中出现，而在普通图书评论情感词表中未出现的独特情感词汇。

表 5.6 统计了典籍英译评论的独特情感词表，共抽取出独特积极情感词 121 个和消极情感词 125 个，表中所示的是权重排序前 50 个词。从中可以看出，典籍英译读者评论中独特的积极情感词 masterwork、expected 反映了读者对中华文化典籍作品的期待和向往之情，translatable、truthfully、updated、prefatory 反映了典籍的翻译准确、及时更新和前言介绍等副文本是积极评价主要因素，tactfully、rationally、dispassionately、virtuously、immersive 等词反映了读者对于翻译风格的微妙之处的期待得到了译者的关照，affordably 等词反映了读者对于译本价格的满意。

表 5.6 五本典籍英译评论独特情感词表（权重排序前 50）

权重排序	积极情感词	消极情感词	权重排序	积极情感词	消极情感词
1	strategical	naff	26	amply	error
2	immaculate	crap	27	expected	plaintive
3	thx	stupidly	28	chivalrous	cut
4	victorious	onerous	29	unquestionably	indiscriminate
5	glorified	adversarial	30	pursue	asunder
6	yay	bloodiest	31	ox	tyrannous
7	affordably	wth	32	animated	unsuitable
8	tactfully	abridgment	33	mammoth	garbled
9	implementable	magisterial	34	dispassionately	diffident
10	punctual	warlike	35	otherworldly	deviously
11	sleek	duped	36	updated	artificially
12	audible	unremarkable	37	venerable	incessantly
13	prefatory	shoddily	38	furiously	violence
14	translatable	filmy	39	snug	lascivious
15	rationally	fraudulently	40	principle	recursive
16	instinctual	fragmentary	41	dumbfounded	humid
17	uncommonly	duplicitous	42	finicky	subservient
18	orderly	variant	43	masterwork	fatalist
19	princely	uncontrolled	44	virtuously	squarish
20	cognizant	thinnest	45	steadfast	humiliated
21	excusable	blurred	46	intricately	inconsiderate
22	fondest	inexcusable	47	cordial	hurriedly
23	liberally	retarded	48	supple	unethically
24	truthfully	damaged	49	recyclable	froward
25	loved	desultory	50	immersive	scatological

典籍英译评论独特消极情感词表中，variant、error、unsuitable 等词反映了读者对于译本准确性、遣词搭配和变译的合理性、无错误等方面提出了更高要求，fragmentary、blurred、desultory、garbled 等反映了读者对于翻译风格的不满意之处和更多期待。特别地，消极独特情感词表中排序第 71 位没有列在表中的 metaphoric，反映了典籍英译作品中隐喻部分的翻译使读者难以理解。

5.3.4 《红楼梦》英译评论情感词实例分析

为进一步分析各本典籍英译评论文本背后隐藏的独特情感特征，为典籍英译研究和中华文化海外传播研究提供更细致的参考，本节选取《红楼梦》典籍英译评论的独特情感词为实例，将《红楼梦》译本评论情感词表与其余四本典籍英译评论情感词表取异或运算，得到《红楼梦》译本评论情感词表中独有，其余四本典籍译作评论情感词表中不包含的独特情感词表。

《红楼梦》英译评论独特情感词表权重排序前 50 如表 5.7 所示。

表 5.7 《红楼梦》英译评论独特情感词表（权重排序前 50）

权重排序	积极情感词	消极情感词	权重排序	积极情感词	消极情感词
1	recognizable	denunciation	20	omnipresent	awed
2	anticipation	sexual	21	fondest	abandoned
3	efficiently	cries	22	dedication	unclear
4	satisfies	extravagant	23	princely	nitpick
5	donate	unbelievably	24	remembrance	colloquial
6	**commitment**	crease	25	aristocracy	outclassed
7	lavish	chore	26	absorbing	half-hearted
8	daring	**slang**	27	brisk	holes
9	ritualistic	subjection	28	innovative	unparalleled
10	etiquette	alert	29	accomplishment	edict
11	formalistic	submerge	30	acceptance	forest
12	extraordinarily	limp	31	strict	foreseeable
13	enthusiastic	flippant	32	progressive	effeminate
14	introspective	scratching	33	dispassionately	putters
15	emotionally	oppression	34	comprehensiveness	populated
16	aristocratic	fable	35	victorian	willy-nilly
17	fascination	dive	36	grandmother	dose
18	longing	remainder	37	otherworldly	incorrigible
19	subservience	addicted	38	abundance	dizzy

续表

权重排序	积极情感词	消极情感词	权重排序	积极情感词	消极情感词
39	favorably	abruptly	45	devoted	crimson
40	conceive	fret	46	stylistic	volatile
41	satisfying	ethereal	47	mesmerizing	foolishness
42	acquaintance	temperamental	48	elegance	feminine
43	similarly	grief	49	paragon	disgust
44	thoughtfully	ontologically	50	winner	trivial

表5.7中包含很多不常用的情感词，很大比例的情感词与译本的情节人物相关。结合典籍英译的领域特点，选取《红楼梦》英译本评论独特情感词表中与典籍外译翻译策略相关的词汇 slang、colloquial 和 commitment，对评论文本进行分析，例句及相关信息如表5.8所示。

表5.8 《红楼梦》英译评论独特情感词案例分析

序号	译者	独特情感词	情感词极性	用户评分	评论文本
1	David Hawkes	slang	消极	5	I highly recommend reading the entire 5-book series. It is impressive that a work can stand the test of time as well as Story of the Stone has. David Hawkes' fine translation is excellent. Although some have criticized him for using too much "**slang**", I feel that his translation is effective in expressing the character's true sentiments, and it is tremendously easy to read
2	David Hawkes	slang	消极	4	I love the Story of the Stone, and overall I enjoyed this translation (in fact I read all five volumes!!). The only things I didn't like was the use of modern english **slang** in some areas, and the poetry translations
3	David Hawkes	colloquial	消极	5	Yes, it is littered with sometimes annoying Britishisms. That is the price of a **colloquial** translation! It's true that Hawkes does not explain all the references—that would be another book in itself. And I am sure he made mistakes—I help a French translator occasionally and even though he is very well-versed in English, it is so easy for him to miss something that only a cultured native speaker could pick up. But this translation is ALIVE. Until that perfect translation comes along one day, Hawkes's is still better than all the others. Be grateful to him

续表

序号	译者	独特情感词	情感极性	用户评分	评论文本
4	Yang Xianyi	commitment	积极	5	This is long and very detailed and discusses chinese life at a time in history, but it takes **commitment** to read it. Kind of like War and Peace, sometimes too long and frustrating as you read, but wonderful once you finish

1. 独特情感词 slang

根据本研究方法抽取的独特情感词 slang 的情感极性是消极的。如果仅依照读者评分,含有 slang 的例句 1 和例句 2 中是读者对 David Hawkes《红楼梦》英译本的积极评价文本。深入分析可以发现,虽然例中的读者整体上对译本持有积极的评价,但通过本方法可以发现例句 1 和例句 2 的评论中隐含着关于 slang 的隐性负面评价,如例句 1 中是转述其他读者对 David Hawkes 使用太多俚语的批评,例句 2 中是读者本身不喜欢 David Hawkes 在译本的某些领域中使用现代英语俚语。

相比较,在 Yang Xianyi《红楼梦》英译本评论中未出现 slang 一词,可见在读者接受环节,David Hawkes《红楼梦》英译本中俚语的使用是读者关切但并不赞赏的一个重要细节,而 Yang Xianyi《红楼梦》英译本在读者接受环节未出现这一问题。

2. 独特情感词 colloquial

在《红楼梦》英译本评价中,根据本研究方法发现的独特情感词 colloquial 是消极的。而在 David Hawkes《红楼梦》英译本读者评论中,出现 colloquial 这一独特情感词的评论整体上是积极肯定的,但不代表读者对于译本的所有方面都是肯定的,例如在例句 3 的评论中,读者指出口语化翻译的代价是夹杂着"烦人的英式英语",但读者更看重的是译本的生动,此条评价中反映了口语化翻译的两面性。在 Yang Xianyi《红楼梦》英译本评论中未出现 colloquial 一词。

3. 独特情感词 commitment

在例句 4 中的独特情感词 commitment 的情感极性与评论整体的情感评价是一致的,都是积极的。在 Yang Xianyi《红楼梦》译本读者评论道:"要读懂它需要付出一定的努力。有点像《战争与和平》,有时读起来冗长而令人沮丧,但读完后感觉很棒。"在 David Hawkes《红楼梦》译本读者评论中未出现这一情感词。

细致观察评论文本可以发现,只分析评价文本整体的情感极性和情感词,对于分析读者评论是不够的,需要结合主题词和情感词,发现读者评价的译本哪一个是具体主题词,以及对这个主题词持有什么样的情感态度。

本章小结

本章提出基于多源知识融合的领域情感词典表示学习方法,自动从无标注数据中构建适应大数据多领域和多语言环境的领域情感词典,引入外部领域对比语料强化领域相关词的权重,融合多源数据语义信息和情感信息弥补先验知识的不足,通过表示学习将词向量和情感权重映射到新的情感语义空间从而更准确地表示情感语义。

基于上述方法,本章构建了典籍英译评论情感词典,分析了典籍英译评论词典与普通图书评论对照情感词典、典籍英译评论共有情感词表和独特情感词表,并选取《红楼梦》英译评论情感词进行实例分析。

第6章

典籍英译评论篇章级情感分析

情感分析是利用文本挖掘及自然语言处理等技术对主观性文本进行处理分析,从而获得人们对某人或某事物态度的过程,是探究用户潜在观点态度的关键环节。情感分析的概念由 Pang 和 Lee 等学者于 2002 年提出[①],目前已经成为文本分析和评论挖掘等领域中的研究热点之一。

根据情感分析的层次粒度不同,可以分为粗粒度情感分析和细粒度情感分析。粗粒度情感分析主要包括篇章级情感分析和句子级情感分析。其中,篇章级情感分析假设评论文本整体表达的是同一种情感,因此适用于整条评论的情感分析。

本章研究主要关注篇章级评论情感分析,为适应网络评论的多语言跨领域环境,本章研究内容包括:典籍英译评论篇章级情感分析、多领域英文评论篇章级情感分析、中文评论篇章级情感分析和跨领域篇章级评论情感分析。

6.1 基于情感词典的英文评论情感分析

从翻译评价的角度,典籍英译评论情感分析可以发现评论情感主题间的内在联系和客观规律;从机器学习的角度,评论情感分类可以看作多类别、单标签文本分类任务。本章结合第 5 章构建的情感词典和机器学习分类算法,提出篇

---

① Pang B, Lee L, Vaithyanathan S. Thumbs up? Sentiment classification using machine learning techniques. Proceedings of the Conference on Empirical Methods in Natural Language Processing,2002,79-86.

章级情感分析方法的目的是提高典籍英译评论的情感分析效率，为定量研究典籍英译读者的观点态度提供可行的技术路线。

情感词典是无监督情感分类任务的主要依据，可以通过情感词典在情感分类任务中的效果来间接评估情感词典的有效性[①]。因此，本章也是对第5章构建的典籍英译评论情感词典的进一步验证。

6.1.1 英文评论情感分析实验数据

互联网的国际化特性决定了在多语言、跨领域上下文环境下研究典籍英译读者评论的重要性，为检验本研究提出的情感分析方法，本节实验采用的英文领域语料除了 3.3 节的典籍英译评论语料之外，还采用 Blitzer 收集整理的 Amazon 评论作为测试语料，测试语料覆盖 Books、DVD、Electronics、Kitchen 和 Video 五个领域，每个领域包含标注语料 6000 条，实验数据随机选取各领域正负向各 1000 条数据，其中的 50% 作为训练集。英文词向量训练辅助语料采用 Blitzer 等收集整理的 Amazon 评论中的无标注数据共 80 821 条。

采用多源知识构建情感词典的过程需要领域对比语料，本实验中的英文领域对比语料来自纽约时报新闻评论的公开数据共 49 868 条[②]。英文评论情感分类实验数据来源及构成如表 6.1 所示。

表 6.1 英文评论情感分类实验数据

语 料 名 称	样本总数	正向样本	负向样本	无标注/中性样本
典籍英译评论语料	4581	3500	647	434
英文图书评论语料 Amazon reviews(Books)	6000	3000	3000	—
英文 DVD 评论语料 Amazon reviews(DVD)	6000	3000	3000	—
英文电子产品评论语料 Amazon reviews(Electronics)	6000	3000	3000	—
英文厨房用品评论语料 Amazon reviews(Kitchen)	6000	3000	3000	—
英文视频产品评论语料 Amazon reviews(Video)	6000	3000	3000	—
英文词向量辅助语料 Amazon reviews	80 821	—	—	80 821
英文领域对比语料	49 868	—	—	49 868

---

① 王科，夏睿. 情感词典自动构建方法综述. 自动化学报，2016，42(04)，495-511.

② Kesarwani A. New York Times Comments. https://www.kaggle.com/aashita/nyt-comments，2018.

6.1.2 实验参数

情感分类算法统一采用 SVM 算法,实验平台为 Sklearn,采用线性核函数 Liner 和概率估计,评价指标选取正负向语料的精度、召回率、F1 值和总体准确率检验情感词典对文本情感分类任务的有效性。

预处理模块中,英文语料通过 Python 的 Spacy 模块筛选词性,采用 Spacy 模块中的英文停用词表。对照实验中,选取如下四种对照方法与第 5 章提出的情感词典方法对比。

(1) 情感本体方法:情感词典基于情感知识库通过 One-hot 编码构成,句子向量维度为情感本体中所有词语的个数,编码值为情感强度值。

(2) Word2Vec 词向量方法:词向量由 Word2Vec 预训练算法生成,词向量维度为 100,迭代次数为 30,词频阈值设为 2,句向量通过采用词向量求和平均生成,句向量的维度与词向量维度相同。

(3) Fasttext 词向量方法:词向量由 Fasttext 预训练算法生成,实验参数与 Word2Vec 方法相同。

(4) TF-IDF 领域对比方法:情感词典通过第 5 章的情感种子词生成模块产生,采用 Word2Vec 词向量。

(5) 多源知识领域情感词典表示学习方法(Multi-source knowledge Fusion based Domain Sentiment Lexicon representation Learning, MFDSL):情感词典通过第 5 章的情感种子词生成模块产生,采用 Fasttext 词向量。

6.1.3 表示学习维度实验

根据本研究提出的基于多源知识融合领域情感词典表示学习方法,每一条评论可以表示为词向量。采用词向量表示文本时,词向量的维度越高,语义表示效果越好,但需要综合平衡运算速度和情感分析的效果。为此,首先需要进行表示学习维度对照实验,目的是选择能达到较好情感分析效果的情感词典表示维度。

表示学习维度对照实验中,设置 TF-IDF 方法和本研究提出的 MFDSL 算法的情感词典表示维度分别为 20 维、50 维、100 维、120 维、150 维、200 维和 300 维,实验结果取情感分类十折交叉实验的准确率宏平均、召回率宏平均、F1 值宏平均和正确率。十折交叉验证的数据划分如图 6.1 所示。

表示学习维度对照实验结果如表 6.2 和图 6.2 所示。可以看出,在情感词

第6章　典籍英译评论篇章级情感分析　101

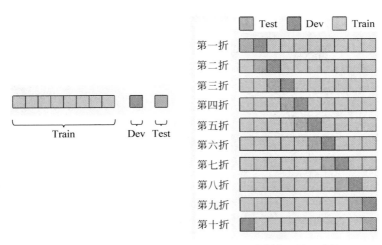

(a) 十折交叉验证中每一折数据分割　　(b) 十折交叉验证过程

图 6.1　十折交叉验证的数据划分

典表示维度从 20 维增加到 100 维的过程中,情感分析准确率和各项指标提升明显,而当表示维度增加到 100 维之后,准确率提升较少并趋于平稳,因此本研究选取情感词向量的表示维度为 100 维。

表 6.2　表示学习维度对照实验

维度	生成方法	准确率宏平均	召回率宏平均	F1 值宏平均	正确率
20	TF-IDF	81.16%	81.07%	81.07%	81.08%
	MFDSL	81.94%	81.90%	81.90%	81.91%
50	TF-IDF	82.68%	82.60%	82.60%	82.61%
	MFDSL	83.95%	83.90%	83.90%	83.91%
100	TF-IDF	83.78%	83.73%	83.72%	83.74%
	MFDSL	84.10%	84.05%	84.05%	84.06%
120	TF-IDF	83.86%	83.80%	83.80%	83.82%
	MFDSL	84.11%	84.06%	84.06%	84.07%
150	TF-IDF	84.09%	84.03%	84.04%	84.05%
	MFDSL	84.18%	84.13%	84.13%	84.14%
200	TF-IDF	84.13%	84.07%	84.08%	84.09%
	MFDSL	84.20%	84.15%	84.15%	84.16%
300	TF-IDF	84.12%	84.07%	84.07%	84.08%
	MFDSL	84.22%	84.17%	84.17%	84.18%

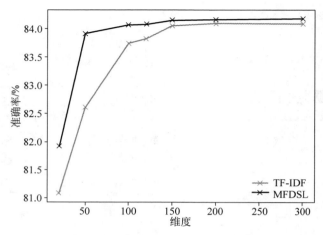

图 6.2　表示学习维度-准确率变化关系图

6.1.4　英文评论情感分析实验

为验证本研究方法在英文语料上的有效性,本节选取 Amazon 典籍英译作品英文评论语料,与 Amazon 五个领域的英文评论公开语料 Books、DVD、Electronics、Kitchen 和 Video,将本研究提出的 MFDSL 方法与情感本体方法、Word2Vec 词向量方法、Fasttext 词向量方法、TF-IDF 领域对比方法进行情感分类对照实验,设定领域情感词向量 MFDSL 维度为 100 维,十折交叉验证的平均正确率如表 6.3 所示。

表 6.3　英文评论情感分类实验结果

对照方法	典籍英译	Books	DVD	Electronics	Kitchen	Video
情感本体	72.50%	70.07%	71.00%	69.80%	71.60%	75.60%
Word2Vec 词向量	73.35%	74.71%	76.80%	75.26%	76.70%	76.90%
Fasttext 词向量	73.17%	74.81%	75.53%	74.19%	76.25%	77.26%
TF-IDF 领域对比	73.80%	73.42%	74.88%	74.28%	75.21%	77.12%
MFDSL	74.25%	75.22%	77.57%	77.80%	78.29%	77.82%

从表 6.3 可以看出,在典籍英译作品、Books、DVD、Electronics、Kitchen 和

Video 领域语料上,本研究提出的 MFDSL 方法均取得了最高的正确率,验证了本文方法在多领域环境中的鲁棒性。

为进一步探究领域对比方法在英文语料上的有效性,对比引入英文图书领域对比语料前后的情感词表,如表 6.4 所示。可以看出,引入领域对比语料后能够抽取诸如 gastronomic、machiavellian 的低频英文情感词,正向情感词汇增加了 75 个,负向情感词汇增加了 80 个,并有效改进了情感分类效果。

表 6.4 引入英文图书领域对比语料前后的情感词表

	极性	数量	示 例
引入领域对比语料前	正向	1804	…great,excellent,wonderful,new,easy…
	负向	1842	…bad,boring,worst,disappointing,confusing…
引入领域对比语料后	正向	1879	…gastronomic,decorative,suggestive,impressively,unforgettably…
	负向	1922	…machiavellian,sissy,unitarian,regretful,musty…

6.2 基于情感词典的中文评论情感分析

6.2.1 中文评论情感分析实验数据

为进一步验证本研究提出的方法在多语言、多领域语料上的有效性,本节进行中文评论情感分析实验。实验采用的中文领域语料来源于谭松波的酒店评论公开数据集,其中正向与负向情感领域语料各 2000 条,实验选取正负向各 1000 条数据作为训练数据,剩余的正负向各 1000 条作为测试数据。中文词向量辅助语料采用 NLPIR 微博语料库中新浪微博和腾讯微博评论 23 万条[1],以及谭松波整理的 1 万条酒店评论语料,合计 24 万条。对这 24 万条数据进行分词以及去除停用词处理,作为 Fasttext 词向量的训练语料。中文领域对比语料来源于 SMP-EWCT2020 的评测数据包含微博评论共 46 421 条[2]。

中文评论情感分析实验数据如表 6.5 所示。

---

[1] 张华平. NLPIR 微博内容语料库-23 万条. [2021-05-23]. http://www.nlpir.org/wordpress/download/ weibo_content_corpus.rar.

[2] SMP2020-EWECT. SMP2020 微博情绪分类评测. [2021-05-23]. https://smp2020ewect.github.io/.

表 6.5　中文评论情感分类实验数据

语 料 名 称	样本总数	正向样本	负向样本	无标注/样本
中文领域语料 ChnSentiCorp-Htl-ba-4000	4000	2000	2000	0
中文词向量辅助语料 ChnSentiCorp-Htl-uba-10000	10 000	0	0	10 000
中文词向量辅助语料	230 000	0	0	230 000
中文领域对比语料	46 421	0	0	46 421

6.2.2　中文评论情感分析实验

预处理模块中,中文语料采用 Python 调用 Jieba 分词的 paddle 模式处理,去除助词、标点符号、非语素字、介词、量词、数词和叹词,采用哈尔滨工业大学社会计算与信息检索研究中心发布的中文停用词表。

为验证本研究提出的情感词典构建方法在中文评论情感分类中的有效性,将 MFDSL 方法与情感本体方法、Word2Vec 词向量方法、Fasttext 词向量方法、TF-IDF 领域对比方法以及林江豪等文献中的 TF-IDF-Senti2vec 方法在中文评论上做情感分类对照实验,设定领域情感词向量 MFDSL 维度为 100 维,十折交叉验证结果如表 6.6 所示。

表 6.6　中文情感分类对照实验结果

对照方法	准确率宏平均	召回率宏平均	F1 值宏平均	正确率
情感本体	76.46%	75.21%	74.94%	75.25%
Word2Vec 词向量	83.24%	83.21%	83.22%	83.24%
Fasttext 词向量	83.57%	83.55%	83.54%	83.55%
TF-IDF-Senti2vec	—	—	—	62.97%
TF-IDF 领域对比	83.18%	83.10%	83.09%	83.10%
MFDSL	**84.05%**	**83.99%**	**83.98%**	**83.99%**

从表 6.6 可以看出,本研究提出的多源知识融合领域情感词典表示学习方法 MFDSL 在对照实验中取得最高的准确率、召回率、F1 值和正确率。其中,词向量方法的正确率均高于情感本体方法,证明了词向量在语义表示上的优势。林江豪等人文献中的 TF-IDF-Senti2vec 方法未采用领域对比和 Fasttext 词向量,实验效果并不理想。

对照实验中的 TF-IDF 领域对比方法比林江豪等文献中的 TF-IDF-Senti2vec 方法正确率提高了 20.13%,证明了领域对比方法的有效性。本研究提出的 MFDSL 方法结合领域对比方法和 Fasttext 表示学习后,比 Fasttext 词向量方法的正确率提高了 0.44%,比 TF-IDF 领域对比方法提高了 0.89%,证明了多源知识融合表示学习方法的有效性。

为探究领域对比方法的有效性,实验进一步比较了引入领域对比语料前后的情感词表,如表6.7所示。从表6.7可以看出,引入领域对比语料能够抽取低词频但具有领域代表性的情感词汇,正向情感词汇增加了62个,负向情感词汇增加了69个,分别占引入领域对比前的13%和16%,更好地实现了领域情感词典构建的目标。

表6.7 引入领域对比语料前后的情感词表

	极性	数量	示例
引入领域对比语料前	正向	479	……整洁,豪华,宽敞,价廉物美,诚挚……
	负向	427	……最差,不足之处,简陋,大失所望,美中不足……
引入领域对比语料后	正向	541	……宾至如归,方便,便利,便宜,没得说……
	负向	496	……轰鸣声,坑坑洼洼,偏僻,形同虚设,置若罔闻……

6.3 基于跨领域迁移学习的典籍英译评论情感分析

由领域差异、语义差异和特征差异导致的数据稀疏始终是跨领域情感分析面临的主要挑战。以社交媒体为例,海量用户数据分散于各个领域,现有情感分析技术对领域高度敏感,需要大量领域标注数据才能达到好的分析效果。然而,标注足够的数据资源需要耗费大量人力,如果为每个领域都准备大规模标注数据,成本将会非常昂贵。在这种情况下,运用跨领域迁移学习技术进行情感分析成为当前的研究热点。

跨领域情感分析技术的目标是充分利用相近领域的标注数据,来完成标注数据匮乏的目标领域情感分析任务,主要思路是基于源领域的标注数据构建可应用于目标领域的情感分类模型。

传统的跨领域情感分类主要基于词汇方法和领域相似度方法,此类方法处理高维特征的能力有限,难以实现语义匹配。近年来,运用向量和张量等代数结构表示文本的词嵌入分布式表示和深度学习算法备受关注,但深度学习算法的黑盒特性欠缺可解释性,无法解读从源领域到目标领域的情感分类过程中哪些信息更值得学习。为此,本研究提出适用于跨领域情感分类的注意力双向长短时记忆情感分类模型[①]。

---

① 祁瑞华,简悦,郭旭,等.融合特征与注意力的跨领域产品评论情感分析.数据分析与知识发现,2020,4(12),85-94.

6.3.1 迁移学习相关研究

情感分类任务与领域高度相关,将从源领域学习的情感分类模型直接应用于目标领域时通常表现不佳,需要通过跨领域迁移学习模型实现源领域知识到目标领域的迁移①。

迁移学习的概念最初来自于教育心理学,根据心理学的迁移泛化理论,迁移学习是经验概括的结果。根据这一理论,迁移学习的前提是两种学习活动之间需要有联系。比如,学过小提琴的人学钢琴的速度比其他人快,因为小提琴和钢琴都是乐器,存在一些共同的知识。迁移学习的领域关联示例如图 6.3 所示。

图 6.3 迁移学习的领域关联示例

知识的迁移并不一定会对目标任务产生积极的影响,如果领域之间几乎没有共同点,迁移学习的知识可能会产生负面影响。例如,学骑自行车并不能帮助我们更快地学弹钢琴。此外,领域之间的相似性也可能产生误导。例如,虽然西班牙语和法语同属罗曼语族,但西班牙语学习者在学习法语时可能会错误地使用西班牙语的词汇或词形变化,这是因为以前的学习经验会影响新的语言构词、用法、发音和变化等方面的学习。在心理学领域,以往经验对学习新任务产生负面影响的现象称为负迁移。在迁移学习中,领域之间的相似性以及模型学习的能力等都是影响负迁移现象的要素。

迁移学习的目的是通过学习相关领域的共享知识,在不增加目标领域标注数据的前提下,而增强目标领域模型的学习效果。也就是说,对于给定的源领域 D_s 和源任务 T_s,目标领域 D_t 和目标任务 T_t,其中 $D_s \neq D_t$ 或者 $T_s \neq T_t$,

---

① 祁瑞华,简悦,郭旭,等.融合特征与注意力的跨领域产品评论情感分析.数据分析与知识发现,2020,4(12):85-94.

迁移学习的目的是利用从 D_s 和 T_s 中学习到的知识,提高目标预测函数 $f_T(\cdot)$ 在 D_t 任务中的效果。

根据迁移学习的定义,可以将迁移学习分为归纳式迁移学习、无监督迁移学习和直推式迁移学习三种。迁移学习与机器学习的区别与联系如表 6.8 所示。

表 6.8 传统机器学习与迁移学习的关系

学习方式		源领域和目标领域	源任务和目标任务
机器学习		相同的	相同的
迁移学习	归纳式迁移学习	相同的	不同但相关
	无监督迁移学习	不同但相关	不同但相关
	直推式迁移学习	不同但相关	相同的

归纳式迁移学习与多任务学习类似,即 D_s 和 D_t 相同,T_s 和 T_t 不同但相关。无监督迁移学习的特点是领域与任务都不相同时。直推式迁移学习任务的特点是 T_s 和 T_t 相同,但 D_s 和 D_t 不同,跨领域迁移学习就属于直推式迁移学习。

迁移学习能有效解决由于数据标注成本较高导致的标注数据匮乏问题,近年来受到越来越多研究者的关注,并成功地应用于情感分析任务。

6.3.2 跨领域迁移学习

情感分析模型具有明显的领域相关性,某一领域的情感分析模型并不能直接适用于其他领域。例如,将汽车评论语料训练的模型用于分析典籍英译评论的情感时,由于两个领域之间存在较大差异,电子产品领域模型无法准确地分析典籍英译评论中的情感。

跨领域迁移学习的目标是利用其他领域的源数据来帮助目标领域学习。然而,源领域与目标领域的噪声干扰、源领域与目标领域特征空间的优化等,都给跨领域情感分析带来了挑战,跨领域迁移学习面临的主要问题概括如下。

(1) 稀疏性:当目标领域包含源领域中未曾出现或很少出现的单词或短语时,会出现稀疏性问题。

(2) 多义词:当一个词同时出现在目标领域和源领域中时,由于各自领域的上下文不同,词义会发生变化,因此会出现一词多义现象,这使得特征表示的内容变得模糊。

(3) 特征差异:也称为领域差异问题,是指特定领域的特征与分类器知识之间的不匹配,即在源领域 D_s 上训练的分类器在应用于目标领域 D_t 时可能性能不佳。

(4)极性差异:源领域和目标领域中的情感极性可能有所不同。例如,easy 在源领域 D_s 中可能是积极的,而在目标领域 D_t 中可能是消极的,即独立特征之间存在极性差异的问题。

跨领域迁移学习主要研究利用数据之间的相似性,将从源领域学习到的知识应用到目标领域,具体迁移技术路线主要分为三类。

1. 基于实例的迁移

早期跨领域迁移学习主要基于实例迁移或特征迁移。实例迁移方法的思路是利用源领域的标注数据扩充目标领域数据,即在源领域和目标领域之间共享数据,为源领域的有标注数据重新加权,用于扩充目标领域的标注数据。

相关研究有 Dai 等提出从源领域中提取实例的算法(TrAdaBoost),将源领域中的标注数据与目标领域的少量标注数据相结合,实验结果比单纯使用目标领域数据更加精确[1]。Xu 等提出了应用于跨语言任务的实例迁移学习方法,将有标注记的源语言语料翻译成目标语言作为辅助训练数据,改进了在目标语言语料上情感分类模型的效果[2]。Vieriu 等提出基于 Boosting 的迁移学习方法,通过学习多个领域的训练数据将源领域的知识迁移到目标领域,降低了目标领域训练的时间和成本[3]。Chattopadhyay 等提出基于条件概率的多源自适应模型(CP-MDA),整合了两个领域间的条件分布差异[4]。Gui 等针对迁移过程中产生的负迁移问题,提出负迁移检测方法,通过检测高质量样本的方法去除训练数据的噪声,通过迭代的方法有效地减少了误分类[5]。

---

[1] Dai W,Yang Q,Xue G R,et al. Boosting for Transfer Learning. Machine Learning,Proceedings of the Twenty-Fourth International Conference (ICML 2007),Corvallis,Oregon,USA,2007,193-200.

[2] Xu R,Xu J,Wang X. Instance level transfer learning for cross lingual opinion analysis// Proceedings of the 2nd Workshop on Computational Approaches to Subjectivity and Sentiment Analysis (WASSA 2.011),182-188.

[3] Vieriu R L,Rajagopal A K,Subramanian R,et al. Boosting-based transfer learning for multi-view head-pose classification from surveillance videos. 2012 Proceedings of the 20th European Signal Processing Conference (EUSIPCO). IEEE,2012,649-653.

[4] Chattopadhyay R,Sun Q,Fan W,et al. Multisource domain adaptation and its application to early detection of fatigue. ACM Transactions on Knowledge Discovery from Data (TKDD),2012,6(04),1-26.

[5] Gui L,Lu Q,Xu R,et al. Improving transfer learning in cross lingual opinion analysis through negative transfer detection. International Conference on Knowledge Science,Engineering and Management. Springer,Cham,2015,394-406.

虽然基于实例的迁移方法在源领域和目标领域相似度高的条件下,能够取得较好的效果,但如果目标领域中的数据噪声较大,基于实例的迁移方法分类器训练难度将显著增加,导致性能明显下降。

2. 基于特征的迁移

基于特征的迁移方法的思路是将不同领域的数据映射到同一个特征空间中进行表示,实施的前提是源领域和目标领域具有一定的相似度。

相关研究有Blitzer等提出结构对应学习(SCL)利用枢轴特征和非枢轴特征构建迁移学习模型,该算法对潜在特征空间的质量和辅助学习任务的数量要求较高,具有一定的局限性[1]。Pan等提出谱特征对齐算法(SFA)以领域无关词为枢纽,构造不同领域特定词组成的隐空间以减少领域差异[2]。Xia等提出了一种基于词性特征集成的标签自适应算法(SS-FE),将特征集成模型(FE)与基于主成分分析样本选择算法(PCA-SS)结合实现迁移学习[3]。Zhou等提出混合异构迁移学习(HTTL)方法,通过学习从目标领域到源领域的不对称变换来解决自适应问题[4]。Zhou等提出主题对应迁移(TCT)方法,通过建立主题之间的关系来减少分布差异实现情感分类[5]。

基于特征的迁移方法能够减小目标领域与源领域之间的分布偏差,即找到一个共同的潜在特征空间,对两个领域之间的相似性要求较低,该方法适用于深度神经网络,因此广泛应用于情感分类等自然语言处理任务中。

3. 基于共享参数的迁移

基于共享参数的迁移方法通过将源领域的训练模型参数迁移到目标领域的模型上,实现模型参数共享。

相关研究有Glorot等通过情感分类的领域自适应方法,提出叠加去噪自动编码器(SDA)来解决边缘分布差异的问题,该方法在评论情感分析中表现良

---

[1] Blitzer J, McDonald R, et al. Domain adaptation with structural correspondence learning. Proceedings of the 2006 conference on empirical methods in natural language processing, 2006, 120-128.

[2] Pan S J, Ni X, Sun J T, et al. Cross-domain sentiment classification via spectral feature alignment. Proceedings of the 19th international conference on World wide web, 2010, 751-760.

[3] Xia R, Zong C, Hu X, et al. Feature Ensemble Plus Sample Selection: Domain Adaptation for Sentiment Classification. IEEE Intelligent Systems, 2013, 28(03), 10-18.

[4] Zhou J T, Tsang I W, Pan S J, et al. Heterogeneous domain adaptation for multiple classes. Artificial intelligence and statistics. PMLR, 2014, 1095-1103.

[5] Zhou G, Zhou Y, Guo X, et al. Cross-domain sentiment classification via topical correspondence transfer. Neurocomputing, 2015, 159(jul. 2), 298-305.

好,但过于依赖参数的初始化[①]。Chen 等提出了边缘化 SDA(mSDA)算法,克服了 SDA 算法的计算成本高和高维特征缺乏可扩展性的缺点,该算法具有较好的特征学习能力,不需要优化算法就可以训练参数[②]。Sun 等在 mSDA 算法的基础上提出改进的 mSDA++ 算法,该算法可以学习低维特征,与 EASYADAPT 算法结合可以提高文本分类的准确性,此外 mSDA++算法还提高了后续计算速度,减少了数据存储的空间[③]。Peters 等提出了 EMLo(embeddings from language models)模型,该模型通过在大规模语料库上训练双向 LSTM 模型(BiLSTM),然后连接特定任务的神经网络,将 BiLSTM 的输出作为神经网络的输入,可以提取出深层语义特征的词向量表示[④]。Dai 等提出了语言模型微调方法,在将预训练语言模型应用于不同的数据集时,通过微调语言模型弥补不同数据之间的差异,只需在模型的后面添加分类层就能实现分类,该算法作为后监督序列学习的预训练算法在许多分类任务中表现良好[⑤]。

基于共享参数的迁移方法能够引入更丰富的词义表示适用于多种类型的自然语言处理任务,然而该方法仍需重新训练主任务模型。此外预训练的词嵌入表示是固定值,限制了其应用效果,仍有很大的改进空间。

6.3.3 词嵌入情感特征

近年来,基于深度学习的表示学习发展迅速,突破了传统情感特征表示的局限。跨领域词嵌入情感特征的代表性研究主要有:Glorot 等运用堆栈去噪自编码器(Stacked Denoising Auto-encoders,SDA)以随机梯度下降的贪婪分层方式从多领域评论语料抽取高层特征,经由整流器单元生成在新特征空间中的

---

① Glorot X,Bordes A,Bengio Y. Domain adaptation for large-scale sentiment classification: A deep learning approach. ICML,2011,513-520.

② Chen M, Xu Z, Weinberger K Q, et al. Marginalized denoising autoencoders for domain adaptation. Proceedings of the 29th International Coference on International Conference on Machine Learning,2012,1627-1634.

③ Sun M, Tan Q, Ding R, et al. Cross-domain sentiment classification using deep learning approach. 2014 IEEE 3rd International Conference on Cloud Computing and Intelligence Systems. IEEE,2014,60-64.

④ Peters M,Neumann M,Iyyer M,et al. Deep Contextualized Word Representations. Proceedings of the 2018 Conference of the North American Chapter of the Association for Computational Linguistics: Human Language Technologies, Volume 1 (Long Papers),2018,2227-2237.

⑤ Dai A M, Le Q V. Semi-supervised Sequence Learning. Proceedings of the 28th International Conference on Neural Information Processing Systems,2015,2: 3079-3087.

维度非线性映射特征,通过中间概念实现跨领域特征学习[1];Chen 等改进了 Glorot 等的研究,提出边缘化 SDA 的 mSDA 算法提取主特征,提高了算法运行效率和可扩展性[2]。

上述以 SDA 为基础的改进方法受限于计算复杂度,仅考虑采用高频 Unigrams 和 Bigrams 作为输入特征,并未考虑低频词和语义表示。

句法和语义规律是情感分析的基本要素,词向量情感特征在跨领域情感分类任务中的效果日益显现。相关研究如 Mikolov 等证明了基于连续空间的词嵌入表示有利于捕捉句法和语义规律[3]。Yu 等基于权重对数似然比改进了结构对应学习算法(structural correspondence learning,SCL),借助辅助任务和卷积神经网络生成句嵌入向量超特征表示,在领域相关情感词抽取和情感分类任务上取得明显效果[4]。Li 等结合卷积神经网络和对抗监督,基于领域特有信息和领域通用信息生成跨领域共享的特征表示[5]。Zhang 等基于 ELMo 词嵌入表示通过隐含变量和高斯混合向量捕捉情感子类型,发现情感语法表达优于传统神经编码器[6]。Akhtar 等提出基于混合深度学习卷积神经网络学习词向量从文本中捕捉语义关联,在多目标优化框架的基础上采用支持向量机对情感增强优化向量进行分类[7]。

现有研究结果表明,词嵌入情感特征能够揭示文本内在的语义信息,基于词嵌入情感特征的方法在跨领域情感分类任务上表现优于对照方法。

---

[1] Glorot X, Bordes A, Bengio Y. Domain adaptation for large-scale sentiment classification: A deep learning approach. ICML, 2011, 513-520.

[2] Chen M, Xu Z, Weinberger K Q, et al. Marginalized denoising autoencoders for domain adaptation. Proceedings of the 29th International Coference on International Conference on Machine Learning, 2012, 1627-1634.

[3] Mikolov T, Chen K, Corrado G, et al. Efficient estimation of word representations in vector space. arXiv preprint arXiv: 2013, 1301. 3781.

[4] Yu J, Jiang J. Learning Sentence Embeddings with Auxiliary Tasks for Cross-Domain Sentiment Classification. Conference on Empirical Methods in Natural Language Processing, 2016, 236-246.

[5] Li Y, Baldwin T, Cohn T. What's in a domain? Learning domain-robust text representations using adversarial training. Proceedings of the 2018 conference of the north American chapter of the association for computational linguistics: human language technologies, Volume 2 (Short Papers), 2018, 474-479.

[6] Zhang L, Tu K, Zhang Y. Latent variable sentiment grammar. Proceedings of the 57th annual meeting of the association for computational linguistics, 2019, 4642-4651.

[7] Akhtar M S, Garg T, Ekbal A. Multi-task learning for aspect term extraction and aspect sentiment classification. Neurocomputing, 2000, 398: 247-256.

6.3.4 深度学习情感分析

深度学习算法具有局部特征抽象和特征记忆的优势，Tai 等指出长短期记忆网络（long short-term memory，LSTM）具有处理变长序列的能力，能够有效捕捉长距离依存关系中蕴含的语义信息，并构建了 LSTM 树形结构，成功应用于语义相关性分析和情感分类任务[1]。Qian 等用情感词典、否定词和强度词构建了语言学启发序列正则化 LSTM 模型，无须依赖句子解析和短语级标注，简洁有效地实现了句子级情感分类[2]。

在跨领域情感分类算法方面，Ganin 等受领域适应理论的启发，认为应该同时学习源领域和目标领域的共同特征，由此提出结合领域对抗神经网络（domain adversarial neural network，DANN）和 mSDA 的领域适应学习方法，通过域对抗使领域深层特征分布一致，训练生成混合领域神经网络模型并成功应用于文档情感分析和图像分类任务[3]；Wei 等基于卷积神经网络和长短期记忆模型提出迁移学习框架，在 MOOC 论坛情感分类、急迫性识别和 Amazon 产品评论情感分类等跨领域任务上效果良好[4]。

6.3.5 注意力机制

深度学习框架中的注意力机制能够增强超特征学习过程中底层单元的权重表示，清晰地表示情感分类任务中每句话或每个单词在分类预测中的权重，受到越来越多学者的关注。例如，Yang 等提出文档层次注意网络表示单词和句子两级注意力权重[5]；Gu 等建立层次多通道结构，引入注意力机制，从文本

---

[1] Tai K S, Socher R, Manning C D. Improved semantic representations from tree-structured long short-term memory networks. Proceedings of the 53rd annual meeting of the association for computational linguistics and the 7th international joint conference on natural language processing（Volume 1: Long Papers），2015，1556-1566.

[2] Qian Q, Huang M, Lei J, et al. Linguistically regularized LSTM for sentiment classification. Proceedings of the 55th annual meeting of the association for computational linguistics（Volume 1: Long Papers），2017，1679-1689.

[3] Ganin Y, Ustinova E, Ajakan H, et al. Domain-adversarial training of neural networks. The Journal of machine learning research，2016，17(01)，2096-2030.

[4] Wei X, Lin H, Yang L, et al. A convolution-LSTM-based deep neural network for cross-domain MOOC forum post classification. Information，2017，8(03)，2078-2489.

[5] Yang Z, Yang D, Dyer C, et al. Hierarchical attention networks for document classification. Proceedings of the 2016 conference of the North American chapter of the association for computational linguistics: human language technologies，2016，1480-1489.

和音频中抽取高层情感特征和主观信息[1]；Li 等提出端到端的对抗记忆网络（adversarial memory network，AMN）自动捕捉领域核心词，并进一步提出分层注意力转移网络（hierarchical attention transfer network，HATN），通过注意机制的层次结构反映文档结构，自动表示领域特征词和句子级信息，实现了核心特征和非核心特征的定位[2]。

注意力机制在抽取全局关系的同时关注元素的局部联系，通过并行计算降低时间复杂度，有效改善了跨领域情感分类性能，但其并行处理序列元素的过程忽略了输入序列顺序，在处理文本时缺失自然语言语序等重要信息。

6.3.6 跨领域迁移学习相关研究小结

综上所述，在语料规模有限的情况下无法保证源领域与目标领域的相似度，当源领域和目标领域差异较大时，实例迁移方法的情感分析准确率明显下降。而特征迁移方法无法区分源领域核心词和情感词在目标领域表达的含义是否相同，甚至相反。例如，图书评论中的"这本书纸质很厚"中的"厚"表达的是正面情感，而在电子产品评论中的"厚"通常表达的是负面情感。

为更好地表示源领域和目标领域共同的语义信息，本研究提出通过跨领域预训练构建词嵌入情感特征融合表示模型。为充分学习跨领域情感特征，考虑注意力机制在全局关系和局部关系抽取上具有优势但忽略语序信息，本研究采用深度学习双向长短期记忆算法增强局部特征和语序记忆，提出面向跨领域词嵌入情感特征融合表示的注意力双向长短期记忆情感分类模型。

6.3.7 基于特征融合与注意力机制的跨领域情感分析模型

1. 任务描述

假设给定的评论数据源领域 $\boldsymbol{D}_S = \{(\boldsymbol{X}_{S_i}, \boldsymbol{Y}_{S_i})\}_{i=1}^{n_S}$ 中包含具有情感倾向标注的评论文本 n_S 个，$\boldsymbol{X}_{S_i}$ 表示 $\boldsymbol{D}_S$ 中第 i 条标注评论文本，$\boldsymbol{Y}_{S_i}$ 表示 $\boldsymbol{X}_{S_i}$ 对

---

[1] Gu Y, Yang K, Fu S, et al. Multimodal affective analysis using hierarchical attention strategy with word-level alignment. Proceedings of the 56th annual meeting of the association for computational linguistics (Volume 1: Long Papers), 2018, 2225-2235.

[2] Li Z, Zhang Y, Wei Y, et al. End-to-end adversarial memory network for cross-domain sentiment classification // International joint conference on artificial intelligence, 2017, 2237-2243.

应的情感倾向,$Y_{S_i} \in \{0,1\}$,其中 0 表示积极情感倾向,1 表示消极情感倾向;给定与 D_S 不同来源的目标领域 $D_T = \{(X_{T_i})\}_{i=1}^{n_T}$,包含未标注评论文本 n_T 个,X_{T_i} 表示 D_T 中第 i 个未标注文本。跨领域情感二分类任务可以形式化为:在 D_S 上拟合一个情感分类模型来预测 D_T 中的 X_{T_i} 的情感倾向 Y_{T_i},表示为 $D_S \rightarrow D_T$。

本节基于领域适应理论提出基于特征融合与注意力机制的跨领域情感分类模型,首先通过 BERT(bidirectional encoder representation from transformers)词向量和 Skip-gram 词表示模型将源领域 D_S 和目标领域 D_T 投影到相同的特征空间,获得源领域和目标领域的特征融合后的超特征表示;然后通过双向长短期记忆网络和注意力机制对 D_S 监督学习建立模型,将模型和参数设置共享到 D_T,对 D_T 的数据进行跨领域情感分类。模型架构分为表示学习层、双向长短期记忆网络层、注意力计算层、全连接层和情感预测层 5 个部分,如图 6.4 所示。

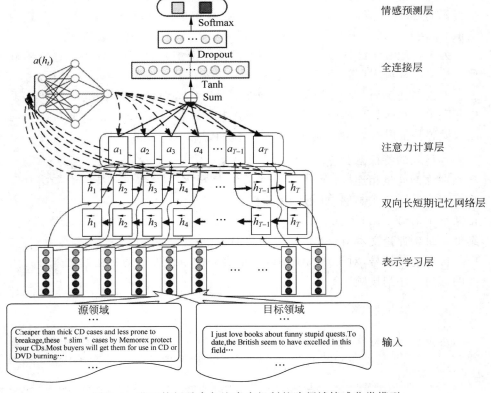

图 6.4 基于特征融合与注意力机制的跨领域情感分类模型

2. 表示学习层

在表示学习层,采用 BERT 词向量和源领域 D_S 与目标领域 D_T 评论文本预训练词向量相连接作为单词表示,融合单词的全局语义信息和跨领域局部语义信息构成特征表示模型。BERT 词向量基于 Transformer 结构采用掩码语言模型和后句预测方法在大规模数据上训练,融合词上下文信息的同时捕获句子之间关系,获取双向特征表示。

源领域与目标领域评论文本预训练词向量通过神经语言模型 Skip-gram 将文档中的词预先训练为词向量,形成领域融合的分布式词向量,映射到统一的 k 维空间 D。在这个跨领域向量空间中,将源领域与目标领域的样本表示为领域无关的词向量,语义相近的词在向量空间中的距离也相近,从而改善情感特征不匹配导致的跨领域语义匹配问题。Skip-gram 词表示模型复杂度和时间复杂度低,运行效率高,适用于本任务。预训练的具体过程为:每次从目标词 w 的上下文 c 中选择一个词 w_j,将其词向量作为模型的输入,对于整个语料的优化目标为式(6.1)的最大化①。

$$\sum_{(w,c)\in D}\sum_{w_j\in c}\log P(w\mid w_j) \tag{6.1}$$

设 V 为词表,$e(w)$ 为词 w 作为上下文时的表示,$e'(w)$ 为词 w 作为目标词时的表示,则式(6.1)中 $P(w\mid w_j)$ 的计算可以表示为式(6.2)。

$$P(w\mid w_j) = \frac{\exp(e'(w)^{\mathrm{T}} e(w_j))}{\sum_{w'\in V}\exp(e'(w')^{\mathrm{T}} e(w_j))} \tag{6.2}$$

本研究的特征融合表示模型由 BERT 词向量和源领域与目标领域评论文本预训练词向量相连接构成。将每条评论文本视作一个长度为 l 的文档,超过长度 l 的长评论文本取前 l 个词,长度不足 l 的短评论文本后面用零补齐。评论文本中的每个词 x_i,分别被投射到对应的词向量 $v_i \in R^k$,其中 k 表示词向量维度。每条评论文本 $W \in R^{lk}$ 由词向量 $W_{1:l} = v_1 \oplus v_2 \oplus \cdots \oplus v_l$ 连接而成,其中 $\oplus$ 代表连接符号,对于预训练集合词汇表外的单词进行随机初始化处理。生成的词向量序列按顺序逐个输入下一层的双向长短期记忆网络层。

3. 双向长短期记忆网络层

双向长短期记忆网络(Bi-directional long short-term memory,BiLSTM)由

---

① Jatnika D, Bijaksana M A, Suryani A A. Word2vec model analysis for semantic similarities in English words. Procedia Computer Science, 2019, 157: 160-167.

两个LSTM组成，每个LSTM由一系列处理器单元构成，包括输入门i_t、遗忘门f_t、输出门o_t和记忆单元c_t，可以看作前馈神经网络中的神经元，它们完成了精细变换后激活函数的计算。在学习过程中根据规则将有价值的信息留下，不符合规则的信息则通过遗忘门被抛弃。这些控制门和记忆单元的结合能够更好地表示和控制输入序列的长期记忆和短期记忆，在任意一个时刻，每个单元会接收到来自于前面隐层的输入和此刻的输入单元，提高了模型处理远距离依赖问题的能力。

设输入词向量为$\{x_1,x_2,\cdots,x_n\}$，其中，x_t表示一个单元的输入向量，即表示学习层生成的一个文档中一个单词的词向量，则LSTM单元前向传播的输入门、遗忘门和输出门和记忆单元的计算如式(6.3)所示[①]。

$$\begin{cases} f_t = \sigma(\boldsymbol{W}_f \boldsymbol{x}_t + \boldsymbol{U}_f h_{t-1} + b_f) \\ i_t = \sigma(\boldsymbol{W}_i \boldsymbol{x}_t + \boldsymbol{U}_i h_{t-1} + b_i) \\ o_t = \sigma(\boldsymbol{W}_o \boldsymbol{x}_t + \boldsymbol{U}_o h_{t-1} + b_o) \\ c_t = f_t \times c_{t-1} + i_t \times \tanh(\boldsymbol{W}_c \boldsymbol{x}_t + \boldsymbol{U}_c h_{t-1} + b_c) \\ h_t = o_t \times \tanh(c_t) \end{cases} \quad (6.3)$$

其中，h_t表示网络中的隐藏层状态，$\boldsymbol{W}_f,\boldsymbol{W}_i,\boldsymbol{W}_o,\boldsymbol{W}_c,\boldsymbol{U}_f,\boldsymbol{U}_i,\boldsymbol{U}_o,\boldsymbol{U}_c$为权重矩阵，$b_f,b_i,b_o,b_c$为权重矩阵的偏置值，$\sigma$表示激活函数，$\times$表示叉乘积。BiLSTM中每个时刻状态如式(6.4)所示，输出由两个方向的LSTM共同决定。其中，$\vec{h}_t$和$\overleftarrow{h}_t$分别表示正向和反向输出，h_t表示连接正向和反向输出的最终输出，u_t和v_t分别表示正向输出和反向输出的权重矩阵，b_t表示t时刻的偏置值。

$$\begin{cases} \vec{h}_t = \text{LSTM}(x_t, \vec{h}_{t-1}) \\ \overleftarrow{h}_t = \text{LSTM}(x_t, \overleftarrow{h}_{t-1}) \\ h_t = u_t \vec{h}_t + v_t \overleftarrow{h}_t + b_t \end{cases} \quad (6.4)$$

4. 注意力计算层

模型中注意力计算层的任务是提取输入信息中的主要部分，有效突出情感分类预测过程中关键信息的权重。本研究的注意力计算层采用前馈注意力机制，对于每个记忆单元使用前馈神经网络计算其与情感类别的关联。本层的输

---

① Hochreiter S, Schmidhuber J. Long short-term memory. Neural computation, 1997, 9(08), 1735-1780.

入是长短期记忆网络层输出的隐藏状态 h_t,设 T 为输入序列时间的总步数,注意力机制计算状态序列 h 的权重并从整个序列生成表示注意力权重的上下文向量 c_t,如式(6.5)所示[①]。

$$c_t = \sum_{t=1}^{T} \alpha_t h_t \qquad (6.5)$$

设 a 为计算 h_t 梯度重要性的学习函数,式(6.5)中的 α_t 如式(6.6)所示。

$$\alpha_t = \frac{\exp(e_t)}{\sum_{k=1}^{T} \exp(e_k)}, \quad e_t = a(h_t) \qquad (6.6)$$

5. 全连接层

全连接层的任务是将学到的分布式特征表示映射到样本标注空间,本研究提出的模型中的全连接层采用 Tanh 激活函数。为防止过拟合,在训练过程中加入 Dropout 层,在更新参数时随机丢弃 50% 的输入神经元。

6. 情感预测层

情感预测层将特征向量通过全连接方式采用 Softmax 激活函数映射输出情感预测二分类结果,激活函数如式(6.7)所示。

$$z = \boldsymbol{w}^{\mathrm{T}} \boldsymbol{X} + \tilde{b}$$

$$y = \frac{\mathrm{e}^z}{1 + \mathrm{e}^z} \qquad (6.7)$$

其中,w 为全连接层权重,X 为全连接层的输入,$\tilde{b}$ 为偏置项,z 为中间变量,y 为通过激活函数得到的评论情感极性的概率分布。

模型采用二元交叉熵作为损失函数,优化目标是最小化训练样本预测输出值和实际样本值的交叉熵。交叉熵损失函数如式(6.8)所示。

$$\mathrm{loss} = -\sum_{i=1}^{n} y_i \log y_i + (1 - y_i) \log(1 - y_i) \qquad (6.8)$$

其中,y_i 为第 i 个样本的实际类别;y_i 为预测类别。情感预测层输出对每一条评论的情感预测结果。

[①] Yang Z, Yang D, Dyer C, et al. Hierarchical attention networks for document classification. Proceedings of the 2016 conference of the North American chapter of the association for computational linguistics: human language technologies, 2016, 1480-1489.

6.3.8 基于跨领域迁移学习的评论情感分析实验

1. 实验数据

本节采用 3.3 节采集的典籍英译评论语料和 Blitzer J 等[①]文献中提供的 Amazon 网站产品评论作为实验数据集。后者数据集中包含 Books、DVD、Electronics、Kitchen 和 Video 共 5 个领域的产品评论文本,每个领域包含 6000 条有标注的数据,积极评论和消极评论各 3000 条。除此之外,还包括原始无标注评论语料共 82 638 条,平均每个领域 16 527 条。数据集中各个领域语料统计信息如表 6.9 所示。

表 6.9 迁移学习实验数据集

领域	积极评论	消极评论	无标注/中性样本
典籍英译评论	3500	647	434
Books	3000	3000	9750
DVD	3000	3000	11 843
Electronics	3000	3000	17 009
Kitchen	3000	3000	13 856
Video	3000	3000	30 180

在公开数据集上的实验每次将 5 个领域中的一个领域数据集作为源领域 D_S,另一个领域数据集作为目标领域 D_T,并将 D_S 和 D_T 分割为训练集和测试集,训练集使用 D_S 和 D_T 中 2800 条积极评论和 2800 条消极评论,测试集使用目标领域全部 6000 条有标注评论进行情感分类预测。

在典籍英译评论语料上的实验,将上述 5 个领域中的数据集分别作为源领域 D_S,典籍英译评论语料作为目标领域 D_T,由于典籍英译评论语料的积极评论和消极评论不平衡,因此将 D_S 中 2800 条积极评论和 2800 条消极评论与 D_T 合并作为训练集,D_T 整体作为测试集。

2. 实验参数

基于特征融合与注意力机制的跨领域评论情感分类实验参数设置如表 6.10 所示,其中采用 BERT 词向量的实验中的词向量维度为 768,BERT 融合跨领域特征以及 BERT 融合跨领域特征注意力机制实验中的词向量维度为 1068。

---

① Blitzer J, Dredze M, Pereira F. Biographies, bollywood, boom-boxes and blenders: Domain adaptation for sentiment classification. Proceedings of the 45th annual meeting of the association of computational linguistics,2007,440-447.

表 6.10　跨领域情感分类实验参数

参数名称	值	参数名称	值
最大长度	120	优化器	Adam
词向量维度	768,1068,1068	损失函数	binary_crossentropy
LSTM 隐藏单元	128	batch_size	32
全连接层 1	128,activation="tanh"	全连接层 2	2,activation="softmax"
Dropout	0.5	输出层激活函数	Softmax

3. 对照实验

本实验主要探究两个问题：一是特征融合表示模型和跨领域情感分类模型预测的效果如何；二是对于特定的目标领域，从哪些源领域学习的效果最好。为验证本文模型效果，与以下文献中的方法进行对照。

（1）S-only(source-only)：基线方法，基于神经网络的非自适应使用三层全连接神经网络构建的逻辑回归分类器模型，取频次最高的 5000 个 Unigram 和 Bigram 作为两个领域的特征。

（2）SFA：通过谱特征对齐核心特征和非核心特征的线性方法，利用两个领域之间的互信息进行特征提取和分类。

（3）mSDA：SDA 模型的改进模型，该方法通过 SDA 进行主特征提取，提高了算法运行的效率。

（4）DANN：域对抗神经网络模型，该方法先与 mSDA 结合提取特征，然后通过域对抗使领域深层特征分布一致，再使用源领域深层特征进行训练，最终对目标领域进行情感分类。

（5）HATN：分层注意力转移网络模型，通过注意力机制层次结构反映文档层次结构，优化核心特征和非核心特征的定位。

（6）CDSA-B：本研究提出的跨领域评论情感分类模型的对照模型，表示学习层采用 BERT 词向量，无注意力机制。

（7）CDSA-F：本研究提出的特征融合跨领域评论情感分类模型，表示学习层采用融合跨领域特征。

（8）CDSA-F-Att：本研究提出的特征融合与注意力机制跨领域评论情感分类模型，表示学习层采用融合跨领域特征词向量，加入注意力计算层。

4. Blitzer Amazon 评论数据集上的实验结果与分析

对照实验在 Blitzer J 等文献中提供的 Amazon 多领域评论数据集上的结果如表 6.11 所示，本研究提出的方法在跨领域情感分类任务上的平均准确率

表 6.11 Blitzer Amazon 评论数据集上的实验准确率

源领域	目标领域	S-only	SFA	DANN	mSDA	HATN	CDSA-B	CDSA-F	CDSA-F-Att
Book	DVD	80.57%	82.85%	83.42%	86.12%	87.07%	93.20%	94.96%	**95.46%**
Book	Electronic	73.65%	76.38%	76.27%	79.02%	85.75%	93.68%	**95.46%**	95.43%
Book	Kitchen	71.63%	78.10%	77.90%	81.05%	87.03%	94.65%	95.20%	**96.11%**
Book	Video	81.45%	82.95%	83.23%	84.98%	87.80%	95.56%	96.10%	**96.53%**
DVD	Book	76.45%	80.20%	80.77%	85.17%	87.78%	93.41%	94.55%	**94.86%**
DVD	Electronic	73.12%	76.00%	76.35%	76.17%	86.32%	92.86%	95.08%	**95.35%**
DVD	Kitchen	73.43%	77.50%	78.15%	82.60%	87.47%	94.76%	96.28%	**96.51%**
DVD	Video	82.75%	85.95%	85.95%	83.80%	89.12%	96.15%	96.65%	**97.10%**
Electronic	Book	68.87%	72.35%	73.53%	79.92%	84.03%	93.15%	94.70%	**94.86%**
Electronic	DVD	72.60%	75.93%	76.27%	82.63%	84.32%	93.38%	95.68%	**96.13%**
Electronic	Kitchen	84.63%	86.50%	84.53%	85.80%	90.08%	95.70%	96.41%	**96.60%**
Electronic	Video	72.48%	75.65%	77.20%	81.70%	84.08%	95.48%	96.23%	**96.71%**
Kitchen	Book	71.53%	73.97%	74.17%	80.55%	84.88%	93.68%	94.03%	**95.00%**
Kitchen	DVD	73.32%	75.67%	75.32%	82.18%	84.72%	93.40%	95.81%	**96.03%**
Kitchen	Electronic	83.15%	85.38%	85.53%	88.00%	89.33%	94.63%	96.00%	**96.01%**
Kitchen	Video	76.08%	77.97%	76.37%	81.47%	84.85%	95.90%	**96.91%**	96.80%
Video	Book	77.03%	79.48%	80.03%	83.00%	87.10%	93.88%	94.18%	**94.19%**
Video	DVD	82.43%	83.65%	84.15%	85.90%	87.90%	95.30%	95.96%	**96.50%**
Video	Electronic	71.87%	75.93%	75.72%	77.67%	85.98%	94.00%	94.98%	**95.86%**
Video	Kitchen	71.33%	74.78%	75.22%	79.52%	86.45%	95.80%	96.28%	**96.71%**
平均准确率		75.92%	78.69%	79.00%	82.36%	86.60%	94.42%	95.57%	**95.93%**

为 95.93%,最高准确率达到 97.10%,明显高于其他对照方法,高出对照方法中准确率最高的 HATN 模型 9.33%。对照方法中 S-only 的准确率最低,平均准确率只有 75.92%,说明在不同领域中的评论数据上训练得到的模型,并不适合直接用于新的领域的情感分析;SFA 的平均准确率为 78.69%,主要原因是方法的离散性比较差,使用较简单的线性分类方法,性能高度依赖于手动选择核心特征的准确性;DANN 和 mSDA 算法的平均准确率分别达到 79.00% 和 82.36%,准确率有一定的改善;HATN 算法在 GAN 基础上增加了注意力机制,自动选择领域特征词并且能得到句子级权重信息,效果有较大改进,准确度达到 86.60%。

本研究提出的跨领域特征融合方法 CDSA-F 在表示学习层加入融合特征共享不同领域之间的特征表示,通过双向长短期记忆网络层学习获取语义信息,情感分类平均准确率达到 95.57%,比只采用 BERT 词向量作为特征表示的对照方法提升了 1.15%;加入注意力机制的 CDSA-F-Att 方法在此基础上较好地抽取了底层单元的跨领域情感特征权重信息,平均准确率进一步提高了 0.36%,达到了 8 种对照模型的最高值 95.93%,证明了通过双向长短期记忆网络层学习融合特征能够有效获取情感语义信息。

为探究对于特定目标领域从哪些源领域学习达到的效果最好,计算表 6.11 中 8 个模型在源领域-目标领域实验中的平均准确率,生成准确率矩阵,并通过如图 6.5 所示的热力图直观地呈现跨领域情感分类效果。热力图中的列标记表示源领域,行标记表示目标领域,矩阵中的色块颜色越深,表示分类准确率越高,反之表示准确率越低。

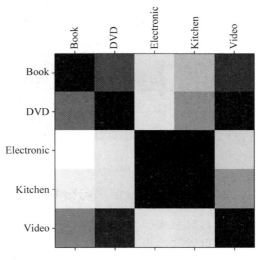

图 6.5 8 个模型在源领域-目标领域实验中的平均准确率

从图 6.5 中可以看出，对于 Book 目标领域，最高准确率的源领域是 DVD 和 Video，Video 源领域的效果最好；对于 DVD 目标领域，Book 和 Video 作为源领域的准确率最高，Video 源领域的效果最好；对于 Electronics 目标领域，最高准确率的源领域是 Kitchen；对于 Kitchen 目标领域，源领域 Electronic 的准确率最高；对于 Video 目标领域，获得最高准确率的源领域是 DVD 和 Books，其中 DVD 源领域的效果最好。

为进一步验证对于特定目标领域有帮助的源领域，计算 CDSA-F 模型和 CDSA-F-Att 模型在源领域-目标领域实验中的平均准确率矩阵，对应的平均准确率热力图分别如图 6.6 和图 6.7 所示。分析实验结果发现，各个算法结果数据中对目标领域最有帮助的源领域基本一致，图 6.6 和图 6.7 所示的跨领域特征融合、跨领域特征融合与注意力机制实验结果的源领域-目标领域配对准确率对照，与图 6.5 中的 8 个对照模型平均准确率的分布基本一致，即跨领域评论情感分类互补效果好的领域有 Book 和 DVD，Book 和 Video，Video 和 DVD，Kitchen 和 Electronic，其中 Book、DVD 和 Video 三个领域的跨领域信息对彼此的分类贡献最大。

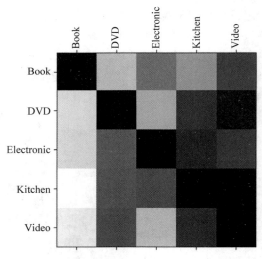

图 6.6　CDSA-F 模型在源领域-目标领域实验中的平均准确率

5. 典籍英译评论数据集上实验结果与分析

基于跨领域迁移学习的对照实验在本研究收集的典籍英译评论数据集上的结果如表 6.12 所示，可以看到本研究提出的三种方法在跨领域情感分类任务上的平均准确率均高于 94%，获得了较好的结果，并且三种方法得到的准确

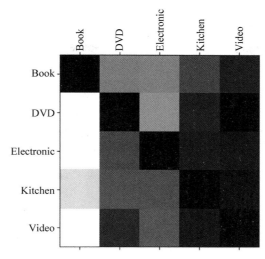

图 6.7 CDSA-F-Att 模型在源领域-目标领域实验中的平均准确率

率标准偏差很小,证明了本研究方法的稳定性。

表 6.12 典籍英译评论语料上的实验准确率

源领域	目标领域	CDSA-B	CDSA-F	CDSA-F-Att	平均准确率	标准差
Book	典籍英译评论	94.38%	94.72%	94.45%	94.52%	0.001 795
DVD	典籍英译评论	95.83%	95.83%	95.68%	95.78%	0.000 866
Electronic	典籍英译评论	95.30%	95.18%	94.79%	95.09%	0.002 666
Kitchen	典籍英译评论	**96.09%**	**96.09%**	95.32%	95.83%	0.004 446
Video	典籍英译评论	96.19%	96.09%	**96.29%**	**96.19%**	0.001
平均准确率		95.56%	**95.58%**	95.31%	95.48%	0.001 529

其中,Video 领域评论对典籍英译评论情感分析的帮助最大,得到了 96.19% 的平均准确率,但与其他对照实验的差别并不大,仅高于平均准确率 0.71%。另外 4 个领域在跨领域迁移实验中的表现也比较均衡。

实验结果中,普通图书评论跨领域迁移到典籍英译评论情感分析任务,在本实验中的效果并不明显。主要原因有:首先,普通图书评论数据集中积极评论和消极评论的比例是 1:1,属于平衡数据集。而典籍英译评论数据集中积极评论和消极评论的比例是 5.41:1,属于不平衡数据集,因此普通图书评论情感信息迁移的效果并不明显;其次,典籍英译评论情感分析具有与普通图书评论明显的差异,这些差异影响了跨领域情感分析的效果。

本章小结

本章从篇章层面分析典籍英译读者评论的情感倾向,为适应网络评论的多语言跨领域环境,本章的篇章级评论情感分析实验覆盖了多领域、中英文的评论数据集,具体实验包括:基于情感词典的英文评论情感分析、基于情感词典的中文评论情感分析和基于跨领域迁移学习的典籍英译评论情感分析实验。

对比实验结果证明了本章方法的有效性,也验证了本章方法在多语种和多领域语料上的适应性和有效性。

第7章

基于多任务学习的典籍英译评论细粒度情感分析

篇章级情感分析假设一个篇章中只含有一种情感,但在典籍作品评论文本中,一篇评论中常会针对不同的主题词进行评论,针对不同的主题词可能会有不同的情感态度。例如,"翻译很地道,但书的价格很高"这条评论中包含两个评价主题词:"翻译"和"价格",用户对"翻译"持有积极情感,而对"价格"持有消极的情感。粗粒度的篇章级或句子级的情感分析没有考虑不同方面的细粒度情感,通常无法对特定主题词进行细致的情感分析。因此,面向典籍英译评论的细粒度情感分析具有重要的应用价值。

面向评论的细粒度情感分析有两个主要任务:一是评价主题词的抽取;二是评价主题词的情感倾向分类。评价主题词是评价的具体客体,例如在典籍英译评论中,评价主题词包括 translation、price 等;评价主题词的情感倾向是读者的主观情感表达,是修饰主题词的显式词语或隐式情感。

现有细粒度情感分析研究大多将评价主题词抽取和情感倾向分类看作两个任务分别独立完成。本章探讨基于多任务学习方法进行典籍英译评论细粒度情感分析。

7.1 多任务学习

多任务学习的主要思路是利用任务之间的相互联系,共同学习一组相关的任务,在多任务学习中同时考虑任务间的相关性和差异来强化每个任务。因此,与单独学习任务相比,联合学习这些任务可以使每个任务的性能和泛化能力得到增强。

现有的多任务学习方法侧重于任务之间的知识共享,通常通过共享神经网络参数的方式实现。基于神经网络的多任务学习方法大致可以分为三类:硬共享方法、软共享方法和层次共享方法,图7.1(a)~(c)分别表示三种常见的参数共享机制,其中,圆圈和线条分别代表共享或不同任务的任务神经元和权重。

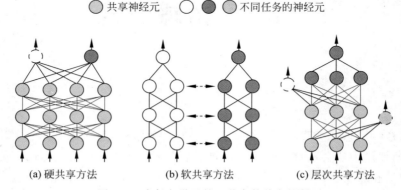

图 7.1 多任务学习的三种参数共享机制

(1) 硬共享方法:所有任务使用同一个共享层,对每个任务使用特定的层放置在共享层的顶部。

(2) 软共享方法:每个任务具有单独的模型和参数,但每个模型都可以访问其他模型内部的信息。

(3) 层次共享方法:将不同的任务放在不同的网络层。

多任务学习的具体过程为:设需要学习的任务为 T,每个任务 t 都与数据集 $\mathcal{D}_t = \{x_n^t, y_n^t\}_{n=1}^{N_t}$ 存在相关性,其中 $\mathcal{D}_t$ 有 N_t 个样本。假设所有任务都有共享层 $\mathcal{E}$,参数为 $\theta_\mathcal{E} = \{\theta_{\mathcal{E},1}, \cdots, \theta_{\mathcal{E},L}\}$,其中 $\theta_{\mathcal{E},l}$ 表示第 l 个网络层中的参数。每个 t 都有自己特定的任务层 $\mathcal{F}^t$,参数为 $\theta_\mathcal{F}^t$。给定参数 $\theta = (\theta_\mathcal{E}, \theta_\mathcal{F}^1, \cdots, \theta_\mathcal{F}^T)$ 和任务 t 的样本 x_n^t 作为输入,则多任务网络预测的公式如式(7.1)所示:

$$\hat{y}_n^t = \mathcal{F}^t(\mathcal{E}(x_n^t; \theta_\mathcal{E}); \theta_\mathcal{F}^t) \qquad (7.1)$$

多任务模型的参数在联合训练过程中通过损失函数进行优化,计算公式如式(7.2)所示:

$$\mathcal{L}(\theta) = \sum_{t=1}^{T} \lambda_t \sum_{n=1}^{N_t} \mathcal{L}_t(\hat{y}_n^t, y_n^t) \qquad (7.2)$$

其中，$\mathcal{L}_t(\cdot)$ 和 λ_t 分别是任务 t 的损失函数和权重。在实践中，λ_t 通常被视为需要调整的超参数，但也可以视为可学习的参数。设 $\theta_{\mathcal{E}(1:l)} = \{\theta_{\mathcal{E},1}, \cdots, \theta_{\mathcal{E},l}\}$，则层次共享结构中任务 t 的预测公式如式(7.3)所示：

$$\hat{y}_n^t = \mathcal{F}^t(\mathcal{E}(x_n^t; \theta_{\mathcal{E}(1:l)}); \theta_{\mathcal{F}}^t) \tag{7.3}$$

多任务学习通过利用任务之间的相互联系，即同时考虑任务之间的相关性和任务之间的差异性来提升每个任务，因此通过多任务学习的模型具有优异的泛化能力。

近年来，多任务学习在人工智能的许多领域都取得了成功。在自然语言处理领域，有研究者将多任务学习应用在语言模型的预训练中，如 Liu 等使用深度神经网络将多任务学习应用于表示学习中，与语言模型预训练相结合以提高文本表征的学习能力[1]。Subramanian 等提出一种基于大规模多任务学习的通用分布式句子表示模型，将不同的句子表征学习目标通过归纳偏置结合在一个多任务模型中，取得了优于以往使用通用句子表征方法的结果[2]。

许多研究者将多任务学习应用到情感分类中并取得较好效果，如 Lu 等将文本序列表示任务与二元及三元分类任务同时放在一个多任务学习模型中，该模型使用变分自动编码器(VAE)学习输入序列的表示，然后分别进行二元分类和三元分类任务[3]。Majumder 等将文本情感分析任务和讽刺检测任务纳入多任务学习框架中，使用神经网络模拟计算两个任务之间的相关性[4]。Fortin 等使用多任务学习模型解决多模态问题，该模型包括文本分析的分类器、图像分析的分类器和用于结合两个模型进行预测的分类器[5]。

为解决情感分析任务中数据分布不均衡的问题，Wu 等提出一种基于多任务学习的不平衡情感分析方法，首先从不平衡的训练数据中提取出多个平衡的子集，再通过多任务学习框架对这些子集进行协同学习，训练出鲁棒的情感分类器。为了提高情感分类器在不平衡情况下的学习能力，他们还从现有的情感词典和大量未标记数据中提取情感表达的先验知识，并将其应用到所提出的方

---

[1] Liu X, He P, Chen W, et al. Multi-Task Deep Neural Networks for Natural Language Understanding// Proceedings of the 57th Annual Meeting of the Association for Computational Linguistics, 2019, 4487-4496.

[2] Subramanian S, Trischler A, Bengio Y, et al. Learning General Purpose Distributed Sentence Representations via Large Scale Multi-task Learning, 2018.

[3] Lu G, Zhao X, Yin J, et al. Multi-task learning using variational auto-encoder for sentiment classification. Pattern Recognition Letters, 2020, 132: 115-122.

[4] Majumder N, Poria S, Peng H, et al. Sentiment and Sarcasm Classification with Multitask Learning. IEEE Intelligent Systems, 2019, 34(03), 38-43.

[5] Fortin M P, Chaib-Draa B. Multimodal Sentiment Analysis: A Multitask Learning Approach// ICPRAM, 2019, 368-376.

法中①。Li 等提出一种基于 LSTM 的深度多任务学习模型(MIN),用于联合处理用户评论的方面词和观点词的提取任务,该模型有两个具有扩展记忆和神经记忆功能的 LSTM,通过记忆交互来提取方面和观点②。

多任务学习利用多个任务之间的关联性进行迁移学习,可以减少对特定任务的过拟合,使得学习的文本表征具有泛化性和普遍性,是一种高效的训练方法。

此外,多任务学习可以从相关任务的标注语料中利用多个任务之间的关联性进行学习,在资源不足和样本数据不平衡的情况下,在深度神经网络模型等需要大规模标注语料的情况下具有良好的效果。

7.2 基于多任务学习的典籍英译细粒度情感分析

典籍英译评论内容中表达的显性或隐性的情感对于读者、译者和出版社都具有重要的研究价值。细粒度情感分析侧重于分析评论中对于具体评价主题词的情感倾向,是情感分析任务中的重要研究方向。例如,"我喜欢这本书,因为故事很精彩"这条评论中积极的情感"精彩"是针对特定的主题词"故事"而表达的。

7.2.1 细粒度情感分析相关研究

现有细粒度情感分析研究通常将评价主题词抽取和情感分类看作相对独立的任务分别设计研究框架和模型。

在早期的评价主题词抽取任务中,一般采用基于词典或基于规则的方法。如 Poria 等提出基于规则的产品评论主题词抽取方法,使用常识和句子依赖树来提取显性和隐性的评价主题词③。Liu 等提出一种无监督的、与领域无关的

---

① Wu F,Wu C,Liu J. Imbalanced sentiment classification with multi-task learning//Proceedings of the 27th ACM International Conference on Information and Knowledge Management,2018,1631-1634.

② Li X,Lam W. Deep multi-task learning for aspect term extraction with memory interaction//Proceedings of the 2017 conference on empirical methods in natural language processing,2017,2886-2892.

③ Poria S,Cambria E,Ku L W,et al. A rule-based approach to aspect extraction from product reviews//Proceedings of the second workshop on natural language processing for social media (SocialNLP),2014,28-37.

评价主题词抽取方法,该方法采用依存句法规则,能够自动选择规则①。

近年来,基于机器学习和深度学习的评价主题词抽取方法开始出现,Poria等在观点挖掘任务中首次提出了细粒度观点挖掘深度学习模型,该模型采用七层深度卷积神经网络将含有观点的句子中的每个单词标记为评价主题词或非评价主题词②。He等利用词嵌入来探索词的共现分布,采用注意力机制弱化无关词,进一步提高了评价主题词抽取的一致性③。Wang等提出一种基于深度神经网络的耦合多层次注意力模型,该模型在训练过程中交互学习方面术语和情感术语,进行双重传播④。

基于深度神经网络的模型可以自动学习评价主题词的特征并抽取评价主题词,大大节省了人力和时间。但到目前为止,多头自注意力机制和预训练模型还没有应用到评价主题词抽取任务中。

在细粒度情感分类任务中,目前主流方法大多基于深层神经网络进行情感分析。例如,Tang等提出 TD-LSTM 模型将评价主题词的上下文分为左右两部分,并分别为其建模⑤。Ma等提出一种基于注意力机制的 LSTM 模型,利用两个独立的 LSTM 网络捕捉上下文和评价主题词的特征,交互式学习上下文特征与目标评价主题词的内在关联⑥。Li等提出一种基于上下文保持转换单元的模型 TNet,集成了双向 LSTM 网络和卷积神经网络,减少了训练过程中语境特征的丢失,显著提高了细粒度情感极性预测的准确率⑦。Fan等提出一种基于多粒度注意力机制的神经网络模型 MGAN,分析评价主题词和上下文之间

---

① Liu Q,Gao Z,Liu B,et al. Automated rule selection for aspect extraction in opinion mining//Proceedings of the 24th International Conference on Artificial Intelligence,2015,1291-1297.

② Poria S,Cambria E,Gelbukh A. Aspect extraction for opinion mining with a deep convolutional neural network. Knowledge-Based Systems,2016,108:42-49.

③ He R,Lee W S,Ng H T,et al. An unsupervised neural attention model for aspect extraction//Proceedings of the 55th Annual Meeting of the Association for Computational Linguistics(Volume 1:Long Papers),2017,388-397.

④ Wang W,Pan S J,Dahlmeier D,et al. Coupled multi-layer attentions for co-extraction of aspect and opinion terms//Proceedings of the Thirty-First AAAI Conference on Artificial Intelligence,2017,3316-3322.

⑤ Tang D,Qin B,Feng X,et al. Effective LSTMs for Target-Dependent Sentiment Classification//Proceedings of COLING 2016,the 26th International Conference on Computational Linguistics:Technical Papers,2016,3298-3307.

⑥ Ma D,Li S,Zhang X,et al. Interactive attention networks for aspect-level sentiment classification//Proceedings of the 26th International Joint Conference on Artificial Intelligence,2017,4068-4074.

⑦ Li X,Bing L,Lam W,et al. Transformation Networks for Target-Oriented Sentiment Classification//Proceedings of the 56th Annual Meeting of the Association for Computational Linguistics(Volume 1:Long Papers),2018,946-956.

的语义关联,采用多种粒度的注意力机制交互学习评价主题词和上下文的特征[1]。Phan 等提出了基于语境和句法特征的细粒度情感分析模型 LCFS-ASC,使用自注意力机制进行句法分析,通过句法依存相对距离消除无关词的影响[2]。

多任务学习应用于细粒度情感分析任务方面,Akhtar 等提出一种多任务学习框架进行评价主题词的抽取和情感倾向分类。该方法首先采用 BiLSTM 和自注意力机制来识别句子中的评价主题词,然后通过 CNN 预测已识别评价主题词的情感[3]。Yang 等提出一种面向汉语的细粒度情感分类和评价主题词提取的多任务学习模型,该模型可以自动从评论中提取评价主题词并判断其情感倾向,同时通过集成预训练的 BERT 模型显著提高了模型的性能[4]。

综上所述,现有的细粒度情感分析模型大多注重提高情感倾向的分类精度,基于多任务学习的细粒度情感分析的研究尚处于起步阶段。为此,本章提出基于多任务迁移学习的细粒度情感分析模型,通过多任务学习充分利用细粒度情感分析子任务之间的显式和隐式的语义关联。

为提高预训练模型的效果,本章模型通过微调使预训练模型能够适应特定的领域。考虑到现有的局部上下文特征提取方法忽略了单词之间的句法关系,本章采用句法依存解析树中两个词之间的最短路径作为句法依存相对距离进行上下文特征的提取,通过多头自注意力机制综合利用共享的信息,突出评价主题词和情感语的权重,构建了基于上下文特征交互多任务迁移学习的细粒度情感分析模型。

7.2.2 任务描述

1. 评价主题词抽取

假设给定的每条评论数据 $S=\{w_1,w_2,\cdots,w_n\}$ 中包含评价主题词标注和

---

[1] Fan F, Feng Y, Zhao D. Multi-grained attention network for aspect-level sentiment classification//Proceedings of the 2018 conference on empirical methods in natural language processing,2018,3433-3442.

[2] Phan M H, Ogunbona P O. Modelling context and syntactical features for aspect-based sentiment analysis//Proceedings of the 58th Annual Meeting of the Association for Computational Linguistics,2020,3211-3220.

[3] Akhtar M S, Garg T, Ekbal A. Multi-task learning for aspect term extraction and aspect sentiment classification. Neurocomputing,2020,398:247-256.

[4] Yang H, Zeng B, Yang J,et al. A multi-task learning model for Chinese-oriented aspect polarity classification and aspect term extraction. Neurocomputing,2020,419:344-356.

情感倾向标注的单词有 n 个，w_n 表示 S 中第 n 个单词。本研究基于 BIO 标注模式进行评价主题词标注，共有三个类标签 $Y \in \{B_{asp}, I_{asp}, O\}$（Begin, Inside, Outside），其中 B_{asp} 表示评价主题词的开始，I_{asp} 表示评价主题词的内部，O 表示非评价主题词标记。例如：

I charge it at night and skip taking the cord with me because of the good battery life.

这条评论的标注如下：
$$Y = \{O, O, O, O, O, O, O, O, O, B_{asp}, O, O, O, O, O, O, B_{asp}, I_{asp}, O\}$$

2. 评价主题词对应的情感倾向分类

与评价主题词抽取任务类似，$S = \{w_1, w_2, \cdots, w_n\}$ 代表情感倾向分类任务的输入，$S^t = \{w_i, w_{i+1}, \cdots, w_j\}(1 \leqslant i < j \leqslant n)$ 表示句子 S 中的评价主题词，其中 i 是起始位置，j 是结束位置。情感极性标签 $Z \in \{-1, 0, 1\}$，其中 -1 表示消极的情感，0 表示中性的情感，1 表示积极的情感。

7.2.3 基于多任务学习的细粒度情感分析模型

针对现有细粒度情感分析研究无法充分利用任务之间联合信息的现状，本章提出基于多任务学习的细粒度情感分析模型。此模型结合评价主题词抽取任务和情感倾向分类两个子任务，首先采用两个独立的领域自适应表示学习层分别对局部上下文和全局上下文进行建模，获得融合领域知识的特征表示；然后，分别通过局部和全局上下文特征提取单元进行特征提取，将局部和全局上下文特征进行特征交互学习，在输出层使用多任务联合损失函数进行微调，在抽取评价主题词的同时预测其情感极性。基于多任务学习的细粒度情感分析模型架构如图 7.2 所示。

1. 表示学习层

在表示学习层，采用基于 BERT 语言模型微调的领域自适应词向量作为单词表示，融合单词的全局语义信息和领域自适应局部语义信息构成特征表示模型。为改善模型领域适应不足的问题，本章模型通过 BERT 语言模型微调实现领域自适应，使用预训练的 BERT-BASE 模型作为基础，首先在与目标任务的细粒度情感分析数据集相似或同源的相关领域语料上以自监督的方式微调 BERT-BASE 模型权重，然后在目标任务训练集上以有监督的方式进一步微调

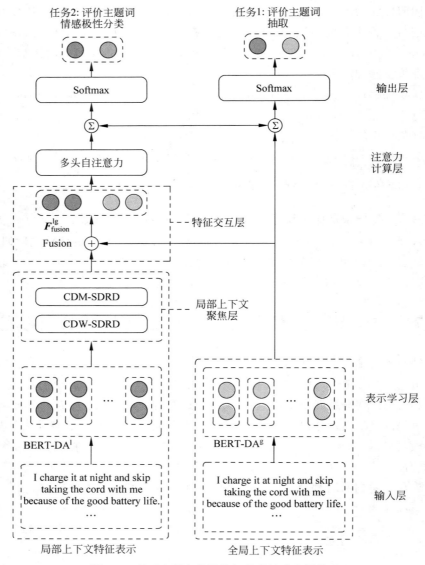

图 7.2 基于多任务学习的细粒度情感分析模型

预训练模型。BERT-BASE 模型是在大规模的通用语料库上通过自监督任务进行训练的,因此模型在训练过程中对其进行微调是非常重要的,通过领域自适应可以进一步改善 BERT-BASE 模型的效果。

BERT 语言模型微调的训练输入表示由两个序列 s_A 和 s_B 组成,格式为 "[CLS]s_A[SEP]s_B[SEP]",其中[CLS]是用于下游分类的伪标记,[SEP]是分隔符标记。在掩码语言模型任务中,序列和标记被随机屏蔽以便模型学习预测。在后句预测任务中,模型将学习判断 s_B 是否是句子 s_A 的下文,以便模型能更好地捕捉长期相关性。在全局上下文表示学习中,模型的输入是标记化的句子 S 和目标评价主题词 S^t,故将输入转换为与 BERT 序列对分类任务相兼容的格式"[CLS]S [SEP]S^t[SEP]"。在局部上下文表示学习中,模型的输入格式为"[CLS]S [SEP]"。

本章的领域自适应表示模型 BERT-DA 采用两个独立的表示学习层分别对局部上下文和全局上下文进行建模。S^l 和 S^g 分别表示局部上下文和全局上下文的标记化输入,局部和全局上下文特征的初步输出如式(7.4)所示:

$$S^l_{\text{BERT-DA}} = \text{BERT-DA}^l(S^l)$$
$$S^g_{\text{BERT-DA}} = \text{BERT-DA}^g(S^g)$$
(7.4)

其中,$S^l_{\text{BERT-DA}}$ 和 $S^g_{\text{BERT-DA}}$ 分别是局部和全局表示学习层的输出,BERT-DA^l 和 BERT-DA^g 分别代表局部和全局上下文的表示学习层。

2. 局部上下文聚焦层

局部上下文聚焦层通过上下文特征动态掩码和上下文特征动态权重来实现局部上下文聚焦,每个输入的词都将评价主题词和情感倾向特征与输出的位置进行对应。相对距离阈值以上每个输出位置的输出特征将被屏蔽或减弱,而其余局部上下文词的输出特征将被完全保留。

局部上下文聚焦层通过局部上下文表示学习层的输出 $S^l_{\text{BERT-DA}}$ 得到局部上下文向量 $S^l_{\text{BERT-DA}} = \{v^l_i | i \in [1, n]\}$。局部上下文的确定依赖于句法依存相对距离(Syntactic Dependency Relative Distance,SDRD),句法依存相对距离用来判断上下文单词是否属于目标评价主题词的局部上下文,使模型通过局部上下文获取更重要的信息。本模型的局部上下文聚焦层采用上下文特征动态掩码和上下文特征动态权重,将上下文特征动态掩码和上下文特征动态权重进行融合可以降低在远距离与目标评价主题词无关的词的负面影响。

1) 句法依存相对距离

本模型通过计算单词之间的句法依存相对距离来判断一个词是否属于某一特定评价主题词的局部上下文,单词之间的句法依存相对距离通过句法依存解析树中对应节点之间的最短距离来计算,如果评价主题词由多个单词组成,相对距离则为每个组成评价主题词单词与输入词之间的平均距离。图 7.3 为产品评论构造的句法依存解析树示例。

评论"Boot time is super fast"中评价主题词 Boot time 和情感词 fast 之间

图 7.3 产品评论句法依存解析树

的句法依存相对距离计算如下：

$$SDRD(Boot, fast) = 3$$
$$SDRD(time, fast) = 2$$
$$\Rightarrow SDRD(Boot\ time, fast) = 2.5$$

如果基于词的位置度量，Boot time 和 fast 之间的词义相对距离为 3.5。与基于词的位置距离比较，句法依存相对距离增强了关键情感词 fast 的权重。

2) 基于句法依存相对距离的上下文特征动态掩码

基于句法依存相对距离的上下文特征动态掩码（context-features dynamic mask based on syntactic dependency relative distance，CDM-SDRD）的任务是屏蔽与目标词的相对距离大于给定阈值的特征，这些特征所含关于评价主题词的信息较少。将其掩码设置为零向量，可以减轻语义相对较少的上下文的影响，但同时保留每个词和评价主题词之间的相关性。设 $SDRD_i$ 是第 i 个上下文词与目标评价主题词之间的相对距离，t 为相对距离的阈值，相对距离小于或等于阈值 t 的词为评价主题词的局部上下文，掩码向量 $C \in R^h$ 设为 1，相对距离大于阈值 t 的词进行屏蔽，掩码向量 $Z \in R^h$ 设为 0，R^h 中 h 为局部上下文输入的隐藏层大小，也是局部上下文向量的维数，输入序列中每个词的掩码向量 v_i^m 计算如式（7.5）所示：

$$v_i^m = \begin{cases} C & SDRD_i \leqslant t \\ Z & SDRD_i > t \end{cases} \quad (7.5)$$

设特征掩码矩阵为 M，n 是包含评价主题词的输入序列的长度，$S^l_{BERT\text{-}DA}$ 是 BERT-DA^l 的特征输出，将 $S^l_{BERT\text{-}DA}$ 与 M 进行点积相乘后得到基于句法依存相对距离的上下文特征动态掩码的输出 $S^l_{CDM\text{-}SDRD}$，计算如式（7.6）和式（7.7）所示：

$$M = [v_1^m, v_2^m, \cdots, v_n^m] \quad (7.6)$$

$$S^l_{CDM\text{-}SDRD} = S^l_{BERT\text{-}DA} \cdot M \quad (7.7)$$

3）基于句法依存相对距离的上下文特征动态权重

基于句法依存相对距离的上下文特征动态权重（context-features dynamic weighting based on syntactic dependency relative distance，CDW-SDRD）对于非局部上下文词将根据其相对距离进行加权计算，这种方式与上下文特征动态掩码相比更加平滑，所有的上下文词将被全部保留。本文通过为每个非局部上下文词构造权重向量 $\boldsymbol{v}_i^w$ 来对特征进行加权，n 是输入序列的长度，t 为相对距离的阈值，则输入序列中每个词的权重向量 $\boldsymbol{v}_i^w$ 计算如式（7.8）所示：

$$\boldsymbol{v}_i^w = \begin{cases} \boldsymbol{C} & \mathrm{SDRD}_i \leqslant t \\ \dfrac{n-(\mathrm{SDRD}_i-t)}{n} \cdot \boldsymbol{C} & \mathrm{SDRD}_i > t \end{cases} \tag{7.8}$$

设 $\boldsymbol{W}$ 为特征权重矩阵，将 $\boldsymbol{S}^{\mathrm{l}}_{\mathrm{BERT\text{-}DA}}$ 与 $\boldsymbol{W}$ 进行点积相乘后得到基于句法依存相对距离的上下文特征动态权重 $\boldsymbol{S}^{\mathrm{l}}_{\mathrm{CDW\text{-}SDRD}}$，计算如式（7.9）和式（7.10）所示：

$$\boldsymbol{W} = [v_1^w, v_2^w, \cdots, v_n^w] \tag{7.9}$$

$$\boldsymbol{S}^{\mathrm{l}}_{\mathrm{CDW\text{-}SDRD}} = \boldsymbol{S}^{\mathrm{l}}_{\mathrm{BERT\text{-}DA}} \cdot \boldsymbol{W} \tag{7.10}$$

本模型的局部上下文特征由上下文特征动态掩码 $\boldsymbol{S}^{\mathrm{l}}_{\mathrm{CDM\text{-}SDRD}}$ 和上下文特征动态权重 $\boldsymbol{S}^{\mathrm{l}}_{\mathrm{CDW\text{-}SDRD}}$ 相连接构成，通过融合上下文特征动态掩码和动态权重得到局部上下文特征抽取单元的输出 $\boldsymbol{F}^{\mathrm{l}}$，计算如式（7.11）所示：

$$\boldsymbol{F}^{\mathrm{l}} = [\boldsymbol{S}^{\mathrm{l}}_{\mathrm{CDM\text{-}SDRD}}; \boldsymbol{S}^{\mathrm{l}}_{\mathrm{CDW\text{-}SDRD}}] \tag{7.11}$$

3. 特征交互层

特征交互层将局部上下文和全局上下文特征提取单元的输出结果相结合，提取出由单词全局上下文信息和局部上下文信息构成的特征。设 $\boldsymbol{F}^{\mathrm{l}}$ 和 $\boldsymbol{F}^{\mathrm{g}}$ 分别为局部上下文和全局上下文特征提取单元的输出，$\boldsymbol{W}^{\mathrm{lg}} \in \mathbb{R}_h^d \times 2d_h$ 和 $\boldsymbol{b}^{\mathrm{lg}} \in \mathbb{R}^{d_h}$ 分别为权重矩阵和偏置值，经过线性变换得到本层的输出 $\boldsymbol{F}^{\mathrm{lg}}$，计算如式（7.12）和式（7.13）所示：

$$\boldsymbol{F}^{\mathrm{lg}}_{\mathrm{fusion}} = [\boldsymbol{F}^{\mathrm{l}}; \boldsymbol{F}^{\mathrm{g}}] \tag{7.12}$$

$$\boldsymbol{F}^{\mathrm{lg}} = \boldsymbol{W}^{\mathrm{lg}} \cdot \boldsymbol{O}^{\mathrm{lg}} + \boldsymbol{b}^{\mathrm{lg}} \tag{7.13}$$

4. 注意力计算层

注意力计算层的目的是用来提取语境中的深层语义特征，可以有效综合利用细粒度情感分类预测过程中各子任务的信息，更好地捕捉上下文特征，提升自注意力机制的效果。

本模型的注意力计算层采用多头自注意力机制,由多个平行的缩放点乘自注意力机制构成。注意力计算层的输入为特征交互层的输出向量 $F^{\text{lg}} \in R^k$,设 Q, K, V 为文本的词嵌入表示,且 $F^{\text{lg}} = Q = K = V$,经多次线性变换后得到注意力的权重值,计算如式(7.14)所示:

$$\text{Att}(Q, K, V) = \text{Softmax}\left(\frac{QK^{\text{T}}}{\sqrt{d_k}}\right)V \tag{7.14}$$

设 h 为注意力机制中头部的个数,将注意力机制的输出特征串联起来,然后通过乘以矩阵向量 W_l 转换特征,得到最终的输出结果 $F^{\text{lg}}_{\text{MHSA}}$,计算如式(7.15)所示:

$$F^{\text{lg}}_{\text{MHSA}} = \text{Linear}(W_l \text{concat}(\text{Att}_1, \text{Att}_2, \cdots, \text{Att}_h) + b_l) \tag{7.15}$$

5. 输出层

输出层将特征向量根据多任务的联合损失函数进行微调,同时输出评价主题词抽取和情感极性分类的结果。评价主题词抽取任务通过对每个词进行分类来实现,设 H_i 是输入序列 H 对应位置的特征,N 为类别数目,Y_{aspect} 表示评价主题词抽取预测的类别,计算如式(7.16)所示:

$$Y_{\text{aspect}} = \frac{\exp(H_i)}{\sum_{k=1}^{N} \exp(H_i)} \tag{7.16}$$

情感极性分类首先对融合的上下文特征头部进行池化,即提取输入序列中第一个位置的隐藏状态,然后采用 Softmax 激活函数映射输出评价主题词的情感预测分类结果。输出层的输入是注意力计算层的输出 $F^{\text{lg}}_{\text{MHSA}}$,情感极性分类 Y_{polarity} 的计算如式(7.17)和式(7.18)所示:

$$X^{\text{lg}}_{\text{pool}} = \text{POOL}(F^{\text{lg}}_{\text{MHSA}}) \tag{7.17}$$

$$Y_{\text{polarity}} = \frac{\exp(X^{\text{lg}}_{\text{pool}})}{\sum_{k=1}^{N} \exp(X^{\text{lg}}_{\text{pool}})} \tag{7.18}$$

模型在评价主题词抽取和情感极性分类任务中采用交叉熵作为损失函数,采用 L2 正则化避免过拟合。设 $\hat{t}_i$ 为单词的标签,t_i 为预测的标签,情感主题词抽取任务的损失函数如式(7.19)所示:

$$\text{Loss}_{\text{ate}} = \sum_{1}^{N} \sum_{1}^{k} \hat{t}_i \log t_i + \lambda \sum_{\theta \in \Theta} \theta^2 \tag{7.19}$$

其中，N 是单词种类的数目，k 为每个输入序列的长度，λ 为 L2 正则化的参数，Θ 为模型的参数集。设 $\hat{y}_i$ 为情感主题词的情感极性，y_i 为预测的情感极性，情感极性分类任务的损失函数如式（7.20）所示：

$$\text{Loss}_{\text{apc}} = \sum_1^N \hat{y}_i \log y_i + \lambda \sum_{\theta \in \Theta} \theta^2 \qquad (7.20)$$

最后，通过误差反向传播完成多任务之间的特征交互，模型的多任务联合损失函数计算如式（7.21）所示：

$$\text{Loss}_{\text{atepc}} = \text{Loss}_{\text{apc}} + \text{Loss}_{\text{ate}} \qquad (7.21)$$

7.2.4 典籍英译评论主题词和情感词匹配

典籍英译评论细粒度观点挖掘的最终目的是为读者、译者和出版社提供针对译本各个主题及主题词的情感态度分析结果。读者评论中的观点信息通常是由一组或多组主题词-情感词对组成，每组主题词-情感词对包含了读者所关注的典籍译本的具体主题词和针对此主题词的情感词。

典籍英译评论细粒度情感分析之前需要为每一条评论标注评价主题词及其对应的情感倾向。这项工作如果由人工标注完成，是非常费时费力的工作，耗费大量的人力和时间。

本节根据读者评论中存在的观点依存联系的特点，采用依存句法规则自动分析评论中的评价主题词和情感词的联系，目的是实现评论主题词和情感词的自动匹配。采用依存句法分析自动提取评论中具有依存联系的主题词-情感词对的匹配原理如图 7.4 所示。

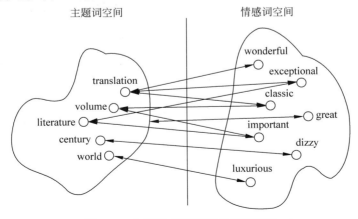

图 7.4 主题词-情感词对的匹配原理

典籍英译评论语料采用 3.3 节中收集的亚马逊典籍英译海外评论数据集，基于依存句法规则获取典籍英译评论主题词-情感词对的步骤如下：

（1）整理在 4.3.1 节中基于知识库的典籍英译评论主题词表。

（2）基于 5.2 节中的基于多源知识情感词典构建方法生成典籍英译评论情感词表。

（3）为了提高提取主题词-情感词对的准确率和效率，以句子为基本单位对典籍英译评论语料进行划分，即分句处理。

（4）调用 Python 的 Spacy 库分析评论子句的句法依存关系，以子句中的单词为节点，依存关系为边，构建子句句法依存关系的无向图。

（5）遍历子句中所有的单词，调用 Python 的 Spacy 库将单词进行词形还原，例如将 translating 还原为原型 translate。

（6）找到子句中的主题词，并在构建的无向图上找到在离当前主题词最近的情感词，获得当前主题词的主题词-情感词对。

（7）将提取的 6358 条评价主题词-情感词对进行筛选处理并划分至各个主题，最终得到 5430 条有效评价主题词-情感词对，自动标注的评价主题词-情感词对及其情感倾向示例如表 7.1 所示。

表 7.1 典籍评论主题词-情感词对及其情感倾向标注数据示例

评论文本	主题词-情感词对	情感倾向
The Kindle edition is literally a comic book version of this. The page is misleading.	edition, comic	积极
	version, comic	积极
	page, misleading	消极
I had purchased the ebook version and was disappointed to find those to be incomplete.	version, incomplete	消极
There are maps I got really lost trying to follow along with the Brewitt Taylor version Lastly.	version, lost	消极

整理后的典籍英译评价主题词-情感词对分布情况如表 7.2 所示。

表 7.2 典籍英译评论主题词-情感词对分布表

典籍中文名	主题词-情感词对	译者	典籍译名
红楼梦	421	David Hawkes	The Story of the Stone, or The Dream of the Red Chamber
		Yang Xianyi(Yang Xianyi)	A Dream of Red Mansions

续表

典籍中文名	主题词-情感词对	译 者	典籍译名
论语	433	Annping Chin	The Analects
		D. C. Lau	The Analects
		Roger T. Ames, Henry Rosemont Jr.	The Analects of Confucius: A Philosophical Translation
三国演义	1006	C. H. Brewitt-Taylor	Romance of the Three Kingdoms
		Moss Roberts(Moss Roberts, John S. Service)	Three Kingdoms
		Yu Sumei	The Three Kingdoms
孙子兵法	2222	Brace E. Barber	The Art of War
		Gary Gagliardi	The Only Award-Winning English Translation of Sun Tzu's The Art of War
		Lionel Giles	The Art of War
西游记	1348	Anthony C. Yu	The Journey to the West
		Arthur Waley	Monkey: Folk Novel of China
		Christine Sun	Journey to the West (Chinese Classics)
		David Kherdian	Monkey: A Journey to the West
		Kathryn Lin	The Journey to the West: Birth of the Monkey King
		Timothy Richard	The Monkey King's Amazing Adventures: A Journey to the West in Search of Enlightenment
		W. J. F. Jenner	Journey to the West

7.2.5 基于多任务学习的典籍英译评论细粒度情感分析实验

7.2.4 节的目的是完成对已有典籍英译评论语料的自动标注,本节的目标是基于已有的标注数据,自动分析网络平台上新出现的典籍英译评论中的评论对象主题词和情感倾向。本节中的评论对象主题词,在细粒度情感分析任务中也称为"方面",即评价对象的具体方面。

基于多任务学习的典籍英译评论细粒度情感分析实验参数设置如表 7.3 所示。

表 7.3　细粒度情感分析实验参数

参 数 名 称	值	参 数 名 称	值
学习率	3×10^{-5}	SDRD	5
batch_size	16	激活函数	Tanh
epoch	10	优化器	AdamW
最大序列长度	80	词向量维度	768

1. 输入序列

本实验提出的是多任务细粒度情感分析模型,数据输入采用主题词标签和情感倾向标签的双重标记。图 7.5(a)和(b)分别是 BERT-BASE 和 BERT-SPC 模型的输入样本。本实验设计并应用的双标签输入序列,适用于细粒度情感分析任务的典籍评论数据集,双重标记的设计有利于提高模型的学习效率。

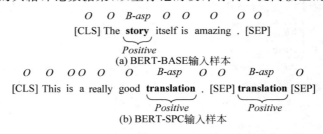

图 7.5　BERT-BASE 模型的格式化输入序列样本示例

图 7.5(a)中是基于 BERT-BASE 模型的格式化输入序列样本示例,其中第一行是评论主题词标签,第二行和第三行分别为标记化后的输入序列和情感倾向标签。图 7.5(b)中是基于 BERT-SPC 模型的格式化输入序列样本示例,两个位置的评论主题词同时进行标记。

2. 对照实验

接下来对典籍英译评论进行细粒度情感分析实证实验,实验同时完成两个子任务:评价主题词抽取和其对应的情感倾向分类,采用 7.2.4 节中提出的基于多任务学习的细粒度情感分析模型(AESC-SDRD),具体实验方案如下:

(1) AESC-SDRD-CDM:基于多任务学习的细粒度情感分析模型,局部上下文聚焦层采用基于句法依存相对距离的上下文特征动态掩码。

(2) AESC-SDRD-CDW:基于多任务学习的细粒度情感分析模型,局部上下文聚焦层采用基于句法依存相对距离的上下文特征动态权重。

(3) AESC-SDRD-Fusion:基于多任务学习的细粒度情感分析模型,局部上下文聚焦层采用融合句法依存相对距离的上下文特征动态掩码和上下文特征动态权重。

细粒度情感分析通用的性能评价指标包括正确率(accuracy)、查全率(recall)、查准率(precision)和F测量(F-measure)等。其中,正确率是分类模型做出正确预测的样本数占总样本数的比例,是最通用的性能指标。查准率是指预测结果中正确预测的样本数占实际此类别样本数的百分比,可以考察各个类别的预测准确率。正确率与查准率的区别在于:正确率检测考察分类模型在所有类别上的预测结果偏离真实值的程度;查准率考察在各个类别上分类模型的正确性。

查全率是指预测结果中正确判断属于某个类别的样本数占应该属于该类别样本数的百分比,可以考察对各个类别样本识别的完备性。查全率和查准率可以从各个类别衡量分类结果的完备性和准确率,适合考察算法的局部性能。理想的分类结果是查全率和查准率越高越好。但查全率升高意味着完备性提高,分类模型要为所有的实例给出类别预测结果,即使是对某些并没有足够的依据的实例也要给出明确的分类预测。因此在实际问题中,随着查全率的升高,查准率通常呈下降趋势。

F1测量值是查全率和查准率的调和平均值,能够平衡考察查全率和查准率来衡量分类算法的整体效果,计算方法如公式(7.22)所示:

$$F1测量值 = 2 \times 查全率 \times 查准率 / (查全率 + 查准率) \quad (7.22)$$

参照本领域实验的通用指标,对照实验中采用F1测量值和正确率作为实验结果的参照,在典籍英译评论数据集上的结果如表7.4所示。

表7.4 典籍英译评论数据集上的多任务细粒度情感分析实验结果

模 型	评价主题词抽取-F1	情感倾向分类准确率	情感倾向分类-F1
AESC-SDRD-CDM	66.41	83.13	77.98
AESC-SDRD-CDW	66.14	83.50	79.14
AESC-SDRD-Fusion	**67.18**	**84.47**	**79.80**

与单任务情感分析相比,多任务细粒度情感分析是自然语言处理领域难度很大的任务,本实验结果达到了在此难度任务上的预期结果,即为自动分析典籍英译评论提供参考,距离全自动准确分析还有一定的差距。

在评价主题词抽取任务中,AESC-SDRD-Fusion方法的F1测量值为67.18%,比对照方法 AESC-SDRD-CDM 和 AESC-SDRD-CDW 的F1测量值分别高出0.77%和1.04%。在情感倾向分类任务中,AESC-SDRD-Fusion方法F1测量值和正确率分别为84.47%和79.80%,与对照方法 AESC-SDRD-CDM 和

AESC-SDRD-CDW 相比，AESC-SDRD-Fusion 显著提高了方面极性分类的 F1 测量值和准确率。证明了基于多任务学习的细粒度情感分析模型能有效获取典籍评论情感语义信息，提高了典籍英译评论细粒度情感分析任务的效果。

接下来对典籍评论细粒度情感分析任务中基于句法依存相对距离阈值敏感性进行测试。设置 SDRD 预设值从 0 至 9，依次在典籍英译评论数据集下对 AESC-SDRD 进行细粒度情感分析实验，SDRD 阈值敏感性实验结果如图 7.6 所示。

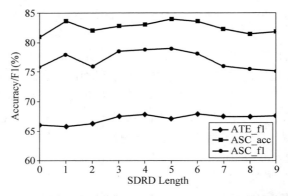

图 7.6　SDRD 阈值在典籍英译评论数据集上对细粒度情感分析的影响

从图 7.6 中可以看到，对于典籍英译评论数据集，模型在细粒度情感倾向分类任务上的效果普遍优于评价主题词抽取任务。当 SDRD 设置为 4 和 6 时，模型在评价主题词抽取任务上的性能最佳，表明包含评价主题词识别特征的局部上下文在句法依存相对距离上更远，因此局部上下文设置为较长区间对主题词的识别帮助更大。而当 SDRD 设置为 1 和 5 时，模型在情感倾向分类任务上的性能最佳，表明情感特征的局部上下文在句法依存相对距离上更近，因此局部上下文设置为较短区间对情感倾向分类任务更有帮助。

本章小结

本章面向细粒度情感分析的两个主要子任务：评价主题词识别及其对应情感倾向的分类，提出基于多任务学习的典籍英译评论细粒度情感分析模型。通过两个相互关联任务的共同学习，同时完成评价主题词识别任务和情感倾向分类任务。实验结果证实了本章提出方法的有效性。此外，与单独学习任务相比，多任务学习的优势还在于增强了每个子任务的性能和泛化能力。

第8章

典籍英译评论观点汇总和词云可视化

读者评论观点汇总及可视化是观点挖掘结果被理解和利用的必要过程,通过观点汇总和可视化技术,读者、译者和出版社等相关研究者能够从非结构化的冗杂的评论文本中,简洁直观地得到观点态度的分布情况,从不同层面和角度观察了解典籍英译读者评论中蕴含的观点态度。

读者评论观点汇总的核心任务包括评论主题识别、情感态度识别、评论主题词和情感态度的匹配三个任务,这三个任务已经在本研究的第 3 章至第 7 章完成。本章基于第 3 章至第 7 章提取出的主题词和情感态度,形成观点主题汇总摘要并可视化展示,探究典籍英译海外评论中蕴含的典型观点态度。

8.1 典籍英译评论观点汇总

本节将从典籍英译评论中提取的评价主题词、情感倾向和主题词-情感词对应用于评论情感分析任务汇总形成典籍英译评论观点摘要,通过 Python 的 pyecharts 可视化库对典籍英译评论的情感分布进行可视化分析。

本节的评论观点汇总主要的视角包括:读者评论主题类别情感比例、评论主题类别观点结构化摘要和主题词观点结构化汇总。其中,主题类别情感比例适用于简洁直观地了解读者对典籍译本评论各主题的整体情感分布。评论主题类别和主题词观点结构化摘要的目的是为读者、译者和出版社等相关研究者提供细粒度的针对译本细微主题特征的观点分析可视化结果。

8.1.1 《红楼梦》译本评论情感汇总

《红楼梦》译本评论观点整体摘要如图8.1所示。其中5分好评占64.23%，其次是4分好评占19.51%，3分中性评价占9.76%，1分和2分差评分别仅占3.25%。

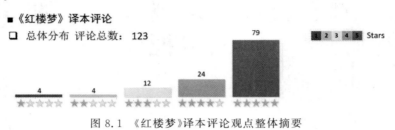

图8.1 《红楼梦》译本评论观点整体摘要

1. 《红楼梦》译本评论主题类别情感比例

《红楼梦》译本评论的各主题类别的情感正负比如图8.2所示，从中可以看出，读者对于《红楼梦》整体评价状况均倾向于积极，从各个主题的情感正负比看，由大到小为质量价格、人物情节、翻译风格和主题内容，从观点情感词对数量上看，由多至少为人物情节、翻译风格、质量价格和主题内容。四个主题中质量价格的情感正负比接近5∶1，说明读者对《红楼梦》译本的质量价格最为满意，结合观点情感词对的数量分析，人物情节的词对数量最高，且情感正负比为

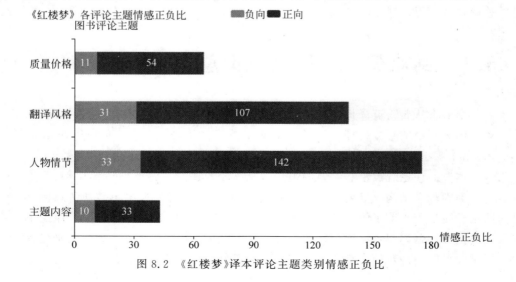

图8.2 《红楼梦》译本评论主题类别情感正负比

4∶1,说明《红楼梦》生动的人物形象和丰富的故事情节深受读者喜爱。

读者对《红楼梦》不同译本的各个主题评价均不相同,接下来对比分析《红楼梦》两个译本的读者评论,如图 8.3、图 8.4 所示。综合分析可以发现,读者对于《红楼梦》的各译本的评价均倾向于积极。

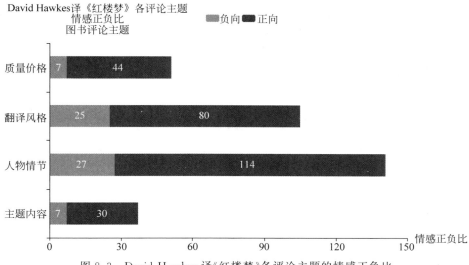

图 8.3　David Hawkes 译《红楼梦》各评论主题的情感正负比

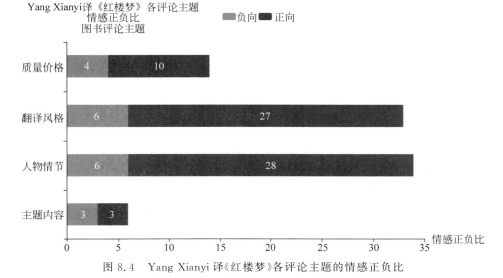

图 8.4　Yang Xianyi 译《红楼梦》各评论主题的情感正负比

人物情节方面,两个译本的情感正负比均为 4∶1,Yang Xianyi 译本略高于 David Hawkes 译本。

在翻译风格方面,David Hawkes 译本的情感正负比为 3.2∶1,Yang Xianyi 译本的情感正负比为 4.5∶1,虽然 David Hawkes 译本在西方的传播和影响较广,但 Yang Xianyi 的翻译风格更受外国读者好评。学者王树槐在《杨、霍英译〈红楼梦〉文化传通的诗学比较》一文中采用描写范式和文化折射率的研究方法对两个译本的翻译诗学进行了比较分析,指出"虽然在普通读者中 David Hawkes 译本诗歌还是很受欢迎,但是在汉学家和对汉语语言文化有一定了解的读者看来,Yang Xianyi 译本更具有异域特色和革新意义"①,这一结论与本研究的分析研究结果一致。David Hawkes 译本文内增释的翻译风格虽然能够让外国读者容易理解原著文章含义,但也影响了译文的流畅度与灵巧性,而 Yang Xianyi 译本简洁生动的翻译风格表达出了中国诗歌形式与诗学意象,受到对中国文化有所了解的外国读者喜爱。

在主题内容方面,读者对《红楼梦》的主题内容讨论度不高,总体来说两个译本的评价均倾向于积极。

在质量价格方面,David Hawkes 译本的情感正负比为 6.3∶1,Yang Xianyi 译本的情感正负比为 2.5∶1,可以得知读者对于 David Hawkes 译本的质量价格更为满意。

2.《红楼梦》译本评论主题观点结构化摘要

《红楼梦》译本评论主题观点结构化摘要示例如下所示:

❑ 人物情节（共 175 条）　　积极评价比例　**81.1%**

　■ Positive:142

　　❑ The brilliant but feckless and unpredictable hero Bao-yu survives largely because of his infinitely caring, sensible, always-there maid and lover Aroma.

　　❑ The Story of the Stone is an absolutely delightful tale; I only wish I could secure volume 2 since there is so much anticipation at the end of volume 1.

　　❑ The story itself is a fascinating picture of life in 18th century China, and portrays the development of a young boy who has otherworldly origins.

　　……

---

① 王树槐.杨,霍英译《红楼梦》文化传通的诗学比较.外语教学与研究,2020,52(6),929-939+961.

■ Negative：33
- ❏ Much of the deep irony and symbolism is lost in limp.
- ❏ This in itself makes it difficult to keep track of each one but it is made even more difficult because each character is referred to by more than one name.
- ❏ The roaming back and forth, sink and soar between sorrow and elation between the two incarnated cousins constitute to the understanding that earthly existence is indeed a transience but karma determines the shape of one's life and the life after.

……

人物情节方面，评价数量最多且积极评价占 81.1%，"虽然故事情节复杂，但不是特别难理解"，大多读者被"一个有着超脱尘俗身世的小男孩的成长故事。"所吸引，但书中出现的大量人物名字非常相似，"必须至少熟悉其中的 50 个角色"往往令很多读者难以投入阅读。

❏ 翻译风格（共 138 条）　　积极评价比例　**77.5%**

■ Positive：107
- ❏ Although the David Hawkes translation is smoother and more literary for the English speaking reader, I find that the Yang translation better conveys the atmosphere of 17th and 18th century China and the complex relationships between the various members of the upper class Chia household and their omnipresent bevy of slaves and servants.
- ❏ Hawkes' masterful prose makes the reader feel like the book was originally written in English (despite the content letting you know that it's a very different world) because of how smooth and stylish it is.
- ❏ I find the translation to be satisfactory, especially of the poems.

……

■ Negative：31
- ❏ While I don't agree with every decision he made as a translator, he always had a reasonable explanation.
- ❏ It is a terrible translation.
- ❏ And I am sure he made mistakes—I help a French translator

occasionally and even though he is very well-versed in English, it is so easy for him to miss something that only a cultured native speaker could pick up.

……

翻译风格方面,评价数量较多,其中积极评价占77.5%,大多读者对于两个译本的译文都较为满意,但也有部分读者对此拥有不同见解,"虽然David Hawkes的译本对英语读者来说更具有流畅性与文学性,但我发现Yang的译本更好地传达了17世纪和18世纪中国的氛围。""尽管David Hawkes精通英语,但他很容易错过一些只有母语文化人士才能学到的东西。"也有人认为"David Hawkes娴熟的散文功底让读者觉得这本书最初是用英语写的。"

☐ 主题内容(共43条)　积极评价比例　**76.7%**

■ Positive: 33

☐ These books are mesmerizing and addictive while educating you at the same time on the world of China in the 18th century.

☐ One can sense Cao's insistence in the novel that education and cultural production is of vital importance, particularly to children.

☐ This idea of life being a dream from which one eventually awakes is a Buddhist tenet, but the incorporation of it into the novel becomes a poetic gesture to demonstrate that the main character Baoyu is indicative to the author.

……

■ Negative: 10

☐ Moreover, since the Chinese used to believe in tangible Gods and Goddesses, the other world mixes invariably with this life, and dreams can be simply visits beyond the clouds.

☐ Don't expect a story in the traditional point of view, I mean like Greeks said: an introduction, a development and an end.

☐ This magical novel portrays a traditional society turned upside down: a boy who'd rather be a girl, women who are more powerful than men, and a faerie who delivers the most licentious of messages.

……

主题内容方面,评价数量最少,其中积极评价占76.7%,从评价内容看,普遍读者认同该典籍是了解中国文化和历史的重要途径之一，并提到"可以感觉到曹在小说中坚持教育和文化生产至关重要，特别是对儿童来说。"也有读者认为透过书中内容可以探索了解 18 世纪的中国，"一个被颠覆的传统社会"。

❑ 质量价格（共 65 条）   积极评价比例 83.1%

■ Positive：54

❑ A great novel the price is good too.

❑ Furthermore, the condition of the book i received was new and I was very happy about that.

❑ The book arrived on time and in a pristine condition, as described.

......

■ Negative：11

❑ I found the book addictive, though it has to be said that others of my acquaintance found it too difficult to cope with, and abandoned the story before the end of the first volume.

❑ the book was stuck and squeezed too hard into the mailbox; therefore, the cover is kind of scratched and the surface of the paper broke a little bit.

❑ There is a family tree on one page but the printing is unclear and small.

......

质量价格方面，"书籍较新"、"完好无损"以及"价格合适"令读者感到欣慰，但也同样存在"封面刮伤"、"印刷不清楚且字小"等问题。

3.《红楼梦》译本评论主题词观点结构化摘要

人物情节方面，读者对《红楼梦》中呈现的文学（literature）和塑造的人物（character）讨论最多，认为文学是重要的（important）、传统的（traditional）、杰出的（exceptional）等，当然也有人认为是批判性的（critical）、艰苦的（hard）、悲惨地（tragically）；认为书中的人物是最重要的（main）、鲜活的（alive）、感兴趣的（interested），也认为是艰难困苦的（difficult）和沉重地（heavily），《红楼梦》真实生动的故事情节与鲜活丰满的人物形象使其在中国文学史和世界文学史上成为不朽的艺术典型，充分展现了该本著作极强的艺术魅力，令不同文化背景的读者皆能沉迷于此。《红楼梦》译本评论人物情节主题词观点结构化摘要示例如下所示：

- 主题词 literature：18
  - ☺ 积极情感词及出现次数
    [important2]　[classical1]　[exceptional1]　[famous1]
    [good1]　　　[great1]　　　[heretofore1]　[western1]
    [keen1]　　　[native1]　　　　　　　　　[sample1]
    [traditional1]　[impressed1]　[simultaneously1]
  - ☹ 消极情感词及出现次数
    [critical1]　　[hard1]　　　　[tragically1]
- 主题词 character：12
  - ☺ 积极情感词及出现次数
    [main3]　　　[alive1]　　[family1]　　[comfortable1]
    [feminine1]　[interested1]　[immediate1]
    [recognizable1]
  - ☹ 消极情感词及出现次数
    [difficult1]　　[heavily1]

……

翻译风格方面，读者对《红楼梦》的两个译者的翻译风格（translation）评价为新颖的（novel）、精彩的（wonderful）、准确的（exact）、有效的（effective）、深入的（thorough），英语（English）表述比较自然（naturally），但也有读者认为译者在翻译过程中不可避免地（inevitably）会丢失掉原著中许多有趣且有意义的信息，或者在阅读过程中遇到怪异的（idiosyncratic）表述内容，译者的翻译风格作为影响读者阅读体验的最重要的因素之一，应当在翻译过程中格外考虑不同文化背景读者对原著内容的接受程度，避免产生令人不快（terrible）的阅读体验。《红楼梦》译本评论翻译风格主题词观点结构化摘要示例如下所示。

- 主题词 translation：47
  - ☺ 积极情感词及出现次数
    [good5]　　　[novel4]　　　　[classic3]　　　[exceptional3]
    [great2]　　　[literary2]　　　[particular2]　　[wonderful2]
    [aware1]　　[beautiful1]　　[brilliant1]　　[colloquial1]
    [exact1]　　 [correct1]　　　[effective1]　　[fine1]
    [faithful1]　　[conveniently1]　[lucky1]　　　[marvelous1]
    [new1]　　　[perfect1]　　　[satisfactory1]　[sentient1]
    [superb1]　　[thorough1]

☹ 消极情感词及出现次数

[impossible2]　　[inevitably1]　　[idiosyncratic1]

[involuntarily1]　[terrible1]

■ 主题词 English：15

☺ 积极情感词及出现次数

[good2]　　[aware1]　　[capable1]　　[colloquial1]

[content1]　[exceptional1]　[great1]　　[incredible1]

[naturally1][occasionally1]　[superb1]　　[rhythmic1]

☹ 消极情感词及出现次数

[heavily1]　　[impossible1]

……

主题内容方面，读者对《红楼梦》中构造的世界（world）讨论最多，认为它是有趣的（interesting）、奢华的（luxurious）、迷人的（mesmerizing）等，同时也有负面评价，如终将灭亡的（mortal）、一成不变地（invariably）和旧的（old）等，读者对书中主题内容的见解各执己见，这也更加说明译者对典籍外译时需要正确引导读者，让原著的思想与精髓真实呈现，减少或避免不同文化的读者过度依赖自己的认知解读原著的内涵。《红楼梦》译本评论主题内容主题词观点结构化摘要示例如下所示。

■ 主题词 world：17

☺ 积极情感词及出现次数

[great2]　　[interesting2]　　[content1]

[enjoyable1]

[immensely1]　[luxurious1]　　[mesmerizing1][new1]

[romantic1]　[wealthy1]

☹ 消极情感词及出现次数

[mortal2]　　[beneath1]　　[invariably1]　　[old1]

……

质量价格方面，读者对《红楼梦》的卷（volume）讨论最多，大多读者收到书籍都很满意（happy），书的每一卷都很厚（thick），由于这本书为每一卷提供了一个有用的（useful）字符列表，读者能够更加清晰地阅读书的某些部分，但依然有读者觉得阅读困难（difficult、tough），所以在第一卷结束前就放弃了继续阅读。《红楼梦》译本评论质量价格主题词观点结构化摘要示例如下所示。

■ 主题词 volume：19

☺ 积极情感词及出现次数

[happy2]　　[useful2]　　[classic2]　　[best1]
[difficult1]　[eventual1]　[great1]　　　[important1]
[main1]　　　[thick1]　　[prosperous1]　[sure1]
[manageable1]

☹ 消极情感词及出现次数

[bad1]　　　[tough1]　　[truthful1]

……

8.1.2 《论语》译本评论情感汇总

《论语》译本评论观点整体摘要如图 8.5 所示。其中 5 分好评占 59.55%，其次是 4 分好评占 18.45%，3 分中性评价占 12.30%，1 分差评占 5.83%，2 分差评仅占 3.88%。

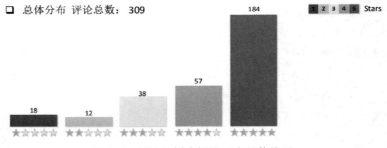

图 8.5　《论语》译本评论观点整体摘要

1. 《论语》译本评论主题类别情感比例

《论语》译本评论的各主题类别的情感正负比如图 8.6 所示，从中可以看出，读者对于《论语》整体评价状况均倾向于积极，从各个主题的情感正负比看，由大到小为质量价格、人物情节、翻译风格和主题内容，从观点情感词对数量上看，由多至少为翻译风格、人物情节、主题内容和质量价格。四个主题中质量价格的情感正负比为 7.43∶1，说明读者对《论语》的四个主题中质量价格最为满意，结合观点情感词对的数量分析，翻译风格的词对数量较高，且情感正负比为 3.33∶1，说明读者看重《论语》的翻译风格并且比较赞赏。

第8章 典籍英译评论观点汇总和词云可视化 153

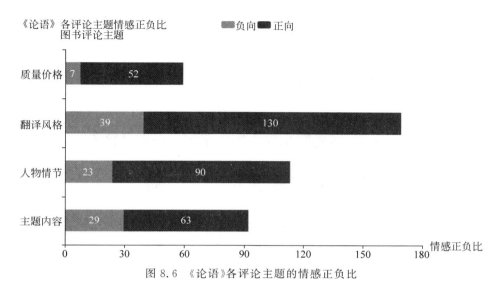

图 8.6 《论语》各评论主题的情感正负比

为探究读者对《论语》不同译本的各个主题评价，本节选取《论语》三个译本对比分析，如图 8.7、图 8.8 和图 8.9 所示。

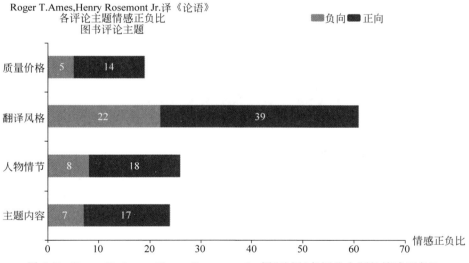

图 8.7 Roger T. Ames, Henry Rosemont Jr. 译《论语》各评论主题的情感正负比

综合分析可以发现，读者对于《论语》的各译本评价状况均倾向于积极。在人物情节方面，Roger T. Ames 和 Henry Rosemont Jr. 译本的情感正负比为 2.25∶1，D. C. Lau 译本的情感正负比为 4.79∶1，Annping Chin 译本的评论较少，人物情节主题的情感正负比为 5∶1。

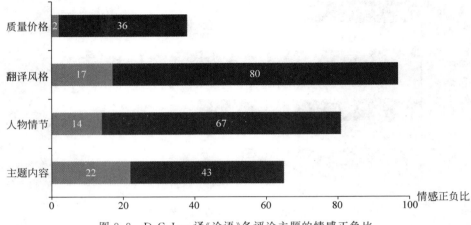

图 8.8　D. C. Lau 译《论语》各评论主题的情感正负比

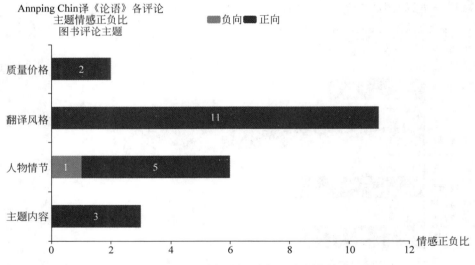

图 8.9　Annping Chin 译《论语》各评论主题的情感正负比

　　翻译风格方面，Roger T. Ames 和 Henry Rosemont Jr. 译本的情感正负比为 1.77∶1，D. C. Lau 译本的情感正负比为 4.71∶1，Annping Chin 译本暂无负面评价，近年来有众多学者从不同的研究角度对《论语》英译本的翻译策略和接受效果展开分析，提出 Roger T. Ames 和 Henry Rosemont Jr. 译本主要采用语义翻译策略①，最大程度地保留源语文化意象②，其译本因内容准确翔实而深受读者喜爱③，D.C. Lau 则并不局限于语义理解，从哲学角度展现儒学思想④，但因其对儒学核心概念的创新表达方式，导致概念具有不稳定性和不一致性，不利于儒学思想的传播与受纳⑤，Annping Chin 译本为近几年出版的《论语》英译本，其采用"厚重翻译"的方法兼顾学术深度与文化特性，使外国读者能够更好地理解儒学思想，该译本虽然目前读者评论较少，但仍在国内外有较高的受欢迎度和影响力⑥，三个译本的翻译风格各具特色，相关评价与本文研究结果相符。

在主题内容方面，Roger T. Ames 和 Henry Rosemont Jr. 译本的情感正负比为 2.43∶1，D.C. Lau 译本的情感正负比为 1.95∶1，Annping Chin 译本的数据较少，暂无负面评价。

在质量价格方面，Roger T. Ames 和 Henry Rosemont Jr. 译本的情感正负比为 2.8∶1，D.C. Lau 译本的情感正负比为 18∶1，Annping Chin 译本的数据较少，暂无负面评价。三个译本中读者对 D.C. Lau 译本的质量价格最为满意。

2. 《论语》译本评论主题观点结构化摘要

《论语》译本评论主题观点结构化摘要示例如下所示：

- 人物情节（共 113 条）　　积极评价比例　**79.6%**
  - Positive：90
    - This book is really insightful and contains all of Confucius teachings plus information on Confucius by the author which is really helpful to understand Confucius ideas.
    - Confucius is widely acknowledged as one of the greatest thinkers ever and his analects a collection of his thoughts and teachings

---

① 范敏.新时代《论语》翻译策略及其传播路径创新.西安外国语大学学报,2019,27(03),94-98.

② 张小曼,刘欲阳.翻译规范视域下的《论语》英译——以刘殿爵译本为例.安徽大学学报(哲学社会科学版),2018,42(04),92-98.

③ 张晓雪.翻译说服论视角下《论语》英译本接受效果分析——以 Google Scholar 被引统计为依据.出版发行研究,2019(03),70-76+95.

④ 杨林.典籍英译中译者的主体性选择——《论语》英译本比较研究.北方民族大学学报,2020(06),139-143.

⑤ 秦洪武,孔蕾,徐欣.《论语》英语多译本受纳状况多维数据分析.外语教学与研究,2020,52(04),580-593+641.

⑥ 朱峰.深度翻译中的译者角色与翻译策略——以金安平《论语》英译本为例.中国文化研究,2019(04),149-159.

are right up there with Sun Tzus Art of War for the respect they still receive today.
- ☐ What I've found is that Confucius was very good at understanding how to get the best out of hierarchical structures which today would equate just as easily to corporations as governments.

...

■ Negative：23
- ☐ The "philosophy" of Confucius is nothing like today's analytic philosophy.
- ☐ mostly I found their arguments, again, unconvincing and disappointing.
- ☐ People purchasing this book should be aware of this as it is a difficult read with depth of understanding required beyond that of a scholar.

...

人物情节方面，评价数量较多且积极评价占79.6%，读者认为孔子是有史以来最伟大的思想家，认为"这本典籍很有见地，包含了孔子的所有教义以及孔子的信息，这对于理解孔子的思想真的很有帮助。"但也有读者认为理解孔子的思想较为困难，"需要超出学者的理解深度。"

☐ 翻译风格（共169条）　　积极评价比例　76.9%

■ Positive：130
- ☐ The framework is applied consistently throughout this book making it not only a much more enjoyable read but one where the meaning of translation comes to life.
- ☐ This is a really good translation easy to read and very easy to follow.
- ☐ Excellent translation with a great introduction it helps to explain the subtleties and dual meanings that can be derived from the source text.

...

■ Negative：39
- ☐ You find a severely misleading account of Chinese grammar—

underlining the supposed ambiguity and vagueness of written Chinese. You find arguments like "The very expression 'thing'…— dongxi "literally, 'east-west,' —is a non-substantial relationship." —Deep!.
- ❑ The language often seems clumsy without need.
- ❑ I'm not certain how many of my complaints are due to the actual text and how many are due to having a cheap translation with few notes.

……

翻译风格方面,评价数量最多且积极评价占 76.9%,大多读者对于译文较为满意,认为"译本有助于理解原文中微妙的意义和双重含义",但也有部分读者认为译者的翻译并不完善,没有处理好"中文书面语的含糊性和模糊性",某些词的翻译令人困惑,也有读者抱怨译本中的注释较少。

- ❑ 主题内容(共 92 条)   积极评价比例 **68.5%**
  - ■ Positive:63
    - ❑ Here you can find the basis for most of the later philosophizes including some universal principles of most religions.
    - ❑ The wisdom and patience in which Confucius analyzed each and every situation was very appealing to me.
    - ❑ Great teachings and learnings from a true man of wisdom and virtue.

    ……

  - ■ Negative:29
    - ❑ The less helpful passages are ones which are not as applicable to a secular Western reader such as about ancestor worship.
    - ❑ Heavily discussing the ethics of ritual propriety and the need to be a junzi or exemplary person.
    - ❑ Two people trying to think through the real issues that Confucius addresses, issues that are interesting * either * because they are completely out of date (merely of historical interest).

    ……

主题内容方面,评价数量较多但积极评价占 68.5%,从评价内容看,读者普遍认为可以从书中学到孔子的智慧与美德,并提到"在本书中可以找到后世哲学家的哲学基础，也包括大多数宗教的原则。"但也有读者认为有些内容对西方读者并不适用，例如"崇拜祖先"，跟有读者认为孔子所讨论的问题已经过时了，"仅仅具有历史意义"，对当代意义不大。

❑ 质量价格（共 59 条）　　积极评价比例 ▰▰▰▰▰▰▰ **88.1%**

■ Positive：52

❑ The quality exceeded my expectations definitely worth its price.
❑ It came in great condition the printing is very clear on every page and there were no folds at all.
❑ This book includes additional notes and insights and is a great size to carry around with you whether you desire some light reading are on the train to work or in a waiting room at the doctor.
……

■ Negative：7

❑ The printing job on this book is atrocious. It is completely shifted upwards making it awkward to read.
❑ The book came damaged. It looks like it's been used before.
❑ The quality of printing of the book new I received was rather poor.
……

质量价格方面，评价数量最少但积极评价比例较高，"质量超出预期"、"印刷清晰"以及"大小适中，可随身携带"令读者感到满意，但也同样存在"书本损坏""印刷上移"等问题。

3.《论语》译本评论主题词观点结构化摘要

人物情节方面，读者对《论语》中呈现的介绍（introduction）和理解（understanding）讨论最多，认为它是优秀的（excellent）、价值连城的（invaluable）等，当然也有人认为介绍冗长（superfluous）、乏味（tedious）；认为对译本的理解是有价值的（valuable）、令人惊讶的（surprisingly）和与时俱进的（updated），但也有读者表示有一定困难（difficult），虽然《论语》中人物形象较少，情节相比其他小说相比不甚精彩，但令其影响深远的是其所体现的孔子的思想与大智慧，展示了该著作的思想魅力。《论语》译本评论人物情节主题词观点结构化摘要如下所示。

- 主题词 introduction：20
  - ☺ 积极情感词及出现次数
    [great3]　　[key2]　　[relevant2]　　[careful1]
    [concise1]　[excellent1]　[invaluable1]　[main1]
    [surely1]　[textual1]
  - ☹ 消极情感词及出现次数
    [compact1]　[faithful1]　[general1]　[philosophical1]
    [tedious1]　[superfluous1]
- 主题词 understanding：11
  - ☺ 积极情感词及出现次数
    [good2]　　[accurate1]　[archeological1]　[important1]
    [surprisingly1]　[technical1]　[updated1]　[valuable1]
  - ☹ 消极情感词及出现次数
    [collective1]　[difficult1]

……

翻译风格方面，读者对《论语》的译者的翻译风格(translation)评价为好的(good)、精彩的(great)、原汁原味的(original)、流利的(smooth)、准确的(accurate)，但也有读者认为译者的翻译有时显得笨拙(clumsy)且啰嗦(without need)，或者在阅读过程中对翻译内容感到困惑(confusing)，译者的翻译风格作为影响读者阅读体验的最重要的因素之一，应当在翻译过程中格外考虑不同文化背景读者对译文文体风格的期待与接受，避免产生令人不快(unpleasant)的阅读体验。《论语》译本评论翻译风格主题词观点结构化摘要如下所示。

- 主题词 translation：58
  - ☺ 积极情感词及出现次数
    [good4]　　[great3]　　[original3]　　[smooth3]
    [fine2]　　[important2]　[key2]　　[new2]
    [quaint2]　[special2]　[accurate1]　[consistently1]
    [deep1]　　[eager1]　　[excellent1]　[gentle1]
    [impressed1]　[insightful1]　[lucid1]　[interesting1]
    [poetic1]　[rigid1]　　[standard1]　[sure1]
    [unique1]
  - ☹ 消极情感词及出现次数

[confusing2]　　[philosophical2]　　[traditional2]　　[cheap1]
[directly1]　　　[faithful1]　　　　[mystical1]　　　[old1]
[orthodox1]　　　[weak1]　　　　　　[doubt1]　　　　[phonetic1]
[unpleasantly1]　[unphilosophical1]　[unconventional1]

……

主题内容方面，读者对《论语》中的哲理(philosophy)讨论最多，认为它是重要的(important)、分析性的(analytic)、值得的(worth)等，同时也有负面评价，如终将令人尴尬的(awkward)、不愉快地(unpleasantly)和古老的(ancient)等，读者对书中主题内容的见解各执己见，这也更加说明译者对典籍外译时译者需要考虑目的语读者的期待，在呈现原著的思想与意义的同时，尽量降低目的语读者的接受难度，并引导读者接受译本。《论语》译本评论主题内容主题词观点结构化摘要如下所示。

- 主题词 philosophy：28
    - ☺ 积极情感词及出现次数
        [important2]　[secure2]　　[analytic2]　　[worth1]
        [new1]　　　　[great1]　　　[detailed1]　　[personal1]
        [classic1]　　[glad1]　　　　[classical1]　　[coherent1]
        [early1]　　　[suitable1]　　[curious1]　　　[interested1]
        [good1]　　　 [basic1]
    - ☹ 消极情感词及出现次数
        [awkward1]　　[ancient1]　　[unpleasantly1]　[esoteric1]
        [habitually1]　[orthodox1]　　[stranger1]

……

质量价格方面，读者对《论语》的质量(quality)讨论最多，大多读者收到的书籍状态都很好(good)，书的价格合适也值得购买(worth)，但也有读者认为书籍质量不好(poor)，编辑校对时较为马虎(careless)导致书中有较多拼写错误甚至空白页。《论语》译本评论质量价格主题词观点结构化摘要如下所示。

- 主题词 quality：8
    - ☺ 积极情感词及出现次数
        [good 1]　　　[worth 1]　　　[poetic 2]　　　[smart 1]
        [great 1]　　　[excellent 1]
    - ☹ 消极情感词及出现次数
        [poor 1]　　　[careless 1]

8.1.3 《三国演义》译本评论情感汇总

《三国演义》译本评论观点整体摘要如图 8.10 所示。其中 5 分好评占 67.66%，其次是 4 分好评占 14.37%，3 分中评和 1 分差评均占 7.49%，2 分差评仅占 2.99%。

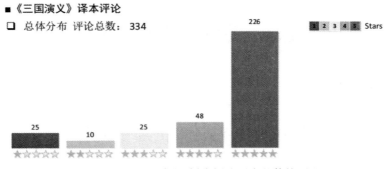

图 8.10 《三国演义》译本评论观点整体摘要

1.《三国演义》译本评论主题类别情感比例

《三国演义》译本评论的各主题类别的情感正负比如图 8.11 所示，从中可以看出，读者对于《三国演义》整体评价状况均倾向于积极，从各个主题的情感正负比看，由大到小为翻译风格、人物情节、主题内容和质量价格，从观点情感词对数量上看，由多至少为人物情节、翻译风格、质量价格和主题内容。四个主题中翻译风格和人物情节的情感正负比均为 3∶1，翻译风格略高于人物情节，且两者的观点情感词对的数量也较高，说明读者对《三国演义》译本的翻译风格与人物情节都较为满意，主题内容与质量价格的情感正负比均为 2∶1，读者对这两者的满意度略低于另两个主题。

为探究读者对《三国演义》不同译本的各个主题评价，本节选取《三国演义》三个译本对比分析，如图 8.12、图 8.13 和图 8.14 所示。

综合分析可以发现，读者对于《三国演义》的各译本评价状况均偏向于正向。人物情节方面，Moss Roberts 译本的情感正负比为 3.51∶1，C. H. Brewitt-Taylor 译本的情感正负比为 2.35∶1，Yu Sumei 译本的情感正负比为 1.67∶1，可以得知读者对于 Moss Roberts 译本的人物情节描写十分喜爱。

翻译风格方面，Moss Roberts 译本的情感正负比为 3.29∶1，C. H. Brewitt-Taylor 译本的情感正负比为 2.85∶1，近年来学者们从翻译风格角度对《三国演

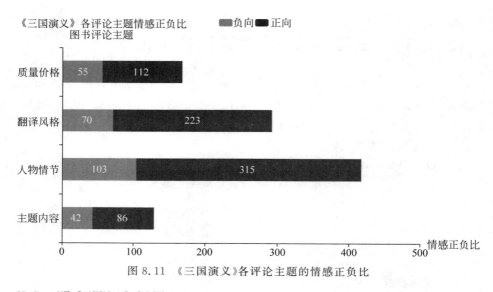

图 8.11 《三国演义》各评论主题的情感正负比

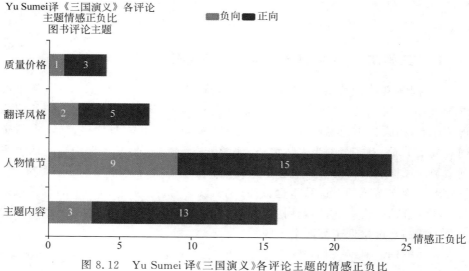

图 8.12 Yu Sumei 译《三国演义》各评论主题的情感正负比

义》的英译本进行对比分析，研究对象主要为 Moss Roberts 译本与 C. H. Brewitt-Taylor 译本，由于 C. H. Brewitt-Taylor 译本比 Moss Roberts 译本早约 70 年，导致国内研究者对 C. H. Brewitt-Taylor 译本的评价较少且褒贬不一[①]，且普遍认为 Moss Roberts 积极还原原著语义的翻译风格不仅容易读

---

① 陈甜.《三国演义》邓罗英译本的再评价.中州学刊,2013(09),162-165.

第8章 典籍英译评论观点汇总和词云可视化 | 163

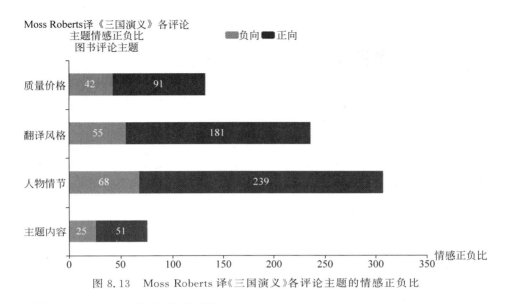

图 8.13 Moss Roberts 译《三国演义》各评论主题的情感正负比

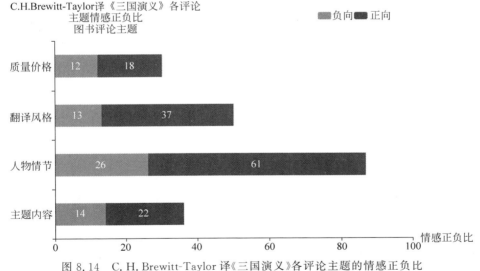

图 8.14 C. H. Brewitt-Taylor 译《三国演义》各评论主题的情感正负比

懂,也让外国读者更好地了解中国历史文化[①],但也有学者认为 C. H. Brewitt-Taylor 译本更简单直接的翻译风格是其虽然出版较早但仍受普通读者欢迎的

---

① 董琇. 罗慕士英译《三国演义》风格之探析——以邓罗译本为对比参照. 中国翻译,2016,37(04),93-99.

原因①，这些都与本文研究结果相符，而 Yu Sumei 译本是 2017 年出版的新英译本，流传度与受欢迎度都还不如前两个译本，日后可以再进一步比较研究。

主题内容方面，Moss Roberts 译本的情感正负比为 2.04∶1，C. H. Brewitt-Taylor 译本的情感正负比为 1.57∶1，Yu Sumei 译本的情感正负比为 4.33∶1，可以看出读者对于《三国演义》的主题内容讨论度不仅不高，其情感正负比也低于其他方面。

质量价格方面，Moss Roberts 译本的情感正负比为 2.17∶1，C. H. Brewitt-Taylor 译本的情感正负比为 1.5∶1，Yu Sumei 译本的评论数据较少，虽然情感正负比为 3∶1，但并不足以说明读者对此译本的满意度高于另两个译本。

2.《三国演义》译本评论主题观点结构化摘要

《三国演义》译本评论主题观点结构化摘要示例如下所示：

☐ 人物情节（共 418 条）　　积极评价比例　75.4%

■ Positive：315

☐ The characters in the book are more alive in the readers imagination than in the book itself because there isn't much character development.

☐ A truly inspirational book as it brings together different types of character and you see what way they approach the war and deal with it.

☐ Very thoughtful and comprehensive. All plot tied up extremely coherently.

……

■ Negative：103

☐ I however was entirely unfamiliar with the characters and the historical period and would have struggled to make sense of it.

☐ I could not handle the huge number of names that came up. Very difficult to keep track of who's doing what.

☐ not what i was hoping for. like a chronology and not like a great flowing story.

……

---

① 张晓红，刘金龙. 典籍英译对外出版的读者定位——以《三国演义》的英译为例. 中国出版，2015(14)，29-32.

人物情节方面，评价数量最多且积极评价占75.4%，读者认为书中情节"都非常连贯地联系在一起"，而且细节描写非常充分，另外书中人物虽然"没有太多的人物发展"，但描写较为鲜活生动，除此之外，不同人物"对战争持有的态度和处理战争的策略"也吸引着读者关注。但也有读者对大量的人物角色感到困惑，表示"无法处理出现的大量的名字，很难记清楚谁在做什么"。另外，读者对人物和历史时期的不了解也增加了读者理解的难度。

- 翻译风格（共293条）　积极评价比例 **76.1%**
  - Positive：223
    - This translation of Luo Guanzhongs masterpiece is really quite good and at times stunningly beautiful.
    - The language is fluid and I am finding that it is a lot less dry than I expected and so it is very easy to get through the book.
    - I think this is an excellent translation for those who want an easy read or those who are reading Three Kingdoms for the first time.
    - ......
  - Negative：70
    - the English version unfortunately does not capture the essence in which the Odyssey of China rose to its widespread fame and ubiquity.
    - This translation may be somewhat confusing to some people because it uses the more old-fashioned Wade Giles spellings rather than the more contemporary Pinyin System.
    - stilted translation makes it tedious going.
    - ......

翻译风格方面，评价数量较多且积极评价占76.1%，大多读者对于译文较为满意，认为译本"语言流畅，可读性好"，"翻译非常好，有些句段优美得令人震惊"，但也有部分读者认为译者的翻译"没有抓住原著中的精髓"，"语言僵硬，枯燥"，另外，C. H. Brewitt-Taylor译本中采用的比较老式的WadeGiles拼写法让读者感到困惑。

- 主题内容（共128条）　积极评价比例 **67.2%**
  - Positive：86
    - I especially recommend this novel for those who are studying politics military science or business.

- ❏ This book also gives you a sense of the way the Chinese view their history cyclical rather than linear as in the West.
- ❏ Every time I read it I learn something new or see a different point of view according to my own maturity.

……

■ Negative：42

- ❏ This is a highly disappointing book.
- ❏ If one likes reading the bible and who begets who, this is the book for you. Boring, boring, boring.
- ❏ Basically, it reads like a reference work. It's not a "novel" as most western readers would be accustomed to thinking of one.

……

主题内容方面，评价数量最少，积极评价占 67.2%，从评价内容看，读者普遍认为可以从中学习到政治和军事的策略与谋划，并表示"会向那些学习政治军事科学或商业的人推荐这部小说"。还可以看出中西方看待历史的角度，如"中国人看待历史的方式是周期性的，而不是像西方人那样的线性。"但也有读者认为书中细节描写过多，所以"它读起来像一本参考书，而不是大多数西方读者习惯于认为的'小说'"，也有读者认为它"和圣经一样无聊"。

❏ 质量价格（共 167 条）　　积极评价比例　**67.1%**

■ Positive：112

- ❏ The quality of the books are nice the text is not to fine or big to read.
- ❏ I can say that for the price the quality is good indeed.
- ❏ The book shipped quickly and was in good condition.

……

■ Negative：55

- ❏ the product, all 4 bucks smelled HORRIBLY. So bad that it gave me a headache while reading.
- ❏ What I have to mention however is the terrifying amount of spelling mistakes and the bad overall quality of printing.
- ❏ Letters too small, and poorly laid out.

……

质量价格方面，评价数量较少且积极评价比例为 67.1%，"质量很好"、"字体适中，易于阅读"、"发货速度快，书籍状态好"以及"价格合理"令读者感到满意,但也同样存在"书本有异味,令人头痛"、"排版较差"等问题。

3.《三国演义》译本评论主题词观点结构化摘要

人物情节方面,读者对《三国演义》中呈现的人物(character)和情节发展(plot)讨论最多,认为人物描写鲜活生动(alive)、迷人(fascinating)、令人敬仰(admirable)等,当然也有人认为人物描写较为官僚主义(bureaucratese)、简短(brief),以及有读者认为人物角色过多,难以记住和辨识;认为译本情节新奇(novel)、独特(especial)、令人深思(thoughtful),但较少读者对情节发展持消极态度。《三国演义》中人物纷繁复杂,故事情节多线发展,对战争和战争策略描写非常丰富,展现了原著的文学魅力。《三国演义》译本评论人物情节主题词观点结构化摘要如下所示。

- 主题词 character:16
  - ☺ 积极情感词及出现次数
    [alive2]　　[fascinating2]　[main2]　[admirable1]
    [enjoyable1]　[novel1]　　　[inspirational1]
    [important1]　[original1]　　[surprised1]
  - ☹ 消极情感词及出现次数
    [sad1]　　　[brief1]　　　　[bureaucratese1]
- 主题词 plot:11
  - ☺ 积极情感词及出现次数
    [novel2]　　[especial1]　　[good1]　　[great1]
    [hard1]　　　[hero1]　　　　[richly1]　[scholarly1]
    [tale1]　　　[thoughtful1]
  - ☹ 消极情感词及出现次数

……

翻译风格方面,读者认为《三国演义》的译者的翻译风格(translation)很好(good)、准确(great),保持了原著原汁原味(original)的感觉,可被称为史诗般的(epic)作品,但也有读者认为译者的翻译差劲(poor)、老旧(old)且呆板(stilted),或者在阅读过程中对翻译内容感到困惑(confusing)。《三国演义》译本评论翻译风格主题词观点结构化摘要如下所示。

- 主题词 translation:79
  - ☺ 积极情感词及出现次数
    [good6]　　[novel6]　　　[accurate4]　[original4]

[fantastic3]　[epic3]　　　　[parallel3]　　[additional2]
[amazing2]　[considerably2]　[classic2]　　[excellent2]
[fiction2]　　[modern2]　　　[respectful2]　[readable2]
[available1]　[actual1]　　　[alternative1]　[accessible1]

……

☹ 消极情感词及出现次数

[aside1]　　　[poor1]　　　　[old1]　　　　[stilted1]
[confusing1]　[bureaucratese1]

主题内容方面,读者对《三国演义》中的军事(military)讨论最多,认为它是有效的(effective)、主要的(main)、新奇的(novel)等,同时也有负面评价,如政治性的(political)、大量的人物(numerous)等,读者对书中主题内容的见解各执己见,这也更加说明译者对典籍外译时译者需要考虑读者因素,把握好原著的主题思想,并将其忠实且贴近读者地转换为目的语译文。《三国演义》译本评论主题内容主题词观点结构化摘要如下所示。

■ 主题词 military：28

☺ 积极情感词及出现次数

[effective2]　　[great2]　　　[main2]　　　　[novel2]
[brilliant1]　　[constant1]　　[deep1]　　　　[early1]
[free1]　　　　[important1]　　[interested1]　　[profound1]
[prominently1]　[pure1]　　　　[significant1]　[superb1]

☹ 消极情感词及出现次数

[political4]　　[numerous1]　　[perpetual1]
[scheming1]　　[feudal1]

……

质量价格方面,读者对《三国演义》的质量(quality)讨论最多,大多读者收到的书籍状态都很好(good),包装精美(fine),但也有读者认为书籍质量差劲(poor,bad),书中有较多拼写错误和单词遗漏。《三国演义》译本评论质量价格主题词观点结构化摘要如下所示。

■ 主题词 quality：22

☺ 积极情感词及出现次数

[good4]　　　　[real2]　　　　[basic1]　　　　[classic1]
[content1]　　　[fine1]　　　　[great1]　　　　[nice1]

［safely1］　　［sharp1］　　　［eventually1］　［physical1］

☹ 消极情感词及出现次数

［bad2］　　　［poor2］　　　［specific1］　　［traditional1］

……

8.1.4 《孙子兵法》译本评论情感汇总

《孙子兵法》译本评论观点整体摘要如图8.15所示。其中5分好评占59.25%，其次是4分好评占14.60%，1分差评占12.32%，3分中评占9.55%，2分差评仅占4.29%。

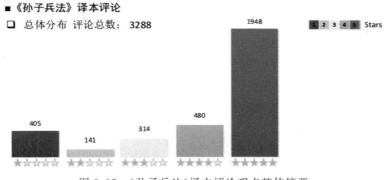

图8.15 《孙子兵法》译本评论观点整体摘要

1.《孙子兵法》译本评论主题类别情感比例

《孙子兵法》译本评论的各主题类别的情感正负比如图8.16所示，从中可以看出，读者对于《孙子兵法》整体评价状况均偏向于正向，从各个主题的情感正负比看，由大到小为质量价格、人物情节、主题内容和翻译风格，从观点情感词对数量上看，由多至少为主题内容、翻译风格、人物情节、质量价格。四个主题中质量价格的情感正负比为3.66∶1，说明读者对《孙子兵法》的四个主题中质量价格最为满意，结合观点情感词对的数量分析，主题内容的词对数量较高，且情感正负比为3∶1，说明读者对《孙子兵法》的主题内容十分喜爱。

为探究读者对《孙子兵法》不同译本的各个主题评价，本节选取《孙子兵法》三个译本对比分析，如图8.17、图8.18和图8.19所示。

综合分析可以发现，读者对于《孙子兵法》的各译本评价状况均偏向于正向。三个译本中Lionel Giles译本和Gary Gagliardi译本数据量较少，其情感正负比结果不具备足够的说服力。

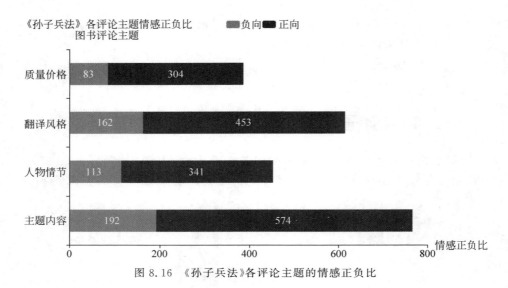

图 8.16 《孙子兵法》各评论主题的情感正负比

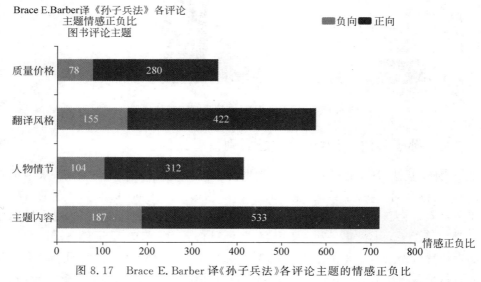

图 8.17 Brace E. Barber 译《孙子兵法》各评论主题的情感正负比

人物情节方面，Brace E. Barber 译本的情感正负比为 3∶1，Lionel Giles 译本的情感正负比为 3.13∶1，Gary Gagliardi 译本的情感正负比为 4∶1，说明读者对三个译本人物情节的满意程度相差不大。

翻译风格方面，Brace E. Barber 译本的情感正负比为 2.72∶1，Lionel Giles 译本的情感正负比为 3.29∶1，Gary Gagliardi 译本的数据较少，暂无负面评价，通过目前《孙子兵法》英译本相关研究中得知，Lionel Giles 认真严谨的翻译风

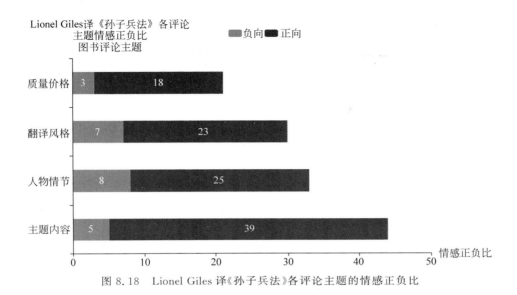

图 8.18 Lionel Giles 译《孙子兵法》各评论主题的情感正负比

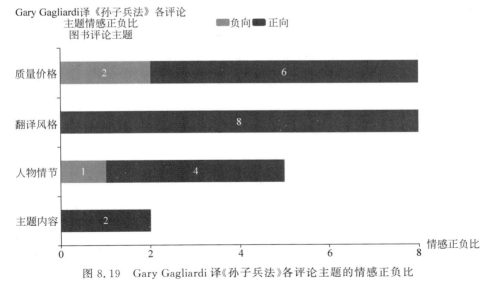

图 8.19 Gary Gagliardi 译《孙子兵法》各评论主题的情感正负比

格,使其译本在学术界具有较高的权威性[①],Gary Gagliardi 力求字句对照的翻译风格也让其译本被视为亚洲著作英译的范本[②],Brace E. Barber 译本则仅为

---

① 裘禾敏.典籍英译与东方情调化翻译倾向.西安外国语大学学报,2019,27(01),87-90.

② 屠国元,吴莎.《孙子兵法》英译本的历时性描写研究.中南大学学报(社会科学版),2011,17(04),187-191.

摘取的《孙子兵法》中的提纲内容，由于本研究爬取的 Lionel Giles 译本和 Brace E. Barber 译本均为摘取版，Gary Gagliardi 译本的数据量较小，因此《孙子兵法》各译本翻译风格的情感正负比虽然大致与其英译本研究现状相符，但参考价值较小。

在主题内容方面，Brace E. Barber 译本的情感正负比为 2.85∶1，Lionel Giles 译本的情感正负比为 7.8∶1，Gary Gagliardi 译本暂无负面评价，虽然 Lionel Giles 译本的数据量不多，但其较高的情感正负比也可证明读者更喜欢该译本的主题内容。

在质量价格方面，Brace E. Barber 译本的情感正负比为 3.59∶1，Lionel Giles 译本的情感正负比为 6∶1，Gary Gagliardi 译本的情感正负比为 3∶1，说明读者对三个译本的质量价格都较为满意。

2.《孙子兵法》译本评论主题观点结构化摘要

《孙子兵法》译本评论主题观点结构化摘要示例如下所示：

❑ 人物情节（共 454 条）　　积极评价比例　　**75.1%**

■ Positive：341

  ❑ Full of useful information that can be applied to everyday situations.
  ❑ It is a fun short book with a little bit of history and philosophy.
  ❑ The book gives very specific actionable tips on how to be sure that your army will win a war.
  …

■ Negative：113

  ❑ The original script is an ancient writing in Chinese and a little difficult to understand without some background or comment.
  ❑ too much history and too many forgettable names I was more interested in the meat of the philosophy of Sun Tzu.
  ❑ This was confusing because the words the narrator said made no sense in the context of the sentence.
  …

人物情节方面，评价数量较多且积极评价占 75.1%，读者认为译本中除了有可操作性的建议之外，还有"历史和哲学的内容"，但也有读者抱怨人物角色名字难以记忆，欠缺背景知识的读者对译本的理解有一定困难，并且表示"叙述者说的话在句子的上下文中毫无意义"令人困惑。

❑ 翻译风格（共 615 条）　　积极评价比例 **73.7%**

  ■ Positive：453

   ❑ Giles translation is excellent for academics Sinophiles and those attempting to Sun Tzus principles to endeavors unrelated to military purposes.

   ❑ The translation is very good. The choice of words is precise yet predictable and is neither archaic nor new age.

   ❑ Cleary translation is really understandable even to nonnative English speaker like me.

   …

  ■ Negative：162

   ❑ The translation given to me had a ton of grammatical errors, and the paragraphs were clustered together and the translation seemed off.

   ❑ I suspect much has been lost in translation but the book is centuries old so it may be dated now.

   ❑ I agree that the translation can be a bit clumsy in places.

   …

翻译风格方面，评价数量较多且积极评价占73.7%，大多读者对于译文较为满意，认为译本"非常好，用词准确而又可预测，既不古板也不新潮"，而且"非英语母语的人也能理解"，但也有部分读者质疑"翻译过程中丢失了很多东西"，认为"翻译僵硬，笨拙"，另外，译本中也存在语法错误，拉低了读者的阅读体验。

❑ 主题内容（共 766 条）　　积极评价比例 **74.9%**

  ■ Positive：574

   ❑ The wisdom in this book is solid reliable and it works You can apply the advice and wisdom in this book to so many dynamics in your life.

   ❑ It is one of the most if not the most influential text on military strategy and tactics.

   ❑ This is the BEST book on strategy that has ever been written! This book is timeless.

   …

  ■ Negative：192

❑ However, it is a little difficult to grasp the ideas and apply it to today's world without rereading the book multiple times thinking about it and discussing your ideas with others.

❑ This book is very much not motivational neither give you any means to enjoy. I really don't like this book.

❑ Whole book is written on war strategy. Not a self-help or leadership book. Useless for me.

❑ This book is of no use. If we have would been in a war than this would have been relevant. But in Today's time its of no use.

……

主题内容方面，评价数量最多且积极评价占 74.9%，从评价内容看，读者普遍认可书中体现的战略与智慧，并表示"可以将书中的建议和智慧动态地应用到生活中"，但也有读者认为书中的建议较难，"如果不多次重读这本书，思考并与他人讨论你的想法，就有点难以掌握这些想法并将其应用于当今世界"，也有读者认为它"并不吸引人，阅读这本书不会给他带来享受"，以及"内容大多为战争的策略，不能为自我提升和领导力提供参考价值"。

❑ 质量价格（共 387 条）　积极评价比例　**78.6%**

■ Positive：304

❑ It's a perfectly decently made book at a price which makes it cheaper than printing out sections at home from public domain sources and it's a lot easier to read this way too.

❑ The book The Art of War was in excellent condition and the purchase process was easy.

❑ The quality is Brilliant and I will definitely recommend this to my family and friends to enjoy.

……

■ Negative：83

❑ I was very disappointed in the poor quality of the editing and formatting of this kindle edition.

❑ However, the printing quality is cheap and can be improved a lot.

❑ Received the book in bad condition.

……

质量价格方面，评价数量较少且积极评价比例为78.6%，"价格便宜，易于阅读""书籍状态良好""书籍质量好"令读者感到满意，但也同样存在"kindle版的编辑和格式化质量差""印刷质量较差"等问题。

3.《孙子兵法》译本评论主题词观点结构化摘要

人物情节方面，读者对《孙子兵法》中呈现的信息（information）讨论最多，认为书中传递的信息是极好的（awesome）、永恒的（timeless）、有用的（useful）、可用的（available）等，当然也有人认为书中的信息较为平淡（plain）、实际意义不大（worthless），以及有读者认为书中的建议和策略只适用于古代，已经过时了（outdated）。《孙子兵法》中人物较少，故事情节简单，但其对军事思想的描写逻辑缜密严谨，体现了中国古代的军事战略的大智慧。《孙子兵法》译本评论人物情节主题词观点结构化摘要示例如下所示。

- 主题词 information：39
    - ☺ 积极情感词及出现次数
        [good2]　　　[great2]　　　[timeless2]　　　[useful2]
        [valuable2]　[free1]　　　　[available1]　　　[awesome1]
        [deliberately1]　[direct1]　　[easy1]　　　　　[excellent1]
        [apparent1]　[important1]　[informative1]　　[tiny1]
        [interesting1]　[lengthy1]　　[relevant1]　　　[reliable1]
        [sensible1]　[simple1]　　　[strategically1]　[sure1]
        [thick1]　　　[insightful1]
    - ☹ 消极情感词及出现次数
        [plain1]　　　[worthless1]　[outdated1]　　　[general1]
        [irrelevant1]　[ancient1]　　[cheap1]　　　　[applicable1]

……

翻译风格方面，读者认为《孙子兵法》的译者的翻译风格（translation）很好（good，nice）、优秀（excellent），保持了原著原汁原味（original）的感觉，细节描写充分（detailed），但也有读者认为译者的翻译差劲（poor）、老旧（ancient，old）且笨拙（clumsy），翻译较为松散（loose），不连贯，以及在阅读过程中对翻译内容感到困惑（confusing）。《孙子兵法》译本评论翻译风格主题词观点结构化摘要示例如下所示。

- 主题词 translation：105
    - ☺ 积极情感词及出现次数

[good15]　　[original5]　　[excellent4]　　[basic3]
[nice3]　　　[actual2]　　　[available2]　　[detailed2]
[easy2]　　　[free2]　　　　[grammatical2]　[modern2]
[present2]　　[simple2]　　　[aware1]　　　　[awesome1]
[classic1]　　[complex1]　　[content1]　　　[exact1]

……

☹ 消极情感词及出现次数

[poor4]　　　[ancient2]　　[clumsy2]　　　[confusing2]
[loose2]　　　[old2]　　　　[awful1]

……

主题内容方面，读者对《孙子兵法》中的军事（military）讨论最多，认为它是经典的（classic）、重要的（important）、现代的（modern）等，同时也有负面评价，如古代的（ancient）、一般（general）、有待商榷的（arguably）等，读者对书中军事策略各执己见说明不同文化背景的读者对译本主题内容的理解角度不同，因此译者在翻译过程中应采取恰当的翻译策略和手法，在忠于原文的基础上引导读者接受译本。《孙子兵法》译本评论主题内容主题词观点结构化摘要示例如下所示。

■ 主题词 military：110

☺ 积极情感词及出现次数

[great6]　　　[classic5]　　　[interested5]　　[important4]
[modern4]　　 [famous3]　　　[simple3]　　　　[ahead2]
[curious2]　　[current2]　　　[easy2]　　　　　[effective2]
[essential2]　[excellent2]　　[good2]　　　　　[popular2]
[magnificent2][useful2]　　　[timeless2]　　　[interesting2]

……

☹ 消极情感词及出现次数

[ancient6]　　[general3]　　　[applicable2]　　[political2]
[arguably1]　 [civilian1]　　　[old1]　　　　　　[professional1]
[remote1]　　 [tactical1]　　　[uphill1]　　　　[unfortunate1]
[unrelated1]　[twentieth1]　　[wannabe1]

……

质量价格方面，读者对《孙子兵法》的价格（price）讨论最多，大多读者收到的书籍状态都很好（good，great），价格合适（affordable），物有所值（worth），运输速度快(fast),但也有读者认为书籍质量差(bad),令人不满(disappointing)。《孙子兵法》译本评论质量价格主题词观点结构化摘要示例如下所示。

- 主题词 price：65
  - ☺ 积极情感词及出现次数

    [good9]　　　[great9]　　　[worth7]　　　[fast4]

    [excellent3]　[perfect2]　　[amazing2]　　[affordable2]

    [attractive1]　[available1]　[close1]　　　[easy1]

    [fair1]　　　[free1]　　　[happy1]　　　[high1]

    [nice1]　　　[original1]　　[perfectly1]　[substantially1]

    [thin1]
  - ☹ 消极情感词及出现次数

    [cheap4]　　　[low4]　　　[bad3]　　　　[disappointing1]

    [properly1]　　[reasonable1]

8.1.5 《西游记》译本评论情感汇总

《西游记》译本评论观点整体摘要如图 8.20 所示。其中 5 分好评占 66.41%，其次是 4 分好评占 19.73%，3 分中性评价占 8.54%，2 分差评占 3.04%，1 分差评仅占 2.28%。

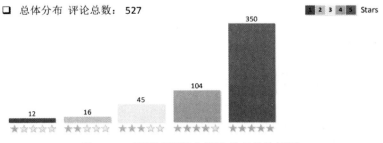

图 8.20　《西游记》译本评论观点整体摘要

1.《西游记》译本评论主题类别情感比例

《西游记》译本评论的各主题类别的情感正负比如图 8.21 所示，从中可以看出，读者对于《西游记》整体评价状况均倾向于积极，从各个主题的情感正负比看，由大到小为翻译风格、主题内容、人物情节和质量价格，从观点情感词对数量上看,由多至少为人物情节、翻译风格、质量价格和主题内容。四个主题中翻译风格的情感正负比为 3.93∶1,且观点情感词对的数量也较高,说明读者对《西游记》的四个主题中翻译风格最为满意,虽然人物情节观点情感词对数量最高,但情感正负比为 2.78∶1,说明读者对《西游记》的人物情节满意度一般。

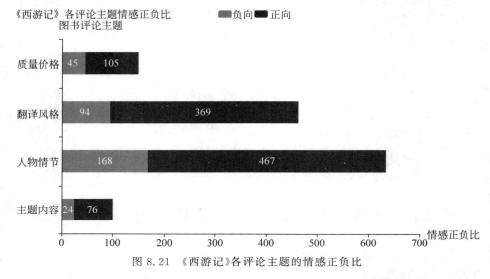

图 8.21 《西游记》各评论主题的情感正负比

为探究读者对《西游记》不同译本的各个主题评价,本节选取《西游记》七个译本对比分析,其中五个译本的情感正负比如图 8.22、图 8.23、图 8.24、图 8.25 和图 8.26 所示。另两个译本为少儿读物,在本节单独讨论。

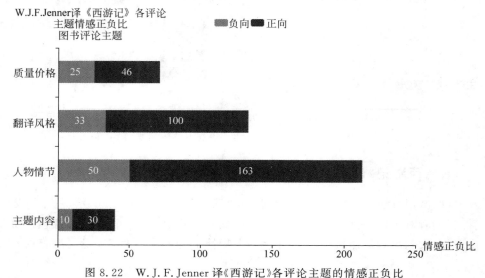

图 8.22 W. J. F. Jenner 译《西游记》各评论主题的情感正负比

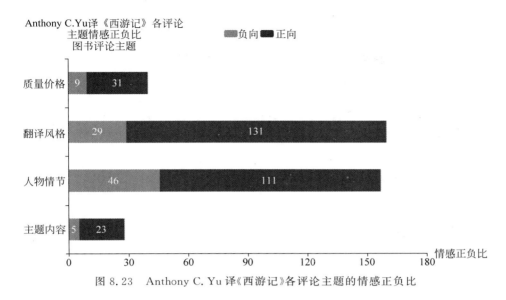

图 8.23 Anthony C. Yu 译《西游记》各评论主题的情感正负比

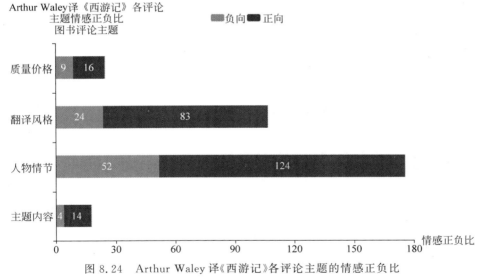

图 8.24 Arthur Waley 译《西游记》各评论主题的情感正负比

综合分析可以发现,读者对于《西游记》的各译本评价状况大多倾向于积极。在人物情节方面,W. J. F. Jenner 译本的情感正负比为 3.26∶1,Anthony C. Yu 译本的情感正负比为 2.41∶1,Arthur Waley 译本的情感正负比为 2.38∶1,David Kherdian 译本的情感正负比为 3.67∶1,Timothy Richard 译本的情感正负比为 3.33∶1,说明读者对 David Kherdian 译本和 W. J. F. Jenner 译本的人物

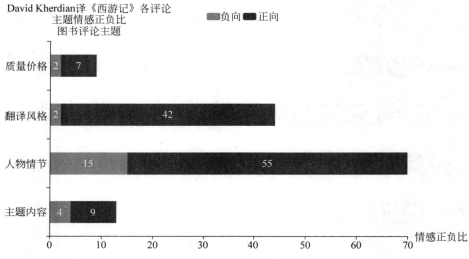

图 8.25　David Kherdian 译《西游记》各评论主题的情感正负比

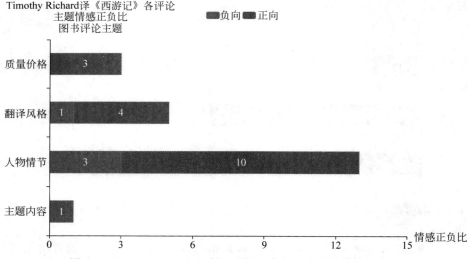

图 8.26　Timothy Richard 译《西游记》各评论主题的情感正负比

情节较为喜爱。

翻译风格方面，W. J. F. Jenner 译本的情感正负比为 3.03∶1，Anthony C. Yu 译本的情感正负比为 4.52∶1，Arthur Waley 译本的情感正负比为 3.46∶1，David Kherdian 译本的情感正负比为 21∶1，Timothy Richard 译本的情感正负比为 4∶1，《西游记》英译本数量众多流传深广，通过《西游记》英译本的相关研究得知，W. J. F. Jenner 译本、Anthony C. Yu 译本和 Arthur Waley 译本都是在学界广受研究的优秀译本代表,其中 W. J. F. Jenner 译本和 Anthony C. Yu 译本是全译本,Arthur Waley 译本为节译本,W. J. F. Jenner 采用异化的翻译策略,从文体、语言和文化方面力求还原原著的面貌[①],Anthony C. Yu 采用归化和异化相结合的翻译方法,将原文翻译得更为形象生动,深受读者青睐,而 Arthur Waley 简练精准的翻译风格使其译本通俗易懂,减少了英语读者的阅读苦难,三个译本皆在《西游记》的百年英译史中影响深远[②],David Kherdian 译本和 Timothy Richard 译本也颇有特色,David Kherdian 宗教追求和冒险故事融为一体的翻译风格准确复述了中国古代的寓言故事,受众接受度较高[③],Timothy Richard 将译文结构进行了基督化改写,原著的自身价值并没有得以体现,结合本文研究结果,除了 Timothy Richard 的译文,其他四个译本的翻译风格都深受读者赞赏。

主题内容方面,W. J. F. Jenner 译本的情感正负比为 3∶1,Anthony C. Yu 译本的情感正负比为 4.6∶1,Arthur Waley 译本的情感正负比为 3.5∶1,David Kherdian 译本的情感正负比为 2.25∶1,Timothy Richard 译本无正面评价,由于各个译本的主题内容评价数量少,可以得知读者对五个译本的主题内容满意程度一般,且 Timothy Richard 译本不如其他译本受欢迎。

质量价格方面,W. J. F. Jenner 译本的情感正负比为 1.84∶1,Anthony C. Yu 译本的情感正负比为 3.44∶1,Arthur Waley 译本的情感正负比为 1.78∶1,David Kherdian 译本的情感正负比为 3.5∶1,Timothy Richard 译本的数据较少,暂无负面评价,说明读者对 Anthony C. Yu 译本和 David Kherdian 译本的质量价格较为满意;

Kathryn Lin 译本和 Christine Sun 译本为《西游记》少儿英语读物,因此本节将这两个译本与其他《西游记》英译本分开分析,情感正负比如图 8.27、图 8.28 所示,从图中可以看出读者对于这两个译本的评价倾向于积极。综合来看,《西游记》生动有趣的故事情节也逐渐受外国少儿读者的关注与喜爱,本文研究中少儿读者更倾向于阅读 Kathryn Lin 译本。

人物情节方面,两个译本的评价数量相同,Kathryn Lin 译本的评价情感均为正向,Christine Sun 的情感正负比为 0.5∶1,说明 Kathryn Lin 译本的人物情节描写也受少儿读者青睐。

翻译风格方面,Kathryn Lin 译本的情感正负比为 4∶1,Christine Sun 的情

---

① 周远航.论詹纳尔《西游记》英译本的异质性及意义.上海翻译,2018(04),44-49.
② 王文强.《西游记》英译史研究.上海外国语大学,2019.
③ 朱明胜.《西游记》英译本副文本解读.小说评论,2016(04),100-107.

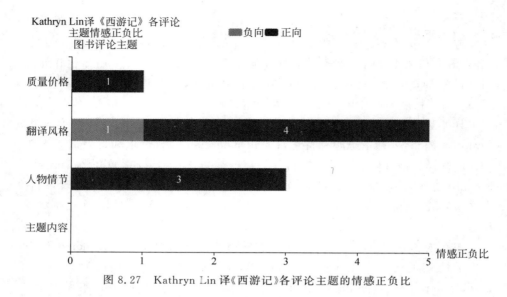

图 8.27 Kathryn Lin 译《西游记》各评论主题的情感正负比

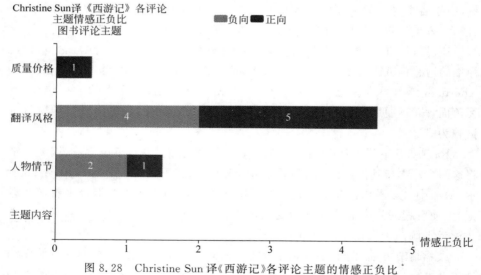

图 8.28 Christine Sun 译《西游记》各评论主题的情感正负比

感正负比为 1.25∶1，可以看出 Kathryn Lin 译本的翻译风格更受少儿读者欢迎。

由于是少儿读物，读者对这两个译本的评价数量并不多，主题内容方面读者对两个译本并没有发表有价值的意见。

质量价格方面，读者对两个译本都表示为正向，且数量相同。

2. 《西游记》译本评论主题观点结构化摘要

《西游记》译本评论主题观点结构化摘要示例如下所示：

- 人物情节（共635条）　　积极评价比例 **73.5%**
  - Positive：467
    - A fun read with fun characters, Monkey and Pigsty being my favorites.
    - I love the story & added a little more understanding about Chinese culture.
    - It is nicely organized with each chapter as a separate episode or story that allows for a pause between chapters without losing the overall arc of the story.
    - ……
  - Negative：168
    - Yes, there is character development and exciting battles along the way, but do you need 2500+ pages for it?
    - A bit boring at times if you're not one for too much detail that bears little relevance to the plot.
    - "Journey to the West", some of the monster stories start to follow similar patterns
    - ……

人物情节方面，评价数量最多且积极评价占73.5%，读者认为译本中人物描写有趣（funny），情节章回组织合理，"每一章都是独立的情节或故事，可以在各章之间停顿一下，有不会失去对故事的整体把握"，但也有读者抱怨细节描写过多，而且"这些细节与情节无关"，导致书籍太长，难以持续阅读。另外，也有读者表示"在书中，妖怪的故事遵循一定的模板"，例如无论男性或女性的妖精都会想方设法通过吃唐僧肉或与之结合来获得长生不老。

- 翻译风格（共463条）　　积极评价比例 **79.7%**
  - Positive：369
    - This translation captures so much of the same humor and personalities of the characters that it was just as enjoyable as the Chinese version.
    - The footnotes at the bottom of each page were an especially nice detail.

- This book is beautifully descriptive and spiritually deep at the same time, but don't let the word spiritual throw you off.
- ……

■ Negative：94
- The translation is poor.
- The translation is extremely dry. I think it would've been better if the author took liberties and wrote the story himself rather than do a direct translation.
- poor translating, the story is great but poor choice of wording make it difficult to read.
- ……

翻译风格方面，评价数量较多且积极评价占 79.7%，大多读者对于译文较为满意，认为译本"抓住了很多相同的幽默和人物的个性，以至于它和中文版一样令人愉快"，而且"每页底部的脚注"有助于读者对故事的理解，但也有部分读者认为"译文枯燥无味，译者过于忠实于原文"，也有认为"翻译措辞不当，难以读懂"。

❏ 主题内容（共100条）　积极评价比例　**76.0%**

■ Positive：76
- The story itself is a wonderful comedic adventure that provides insights into Taoism, Buddhism, and Confucianism as well as satirizes Chinese society of the 16th century.
- Although there is a great deal of violence the tone is very light.
- An exciting adventure story fleshed out with religious philosophies and historical references.
- ……

■ Negative：24
- Do not read this for pleasure, you will regret it. Only buy this book if you have to read it for class.
- However, many of the Buddhist and Taoist elements may be confusing to readers unfamiliar with the basic concepts.
- The plot is so contrived as to be thoroughly boring.
- ……

主题内容方面，评价数量最少且积极评价占 76.0%，从评价内容看，读者普遍认可《西游记》中的探险故事和书中反映的宗教思想，并表示"这个故事本身是一个精彩的喜剧性冒险,它提供了对道教、佛教和儒家思想的见解,同时也讽刺了 16 世纪的中国社会","虽然有大量的暴力,但语气却非常轻松。"但也有读者认为"这本书不适合作为放松娱乐来阅读",并且"对于不熟悉基本概念的读者来说,许多佛教和道教的内容可能会让他们感到困惑"。

- ❏ 质量价格(共 150 条)　积极评价比例 **70.0%**
  - ■ Positive:105
    - ❏ Came brand new with no rips or bends.
    - ❏ Absolutely brand new condition I am very happy with this purchase.
    - ❏ Sure, the paper is paper-thin and cheap, but if you hold it up to the light you can read both sides at once, saving time.
    - ……
  - ■ Negative:45
    - ❏ I would like to read this, but $20 for a Kindle book, any Kindle book, is outrageous. The publishers are getting far too greedy.
    - ❏ The ink of most of the pages is very light and fuzzy, and the words are just like photo copies from a very old photo copy machine.
    - ❏ However, the printing and binding of this edition is really horrible-cheap paper, small fond of printing, very bad binding.
    - ……

质量价格方面,评价数量较少且积极评价比例为 70.0%,"易于阅读""书籍状态好""书籍质量好"令读者感到满意,但也同样存在"kindle 版译本价格昂贵""印刷、装订糟糕"等问题。

3.《西游记》译本评论主题词观点结构化摘要

人物情节方面,读者对《西游记》中的旅途(journey)和故事(tale)讨论最多,认为书中描写的西游的旅途是真实的(actual)、史诗般的(epic)、富含神话色彩的(mythological)等,当然也有读者认为旅途艰巨(arduous)且糟糕(awful),也有读者认为删减版(abridged)不能令人满意。读者普遍认为《西游记》故事情节优美(beautiful)、易于理解(accessible)也值得称赞(admirable),但也有读者认为故事情节老套(ancient)、偶然性(occasional)较高,缺少依据(evident)。《西游记》中主要人物数量较少,故事情节发展复杂,描写手法细腻,体现了中国古代浪漫的文学色彩。《西游记》译本评论人物情节主题词观点结构化摘要示例如下所示。

- 主题词 journey：52
  - ☺ 积极情感词及出现次数
    [actual4]　　　[epic3]　　　[new3]　　　[classic2]
    [mythological2]　[additional1]　[basically1]　[big1]
    [brilliant1]　　[curious1]　　[delightful1]　[earnest1]
    [fiction1]　　　[hero1]　　　[great1]
  - ☹ 消极情感词及出现次数
    [awash2]　　　[abridged1]　　[arduous1]　　[awful1]

......

- 主题词 tale：34
  - ☺ 积极情感词及出现次数
    [beautiful2]　[great2]　　　[accessible1]　[admirable1]
    [beloved1]　　[early1]　　　[enchanting1]　[entertaining1]
    [fantastic1]　[favorite1]　[fine1]　　　　[forever1]
    [funny1]
  - ☹ 消极情感词及出现次数
    [ancient2]　　[evident1]　　[occasional1]　[old1]
    [superhero1]

......

翻译风格方面，读者认为《西游记》的译者的翻译风格（translation）和文化因素（culture）讨论最多。读者普遍认为翻译风格好（good,fine），保持了原著原汁原味（original）的感觉，可读性高（readable），但也有读者认为译者的翻译令人尴尬（awkward）、枯燥（dry）且辞藻堆砌（flowery），并对删减（abridged,cut）表示不满。其次，对于译文中的文化因素，读者大多表示满意，认为其是伟大的（great）、有趣的（funny）、精彩的（brilliant）、令人愉悦的（delightful），也满足了读者的好奇心（curious），但也有读者认为文化因素较为古老（ancient）、传统（traditional）、令人困惑（confusing）。《西游记》译本评论翻译风格主题词观点结构化摘要示例如下所示。

- 主题词 translation：131
  - ☺ 积极情感词及出现次数
    [good8]　　　[original6]　　[readable5]　　[accurate4]

[excellent4]　[fine4]　　　[great4]　　　[classic3]
[novel3]　　[particular3][wonderful3]　[amazing2]
[available2]　[direct2]　　[enjoyable2]　[important2]
[refreshing2]　[superb2]

☹ 消极情感词及出现次数
[abridged6]　[awkward2]　[dry2]　　　[faithful2]
[flowery2]　　[bad1]　　　[copiously1]　[cut1]
[difficult1]

……

■ 主题词 culture：41

☺ 积极情感词及出现次数
[interested6]　[great4]　　[content3]　　[popular2]
[basic1]　　　[brilliant1]　[curious1]　　[delightful1]
[early1]　　　[excellent1]　[famous1]　　[funny1]
[greatly1]

☹ 消极情感词及出现次数
[ancient4]　　[confusing1]　[evident1]　　[traditional1]

……

主题内容方面，读者对《西游记》描述的世界（world）讨论最多，认为它是宏大的（big）、美丽的（beautiful）、迷人的（fascinating）等，同时也有负面评价，如古代的（ancient）、神话般的（mythical）、难于想象的（difficult）等，读者对书中描绘的世界持有不同的态度反映了中西文化的差异，也说明海外读者对中国文化的喜爱之情，因此译者在翻译过程中应认真对待文化因素的翻译，使其更易于海外读者接受与理解。《西游记》译本评论主题内容主题词观点结构化摘要示例如下所示。

■ 主题词 world：18

☺ 积极情感词及出现次数
[big2]　　　　[tale2]　　　[avid1]　　　[beautiful1]
[fascinating1]　[favorite1]　[fiction1]　　[great1]
[interested1]　[new1]　　　[real1]　　　[sacred1]

☹ 消极情感词及出现次数
[ancient1]　　[difficult1]　[mythical1]　[sheer1]

……

质量价格方面，读者对《西游记》的质量（quality）讨论最多，大多读者收到的书籍状态都很好（good, perfect），物有所值（worth），但也有读者认为书籍质量差（poor, terrible），页面有褶皱（froward）。《西游记》译本评论质量价格主题词观点结构化摘要示例如下所示。

- 主题词 quality：16
  - ☺ 积极情感词及出现次数
    [worth1]   [good1]   [hard1]   [immortal1]
    [perfect1]   [physical1]   [average1]
  - ☹ 消极情感词及出现次数
    [poor4]   [episodic1]   [froward1]   [instantly1]
    [low1]   [terrible1]

……

8.2 典籍英译评论词云可视化

词云可视化可以从视觉上突出典籍英译评论中出现频率较高的关键词汇，本节基于统计上浮原理对典籍英译评论进行词云可视化，直观展现读者对每个典籍译本的关注重点。

8.2.1 《红楼梦》译本评论词云可视化

《红楼梦》译本评论的词云可视化如图 8.29 所示，从中可以得知，读者对于《红楼梦》的讨论内容主要为故事、翻译、卷、人物，书中揭示的 18 世纪传统的中国社会引起了外国读者浓厚的阅读兴趣，并对书中描写的家族兴衰史以及人物角色的生平做了主要评价，尤其是人物宝玉和黛玉，也对两个译者的译本的诗歌翻译以及导言内容有关注。

《红楼梦》两个译本评论的词云可视化如图 8.30(a) 和 (b) 所示，从中可以得知，读者对于 David Hawkes 译本和 Yang Xianyi 译本《红楼梦》的讨论内容主要为翻译和故事，David Hawkes 译本的读者更偏向于讨论每卷的内容、人物角色以及文化背景，Yang Xianyi 译本的读者更偏向于讨论版本之间的差异以及译者书中的拼音部分，且相对于 David Hawkes 译本的读者更喜欢讨论宝玉和黛玉两个人物角色，可以看出 Yang Xianyi 译本的读者对中国经典文学作品有更浓厚的兴趣。

第8章　典籍英译评论观点汇总和词云可视化

图 8.29　《红楼梦》译本评论词云图

(a) David Hawkes译《红楼梦》译本评论词云图

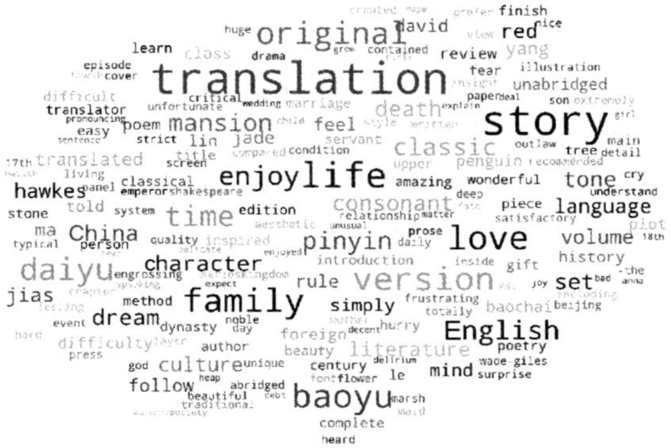

(b) Yang Xianyi译《红楼梦》译本评论词云图

图 8.30　两个《红楼梦》译本评论词云图

8.2.2 《论语》译本评论词云可视化

《论语》译本评论的词云可视化如图 8.31 所示，从中可以得知，读者对于《论语》的评价内容主要为孔子、翻译以及书中反映的哲学思想，《论语》作为最经典的儒家著作含义深刻，其中的言论至今仍被视为真理，书中揭示的孔子及其弟子的政治主张、智慧思想引起了外国读者的热烈讨论，除此之外，读者对于书籍的质量、批注、背景以及介绍内容方面也发表了较多意见。

图 8.31 《论语》译本评论词云图

《论语》三个译本评论的词云可视化如图 8.32(a)、(b) 和 (c) 所示，从中可以得知，读者对于 Roger T. Ames 和 Henry Rosemont Jr. 译本、D. C. Lau 译本和 Annping Chin 译本的讨论词主要为孔子和翻译，Roger T. Ames 和 Henry Rosemont Jr. 译本的读者更偏向于讨论语言不同所表达的含义差异、书中的哲学思想以及介绍内容；D. C. Lau 译本的读者更偏向于讨论孔子及其弟子发表的具体言论，并结合现代社会反映出的现状给出了自己的理解；Annping Chin 译本相较于其他两个译本的读者对译者较为感兴趣，并认为该译本容易阅读。

第8章 典籍英译评论观点汇总和词云可视化

(a) Roger T.Ames,Henry Rosemont Jr.译《论语》译本评论词云图

(b) D.C.Lau译《论语》译本评论词云图

(c) Annping Chin译《论语》译本评论词云图

图 8.32　三个《论语》译本评论词云图

8.2.3 《三国演义》译本评论词云可视化

《三国演义》译本评论的词云可视化如图 8.33 所示,从中可以得知,读者对于《三国演义》的评价内容主要为故事、人物、翻译以及版本,《三国演义》以人物为载体,形象地诠释了中国传统文化的基本精神,书中历史背景下发生的奇闻轶事是吸引读者的最大因素之一,除此之外,读者对于书籍的每个卷的内容也发表了较多意见。

图 8.33 《三国演义》译本评论词云图

《三国演义》三个译本评论的词云可视化如图 8.34(a)、(b)和(c)所示,从中可以得知,读者对于 Yu Sumei 译本、Moss Roberts 译本和 C. H. Brewitt-Taylor 译本的讨论词主要为翻译及人物,Yu Sumei 译本的读者更偏向于讨论书中的经典人物,如诸葛亮与刘备,以及书中的战役;Moss Roberts 译本的读者更偏向于讨论典籍的版本、质量以及对译者的评价;C. H. Brewitt-Taylor 译本相较于其他两个译本的读者对典籍的历史背景与故事更感兴趣,以及对书中的拼音翻译有较多看法。

8.2.4 《孙子兵法》译本评论词云可视化

《孙子兵法》译本评论的词云可视化如图 8.35 所示,从中可以得知,读者主要认为《孙子兵法》中的内容对现实生活十分有教育意义,值得一读,《孙子兵法》作为中国古代兵法经典,其中所反映的伦理思想以及军事策略被很多国家借鉴学习,流传甚广,除此之外,读者对于该典籍的版本、质量与价格也有较多反馈。

(a) Yu Sumei译《三国演义》译本评论词云图

(b) Moss Roberts译《三国演义》译本评论词云图

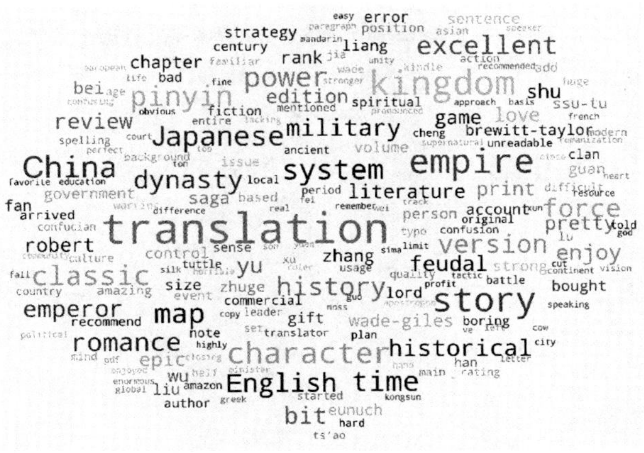

(c) C.H.Brewitt-Taylor译《三国演义》译本评论词云图

图 8.34　三个《三国演义》译本评论词云图

图 8.35 《孙子兵法》译本评论词云图

《孙子兵法》三个译本评论的词云可视化如图 8.36(a)、(b)和(c)所示,从中可以得知,读者对于 Brace E. Barber 译本、Lionel Giles 译本和 Gary Gagliardi

(a) Brace E.Barber译《孙子兵法》译本评论词云图

(b) Lionel Giles译《孙子兵法》译本评论词云图

图 8.36 三个《孙子兵法》译本评论词云图

(c) Gary Gaglirdi 译《孙子兵法》译本评论词云图

图 8.36 （续）

译本的讨论内容主要为对现代生活的启示，Brace E. Barber 译本的读者更偏向于讨论书中体现的智慧思想与价格问题，认为此书值得推荐；Lionel Giles 译本的读者更偏向于讨论典籍的版本、军事策略，以及在商业和竞争活动中发挥的作用；Gary Gagliardi 译本相较于其他两个译本的读者更关注典籍的翻译，认为书中内容很好但存在翻译错误。

8.2.5 《西游记》译本评论词云可视化

《西游记》译本评论的词云可视化如图 8.37 所示，从中可以得知，读者对于《西游记》的评价内容主要为故事、翻译、版本以及人物，《西游记》作为版本最多

图 8.37 《西游记》译本评论词云图

的名著之一，其中所反映的主题思想以及极具特色的人物形象深受海内外不同年龄层读者的喜爱，海外读者对《西游记》研究也十分注重，典籍中的佛教文化引起了读者的较多关注。

《西游记》七个译本评论的词云可视化如图 8.38(a)、(b)、(c)、(d)、(e)、(f) 和 (g) 所示，其中图 8.38(f) 与图 8.38(g) 为《西游记》儿童读物，将与其他五个译本分开阐述。从前五个译本可以得知，读者对于 W. J. F. Jenner 译本、Anthony C. Yu 译本、Arthur Waley 译本、David Kherdian 译本和 Timothy Richard 译本的讨论内容主要为对故事、翻译以及主要的人物角色，W. J. F. Jenner 译本的读者更偏向于讨论典籍每个卷的不同内容和其中的冒险故事；Anthony C. Yu 译本的读者认为该译本值得推荐，对书中的脚注及文化背景感兴趣；Arthur Waley 译本的读者同样推荐此书，且大多观看过电视剧版，相较于其他译本的

(a) W.J.F.Jenner译《西游记》译本评论词云图

(b) Anthony C.Yu译《西游记》译本评论词云图

图 8.38　七个《西游记》译本评论词云图

第8章 典籍英译评论观点汇总和词云可视化 197

(c) Arthur Waley译《西游记》译本评论词云图

(d) David Kherdian译《西游记》译本评论词云图

(e) Timothy Richard译《西游记》译本评论词云图

图 8.38 （续）

(f) Kathryn Lin译《西游记》译本评论词云图

(g) Charistine Sun译《西游记》译本评论词云图

图 8.38 （续）

读者更详细地讨论了书中的主要角色；David Kherdian 译本的读者对人物唐三藏有较多的讨论；Timothy Richard 译本的读者认为读这些故事有助于人理解以诚实和正义的方式生活的好处。

　　Kathryn Lin 译本和 Christine Sun 为《西游记》少儿英语读物，图 8.38（f）与图 8.38（g）综合分析可以发现，Kathryn Lin 译本的大多家长将作为礼物赠送与自己的孩子，并认为此书值得推荐，儿童们都喜欢阅读，并对该译本的译者和印刷与色彩进行了评价；Christine Sun 的读者认为该译者对词语的词义翻译出现了与原著翻译不一致现象。

本章小结

  本章分析非结构化的典籍英译评论文本,构建了半结构化的可视化摘要。分别对典籍英译读者评论进行主题类别情感比例汇总、评论主题类别观点结构化摘要和主题词观点结构化汇总,为读者、译者和出版社等相关研究者提供细粒度的、针对译本具体主题特征的观点分析可视化结果。最后本章还为典籍英译评论生成词云可视化图,并进一步分析了读者关注的热点词汇。

第9章

结 束 语

9.1 研究结论

本研究在典籍英译读者观点挖掘任务中开展跨学科研究，扩大读者观点研究的视野，通过互联网获取典籍英译海外评论语料，对评论观点进行自动挖掘和定量分析，梳理读者评论关注的重点主题，为系统深入发现读者评论观点态度提供客观分析依据。主要研究结论如下。

1. 综合运用自然语言处理技术、机器学习方法的跨学科研究，是典籍英译观点挖掘的有效途径

（1）深度挖掘评论语义主题，获取隐性读者观点

典籍英译评论观点挖掘既要从译本风格、用词遣句等微观层面考察，又要从全局把握观点主题的内在联系和重要性排序。网络评论噪声大、表达方式随意、语料规模大、观点稀疏分散。为梳理读者关注的重点，需要构建深度语义挖掘的观点主题模型，从多维度分析挖掘隐含的有价值主题，结合领域知识，对抽取出的主题词进行分类，绘制主题词共词聚类图谱，通过可视化的相似度映射技术和加权的模块参数化聚类算法呈现海外读者共同高度关注的主题类簇，结合知识网络节点中心度呈现各个类簇中的关键主题词，可以突破原有图书评论主题抽取囿于主观分析和小样本数据分析的局限，从冗杂的评论信息中抽取更丰富的隐性知识。

具体实现方法可采用有监督的潜在狄利克雷主题模型对典籍英译评论进

行全局主题建模,将评论文本高维词空间映射到具有可解释性的低维主题空间,提取隐含语义结构,从而对文本进行主题分类,量化文本和主题之间的相似度,发现文本中潜在的子话题。利用外部常识知识库有助于从评论文本直接抽取显性主题词和隐性主题词,应用于主题词发现和主题聚类能够进一步为理清读者观点的主要影响因素提供语义层面的挖掘方法。

(2) 判别观点情感倾向,探究读者潜在观点态度

评论情感倾向判别是探究潜在观点态度的关键步骤,自然语言处理算法结合情感词典,能够有效分析典籍英译评论篇章级情感态度,为细粒度情感分析提供参考,从读者反应的情感层面分析受众对译本作出的深层反应,探究读者潜在观点态度,了解国外读者对特定译者或译本所持有的具体态度,帮助译者和出版社基于可信数据定量研究读者反应,从而为翻译策略的分析、判断和取舍提供客观依据。

本研究的实验结果表明,通过主题词分析可以从大量评论中自动发现委婉的对译本质量某一方面的真实评价。如果仅仅依赖于用户评分,则无法发现这些隐藏于字里行间的细微态度。

(3) 适应多语言跨领域环境,迎接国际化挑战

互联网的国际化特质决定了在多语言、跨领域上下文环境下研究典籍英译评论尤为重要,情感倾向判别等基本任务与语言环境与问题领域高度相关,不同领域数据的情感特征并不完全相同,在某一语言环境和某一领域数据中训练的情感预测模型,通常不能直接用于其他领域。采用基于深度学习的方法,可以为多语言、跨领域环境下典籍英译评论情感分析提供解决方案。

2. 在典籍英译评论观点挖掘任务中,本研究分析得到影响典籍英译海外读者接受的制约因素

影响典籍英译海外读者接受的制约因素包括:海外读者对人物情节方面的故事背景、故事情节、人物形象的不理解,对翻译风格方面描述不清楚、不符合英语表达习惯的奇怪表述、译本难度过高、翻译过程过度简化缩减原著、英语表达中模糊不清、译文人名地名难以发音、直译原著方言多、译本缺乏热情显得枯燥、译文中诗句太多、情节重复、太多双关和文字游戏;质量价格方面编辑错误多、页面模糊、纸质薄等因素。

根据海外读者给出积极评价的主要原因,分析得到有利于典籍英译海外读者接受的促进因素主要包括:对著作中塑造人物形象的赞赏,叙事手法的简明,历史背景的恢宏壮观、信息量大、情节的引人入胜离奇曲折、高超的策略战略;翻译风格方面注释恰当、翻译有洞察力细致入微,英语描写优美、幽默、充满热

情、可读性好、译本准确无误并忠实于原著,偏爱描述性的人名地名等术语翻译方式;质量价格方面价格适中、体积小易携带等因素,是海外读者积极评价的主要直接原因。

此外,本研究从读者评论中发现海外受众对译本的权威性很敏感,为进一步提升典籍英译海外传播效果,需要培养海外读者群中对中国文化认同的意见领袖,他们的观点态度通过网络评论等渠道会影响更广范围的普通读者,引导普通读者欣赏中华传统典籍。

3. 提出促进典籍英译海外接受,讲述中国故事的对策建议

(1) 典籍英译海外传播既要有理论层面的顶层设计和深度思考,也需要实践层面以受众反馈事实数据为基础的精细化市场调研,以科学分析促进文化传播。在明确中华文化自信和文化自觉主体地位的前提下,海外精神产品传播要注重对输出结果和反馈的研究,不只是满足海外读者好奇心,更应基于大数据挖掘分析受众感兴趣的中华文化价值元素、增强文化传播竞争力,理论层面和实践层面深度融合共同促进话语权构建,维护中华文化的内涵和价值,精神产品传播才能达到事半功倍的效果。

(2) 互联网大数据环境下的典籍英译海外读者群体的主要构成是普通读者,在受众范围广、受众分散、读者研究难度大的挑战下,应利用自然语言处理等人工智能技术充实海外传播受众研究内容。不能止步于小样本分析和主观分析,需要精准定位问题,并以问题为导向,在"信、达、雅"的目标和读者关照的平衡中,以事实数据为基础,处理好海外读者受众反映的主要问题,在典籍英译的话语策略选择时注重受众的接受能力,达到预期的引起关注、留下记忆并改变态度的海外接受效果。

9.2 研究局限

(1) 由于跨学科研究本身的复杂性,在研究框架和研究方法选择上不可避免存在主观性,典籍英译评论观点挖掘研究的系统性还需进一步完善。典籍英译评论中的主题观点分布具有多元性和分散性,主题搭配结构复杂,需进一步细致探讨主题词和情感倾向分析方法。

(2) 由于本研究所选语料的局限性,提出的研究方法还需在大规模、多语言环境下进一步验证。

(3) 网上读者身份难以确认,在本研究中未能探究读者立场态度与评论行

为的深层关系,无法结合读者身份研究读者反应的行为层面。

9.3 研究展望

（1）从典籍英译读者认知心理的角度做好读者关照。从读者批评中挖掘读者认知特点和规律,帮助译者做好视野融合,研究海外读者细微的用语习惯和微妙的审美偏好,发现读者对译文的语言节奏、词的上下文搭配、增强可读性和语言美感的期待,关照缺乏典籍历史背景的海外读者,使中华典籍海外传播达到包容和谐的全球视野。

（2）从读者反应的行为层面,基于读者评论行为轨迹追踪受众阅读译本或阅读其他读者发表的评论信息后,选择对信息相信、抵制或协商等行为上的变化,探究读者立场态度与评论行为的深层关系,尤其应关注主要图书销售网站评论社区意见领袖的行为、影响力和意见二次传播效应的研究。

（3）推广典籍英译海外评论的研究经验到多语种环境,互联网的国际化特质决定了在多语言、跨领域上下文环境下研究典籍英译评论尤为重要,典籍英译海外评论的研究应运用跨语言情感分析技术尽早适应多语言跨领域环境,迎接国际化挑战,推广到一带一路文化互联融通之中,从更广泛意义上探讨对我国典籍外译事业的启示。

参考文献

[1] Nida E A. Toward a science of translating: with special reference to principles and procedures involved in Bible translating[M]. Brill Archive, 1964.

[2] Newmark P. A textbook of translation[M]. New York: Prentice hall, 1988.

[3] Gutt E A. Translation and relevance: Cognition and context[M]. London: Routledge, 2014.

[4] 祁瑞华. 跨学科研究: 典籍英译海外评论挖掘的有效路径[N]. 中国社会科学报, 2020-05-12(007).

[5] 潘文国. 典籍英译心里要有读者——序吴国珍《〈论语〉最新英文全译全注本》[J]. 吉林师范大学学报(人文社会科学版), 2012, 40(1): 16-19.

[6] 蒋骁华, 姜苏. 以读者为中心: "杨译"风格的另一面——以杨译《宋明平话选》为例[J]. 外国语言文学, 2007(3): 188-197.

[7] 易鸣. 从接受理论视角看《道德经》在英美的翻译[D]. 长沙: 湖南师范大学, 2006.

[8] 白玉杰. 论中国典籍英译本的跨文化传播能力[D]. 郑州: 河南大学, 2009.

[9] 王欣. 读者因素对汉语典籍英译的影响[J]. 沈阳师范大学学报(社会科学版), 2011, 35(1): 159-161.

[10] 刘朝晖. 评《红楼梦》两个英译本的可接受性——以美国亚利桑那州立大学学生的抽样调查为例[J]. 中国翻译, 2014, 35(1): 82-87.

[11] 陈梅, 文军. 中国典籍英译国外阅读市场研究及启示——亚马逊(Amazon)图书网上中国典籍英译本的调查[J]. 外语教学, 2011, 32(4): 96-100.

[12] 张阳. 中华典籍海外读者市场的生态解读及启示——以亚马逊《论语》英译本为例[J]. 浙江理工大学学报, 2013, 30(3): 410-414.

[13] 何晓花. 从读者反应论看历史典籍翻译现代重构的可行性——以斯蒂芬·米歇尔《道德经》译本为例[J]. 沈阳农业大学学报(社会科学版), 2014, 16(3): 366-369.

[14] Hu M, Liu B. Mining and summarizing customer reviews[C]//Proceedings of the tenth ACM SIGKDD international conference on Knowledge discovery and data mining, 2004: 168-177.

[15] Liu B, Zhang L. A survey of opinion mining and sentiment analysis[M]//Mining text data. Boston: Springer, 2012: 415-463.

[16] 刁宇峰, 杨亮, 林鸿飞. 基于LDA模型的博客垃圾评论发现[J]. 中文信息学报, 2011, 25(1): 41-47.

[17] 王素格, 吴苏红. 基于依存关系的旅游景点评论的特征-观点对抽取[J]. 中文信息学报, 2012, 26(3): 116-121.

[18] 刘鸿宇, 赵妍妍, 秦兵, 等. 评价对象抽取及其倾向性分析[J]. 中文信息学报, 2010, 24(1): 84-88+122.

[19] 刘海涛, 潘夏星. 汉语新诗的计量特征[J]. 山西大学学报(哲学社会科学版), 2015,

38(2):40-47.
- [20] 许家金.语料库翻译研究遗珠[J].解放军外国语学院学报,2018,41(2):1-10+160.
- [21] Nida E A,Taber C R. The theory and practice of translation[M].上海:上海外语教育出版社,2004.
- [22] Nida E A. Language and culture:contexts in translating[M].上海:上海外语教育出版社,2001.
- [23] 谭志强,刘林.从读者反应批评看《左传》"赋诗首章"现象[J].齐鲁学刊,2019(1):122-127.
- [24] 杨亚利.读者反应论视域下儿童科幻小说的英汉翻译策略研究[D].北京:北京外国语大学,2020.
- [25] 林克难.论读者反应在奈达理论中的地位与作用[J].解放军外国语学院学报,2012,35:81-85+128.
- [26] 郑晔.从读者反应看中国文学的译介效果:以英文版《中国文学》为例[J].中国比较文学,2017(1):70-82.
- [27] 陈小春.由《斗破苍穹》的译介看中国当代网络小说的输出:"读者反应论"视角[D].福州:福建师范大学,2018.
- [28] Richardson S,Sterne L. Martin,J. and P. white. The Language of Evaluation:Appraisal in English. London[J]. Linguistics,2005,10:1-13.
- [29] 赵卫,李南.诗歌解读的评价视角[J].山东社会科学,2012,(2):84-88.
- [30] 吴智慧.评价理论视角下看《白象似的群山》中的人物形象[J].语文建设,2012(4):9-10.
- [31] 张荆欣,伍思静.评价理论视域下香水广告语篇对比研究[J].东北师大学报(哲学社会科版),2018(3):125-131.
- [32] 董丹.评价理论视角下意大利主流媒体对十九大报道的积极话语分析[J].外国语文,2019,35(4):17-23.
- [33] 张先刚.评价理论对语篇翻译的启示[J].外语教学,2007(6):33-36.
- [34] 钱宏.运用评价理论解释"不忠实"的翻译现象——香水广告翻译个案研究[J].外国语(上海外国语大学学报),2007,(6):57-63.
- [35] 刘世铸.评价理论观照下的翻译过程模型[J].山东外语教学,2012,33(4):24-28.
- [36] 陈曦蓉.评价理论态度视域下语篇英译策略——以上市公司年报致辞为例[J].上海翻译,2019(6):41-45+68.
- [37] 陈梅,文军.评价理论态度系统视阈下的白居易诗歌英译研究[J].外语教学,2013,34(4):99-104.
- [38] 鞠玉梅.《论语》英译文语篇介入资源的修辞劝说功能[J].当代修辞学,2017(2):37-46.
- [39] 鞠玉梅.《论语》英译文语篇评价系统之判断资源的修辞功能[J].当代修辞学,2016(5):37-48.
- [40] 王树槐.小说翻译的情感批评——以《祝福》英译为例[J].外语学刊,2020(5):86-92.
- [41] 鄢佳,李德凤.评价意义在奥运新闻标题编译中的改写[J].中国科技翻译,2013,

26(1)：52-55.
- [42] 徐珺,夏蓉.评价理论视域中的英汉商务语篇对比研究[J].外语教学,2013,34(3)：16-21.
- [43] 王国凤.政治性新闻语篇翻译中的评价——基于《华盛顿邮报》和《参考消息》中的钓鱼岛事件[J].外语教学,2017,38(3)：34-39.
- [44] 司炳月,高松.外宣文本中英级差资源分布与翻译——以2019年政府工作报告双语文本为例[J].上海翻译,2019(5)：14-20.
- [45] 刘晓琳.评价系统视域中的翻译研究——以《红楼梦》两个译本对比为例[J].外语学刊,2010(3)：161-163.
- [46] 张虹,段彦艳.译者行为批评与《孝经》两译本中评价意义的改变[J].解放军外国语学院学报,2016,39(4)：151-158.
- [47] 翁义明,王金平.人际功能视角下《围城》中的评价语气副词英译研究[J].西安外国语大学学报,2019,27(4)：21-25.
- [48] 丁立,刘泽权.报道动词的评价意义及英译考察——以王熙凤的"笑道"为例[J].上海翻译,2021(1)：77-82.
- [49] 汪宝荣,全瑜彬.《兄弟》英译本在英语世界的评价与接受——基于全套英文书评的考察[J].外国语文,2015,31(4)：65-71.
- [50] 张璐.从Python情感分析看海外读者对中国译介文学的接受和评价：以《三体》英译本为例[J].外语研究,2019,36(4)：80-86.
- [51] 石春让,邓林.基于情感分析技术的莫言小说英译本在西方的接受程度研究[J].外国语文,2020,36(3)：91-96.
- [52] House J. Translation quality assessment：A model revisited[M]. Tubingen：Gunter Narr Verlag,1997.
- [53] 张美芳.翻译研究的功能途径[M].上海：上海外语教育出版社.2005.
- [54] 屠国元,王飞虹.跨文化交际与翻译评估——J. House《翻译质量评估(修正)模式》述介[J].中国翻译,2003(1)：62-64.
- [55] Williams M. Translation quality assessment[J]. Mutatis Mutandis：Revista Latinoamericana de Traducción,2009,2(1)：3-23.
- [56] Reiss K. Translation Criticism：The Potentials and Limitations,trans. Erroll F. Rhodes[J]. Manchester：St. Jerome,2000.
- [57] 李彦,肖维青.翻译专业教学中的应用型文本翻译质量评估：问题与对策[J].外语学刊,2020,(5)：71-78.
- [58] 司显柱.翻译质量评估模式再研究[J].外语学刊,2016(3)：84-94.
- [59] 祁玉玲,蒋跃.基于语言计量特征的文学翻译质量评估模型的构建[J].西安电子科技大学学报(社会科学版),2016,26(1)：84-92.
- [60] 王均松.翻译质量评估新方向：DQF动态质量评估框架[J].中国科技翻译,2019,32(3)：27-29.
- [61] 何三宁.再探翻译质量评估参数[J].中国翻译,2012,33(2)：27-31.
- [62] 季红琴.基于读者接受的《孟子》英译与传播研究[D].长沙：湖南师范大学.2016.

[63] 伊格尔顿.20世纪西方文学理论[M].伍晓明,译.西安:陕西师范大学出版社.1987.

[64] Jauss H R. Literary history as a challenge to literary theory[M]//New directions in literary history. London: Routledge,1974: 11-41.

[65] 姚斯,霍拉勃.接受美学与接受理论[M].周宁,金元浦,译.沈阳:辽宁人民出版社.1987.

[66] Wolfgang I. The act of reading: A theory of aesthetic response[M]. Baltimore: Johns Hopkins University Press,1978.

[67] 季红琴.基于读者接受的《孟子》英译与传播研究[D].长沙:湖南师范大学.2016.

[68] 杨武能.阐释、接受与再创造的循环——文学翻译断想[J].中国翻译,1987,(6):3-6.

[69] 胡安江.论读者角色对翻译行为的操纵与影响[J].语言与翻译,2003(2):51-53+72.

[70] 尹佳.从读者接受理论看外宣翻译中的读者关照——黄友义、徐明强访谈录[J].中国翻译,2016,37(5):76-80.

[71] 贺娜娜,徐江雁,林法财,等."接受理论"视阈下中医典籍英译探析[J].中华中医药杂志,2017,32(5):2104-2107.

[72] 雷沛华,杨春丽.《庄子》国内英译本海外评价调查及启示[J].出版发行研究,2018(6):89-92.

[73] 汪静.从读者接受理论视角浅析《三体》的英译[D].上海:华东师范大学,2018.

[74] 张晓雪,窦卫霖."翻译说服论"视域下汉语新词英译效果与策略研究——以一项汉语新词英译的接受度调查为例[J].上海翻译,2020(1):76-81.

[75] 李书影,王宏俐.《道德经》英译本的海外读者接受研究——基于Python数据分析技术[J].外语电化教学,2020(2):35-41+6.

[76] 胡开宝,胡世荣.论接受理论对于翻译研究的解释力[J].中国翻译,2006,27(3):10-14.

[77] 卞建华.文学翻译批评中运用文学接受理论的合理性与局限性[J].外语与外语教学,2005(1):42-45.

[78] 方汉文.比较文学基础原理[M].苏州:苏州大学出版社.2002.

[79] 刘克强.《水浒传》四英译本翻译特征多维度对比研究[D].上海:上海外国语大学,2013.

[80] 曾利沙.主题与主题倾向关联下的概念语义生成机制——也谈语篇翻译意识与TEM8语段翻译教学[J].外语教学,2007(3):83-87.

[81] 曾利沙.论古汉语诗词英译批评本体论意义阐释框架——社会文化语境关联下的主题与主题倾向性融合[J].外语教学,2010,31(2):88-92.

[82] 张永喜.影响译者选择翻译主题的多重因素——以王佐良的两部译作为例[J].外语研究,2009(6):70-73.

[83] 敖得列,段初发.译诗要传达原诗言少意多的技巧[J].江西教育学院学报(社会科学),2000(1):33-38.

[84] 李震红.从主题对等与效果对等角度重评林译《黑奴吁天录》[J].江苏教育学院学报(社会科学版),2007(3):107-109.

[85] 李红绿.从翻译他者到建构自我——刘半农对译诗主题的借鉴[J].牡丹江大学学报,

2009,18(3):91-93.

[86] 姜欣,姜怡,汪榕培.以"外化"传译茶典籍之内隐互文主题[J].辽宁师范大学学报(社会科学版),2010,33(3):87-90.

[87] 周汝昌.《红楼梦》西译上的趣事与真正的文化主题[N].中华读书报,2011-07-06(003).

[88] 刘桂兰.《红楼梦》亦真亦幻主题叙事英译解读[J].长江大学学报(社会科学版),2013,36(11):96-98.

[89] 陈谊.总结型英语新闻主题句分析及其汉译策略[J].前沿,2010(8):160-162.

[90] Scott M, Tribble C. Textual patterns: Key words and corpus analysis in language education[M]. London: John Benjamins Publishing, 2006.

[91] Scott M. PC analysis of key words—and key key words[J]. System, 1997, 25(2): 233-245.

[92] Scott M. Problems in investigating keyness, or clearing the undergrowth and marking out trails[J]. Keyness in texts, 2010: 43-57.

[93] 李晓倩,胡开宝.中国政府工作报告英译文中主题词及其搭配研究[J].中国外语,2017,14(6):81-89.

[94] 彭发胜,万颖婷.基于语料库的《边城》三个英译本文体特色分析[J].合肥工业大学学报(社会科学版),2014,28(6):83-89.

[95] 李文中.基于英语学习者语料库的主题词研究[J].现代外语,2003(3):284-293+283.

[96] 刘海涛,方昱.忠实原则与诗歌翻译的风格变异:以《飞鸟集》三个译本为例[J].浙江大学学报(人文社会科学版),2017,47(4):89-103.

[97] 钱佩瑶.文体学视角下文化负载词的汉译研究[D].南京:南京大学.2014.

[98] Blei D M, Ng A Y, Jordan M I. Latent dirichlet allocation[J]. Journal of machine Learning research, 2003, 3(Jan): 993-1022.

[99] 廖海涵,王曰芬,关鹏.微博舆情传播周期中不同传播者的主题挖掘与观点识别[J].图书情报工作,2018,62(19):77-85.

[100] 刘雅姝,张海涛,徐海玲,等.多维特征融合的网络舆情突发事件演化话题图谱研究[J].情报学报,2019,38(8):798-806.

[101] 王珠美,胡彦蓉,刘洪久.基于LDA主题模型和直觉模糊TOPSIS的农产品在线评论情感分析[J].数据采集与处理,2020,35(5):965-977.

[102] 陈晓美.网络评论观点知识发现研究[D].长春:吉林大学,2014.

[103] Ma B, Zhang D, Yan Z, et al. An LDA and synonym lexicon based approach to product feature extraction from online consumer product reviews[J]. Journal of Electronic Commerce Research, 2013, 14(4): 304.

[104] Ye Y, Du Y, Fu X. Hot topic extraction based on Chinese Microblog's Features topic model[C]//2016 IEEE International Conference on Cloud Computing and Big Data Analysis (ICCCBDA). IEEE, 2016: 348-353.

[105] Chen Y, Li W, Guo W, et al. Popular topic detection in Chinese micro-blog based on the modified LDA model[C]//2015 12th Web Information System and Application

Conference (WISA). IEEE, 2015: 37-42.

[106] Xie W, Zhu F, Jiang J, et al. Topic sketch: Real-time bursty topic detection from twitter[J]. IEEE Transactions on Knowledge and Data Engineering, 2016, 28(8): 2216-2229.

[107] Lu Y, Zhai C. Opinion integration through semi-supervised topic modeling[C]//Proceedings of the 17th international conference on World Wide Web, 2008: 121-130.

[108] 彭云,万常选,江腾蛟,刘德喜,刘喜平,廖国琼. 基于语义约束 LDA 的商品特征和情感词提取[J]. 软件学报, 2017, 28(3): 676-693.

[109] Andrzejewski D, Zhu X, Craven M. Incorporating domain knowledge into topic modeling via Dirichlet forest priors[C]//Proceedings of the 26th annual international conference on machine learning. 2009: 25-32.

[110] Mukherjee A, Liu B. Aspect extraction through semi-supervised modeling[C]//Proceedings of the 50th Annual Meeting of the Association for Computational Linguistics (Volume 1: Long Papers). 2012: 339-348.

[111] Wang T, Cai Y, Leung H, et al. Product aspect extraction supervised with online domain knowledge[J]. Knowledge-Based Systems, 2014, 71: 86-100.

[112] 裴惠麟,邵波. 多源数据环境下科研热点识别方法研究[J]. 图书情报工作, 2020, 64(5): 78-88.

[113] 祁瑞华,周俊艺,郭旭,等. 基于知识库的图书评论主题抽取研究[J]. 数据分析与知识发现, 2019, 3(6): 83-91.

[114] Hu M, Liu B. Mining opinion features in customer reviews[C]//Association for the Advancement of Artificial Intelligence. 2004, 4(4): 755-760.

[115] Qiu G, Liu B, Bu J, et al. Opinion word expansion and target extraction through double propagation[J]. Computational linguistics, 2011, 37(1): 9-27.

[116] Poria S, Cambria E, Ku L W, et al. A rule-based approach to aspect extraction from product reviews[C]//Proceedings of the second workshop on natural language processing for social media (SocialNLP). 2014: 28-37.

[117] Su Q, Xu X, Guo H, et al. Hidden sentiment association in chinese web opinion mining[C]//Proceedings of the 17th international conference on World Wide Web. 2008: 959-968.

[118] Raju S, Pingali P, Varma V. An unsupervised approach to product attribute extraction [C]//European Conference on Information Retrieval. Springer, Berlin, Heidelberg, 2009: 796-800.

[119] Jin W, Ho H H, Srihari R K. A novel lexicalized HMM-based learning framework for web opinion mining[C]//Proceedings of the 26th annual international conference on machine learning. Citeseer, 2009.

[120] Li F, Han C, Huang M, et al. Structure-aware review mining and summarization [C]//Proceedings of the 23rd International Conference on Computational Linguistics (Coling 2010), 2010: 653-661.

[121] Poria S,Cambria E,Gelbukh A. Deep convolutional neural network textual features and multiple kernel learning for utterance-level multimodal sentiment analysis[C]// Proceedings of the 2015 conference on empirical methods in natural language processing,2015:2539-2544.

[122] Poria S,Cambria E,Gelbukh A. Aspect extraction for opinion mining with a deep convolutional neural network[J]. Knowledge-Based Systems,2016,108:42-49.

[123] Cruz I,Gelbukh A F,Sidorov G. Implicit Aspect Indicator Extraction for Aspect based Opinion Mining[J]. Int. J. Comput. Linguistics Appl.,2014,5(2):135-152.

[124] Zhang Y,Zhu W. Extracting implicit features in online customer reviews for opinion mining[C]//Proceedings of the 22nd international conference on World Wide Web, 2013:103-104.

[125] Hai Z,Chang K,Kim J. Implicit feature identification via co-occurrence association rule mining[C]//International Conference on Intelligent Text Processing and Computational Linguistics. Springer,Berlin,Heidelberg,2011:393-404.

[126] 聂卉.隐主题模型下产品评论观点的凝聚与量化[J].情报学报,2017,36(6):565-573.

[127] 李伟卿,王伟军.基于大规模评论数据的产品特征词典构建方法研究[J].数据分析与知识发现,2018,2(1):41-50.

[128] 冯淑芳,王素格.面向观点挖掘的汽车评价本体知识库的构建[J].计算机应用与软件,2011,28(5):45-47+105.

[129] Zhang P,Gu H,Gartrell M,et al. Group-based latent dirichlet allocation (group-lda): Effective audience detection for books in online social media[J]. Knowledge-Based Systems,2016,105:134-146.

[130] Sohail S S,Siddiqui J,Ali R. Book recommendation system using opinion mining technique[C]//2013 international conference on advances in computing, communications and informatics (ICACCI),IEEE,2013:1609-1614.

[131] Sohail S S,Siddiqui J,Ali R. Feature extraction and analysis of online reviews for the recommendation of books using opinion mining technique[J]. Perspectives in Science, 2016,8:754-756.

[132] Cambria E,Chandra P,Sharma A,et al. Do not feel the trolls[J]. ISWC,Shanghai, 2010:664.

[133] Rajagopal D,Cambria E,Olsher D,et al. A graph-based approach to commonsense concept extraction and semantic similarity detection[C]//Proceedings of the 22nd International Conference on World Wide Web,2013:565-570.

[134] 李锋.基于核心关键词的聚类分析——兼论共词聚类分析的不足[J].情报科学, 2017.35(8):68-71+78.

[135] 傅柱,王曰芬.共词分析中术语收集阶段的若干问题研究[J].情报学报,2016.35(7):704-713.

[136] 胡昌平,陈果.科技论文关键词特征及其对共词分析的影响[J].情报学报,2014,33(1):

23-32.

[137] Wang Z Y, Li G, Li C Y, et al. Research on the semantic-based co-word analysis[J]. Scientometrics, 2012, 90(3): 855-875.

[138] Aitchison J. Words in the mind: An introduction to the mental lexicon[M]. New York: John Wiley & Sons, 2012.

[139] 束定芳, 黄洁. 汉语反义复合词构词理据和语义变化的认知分析[J]. 外语教学与研究, 2008(6): 418-422+480.

[140] 陈艳艳, 张萍. 语义和主题聚类呈现对英语词汇联想反应的影响[J]. 外语界, 2018(6): 61-69+78.

[141] Waltman L, Van Eck N J, Noyons E C M. A unified approach to mapping and clustering of bibliometric networks[J]. Journal of informetrics, 2010, 4(4): 629-635.

[142] Manning C D. Part-of-speech tagging from 97% to 100%: is it time for some linguistics?[C]//International conference on intelligent text processing and computational linguistics. Springer, Berlin, Heidelberg, 2011: 171-189.

[143] Paice C D. Another stemmer[C]//ACM Sigir Forum. New York, NY, USA: ACM, 1990, 24(3): 56-61.

[144] SenticNet. Concept Parser[DB/OL]. http://www.sentic.net/, [May 23, 2021].

[145] Van Eck N, Waltman L. Software survey: VOSviewer, a computer program for bibliometric mapping[J]. scientometrics, 2010, 84(2): 523-538.

[146] 杨颖, 崔雷. 基于共词可视化的学科战略情报研究[J]. 情报学报, 2011, 30(3): 325-330.

[147] 秦洪武, 孔蕾, 徐欣.《论语》英语多译本受纳状况多维数据分析[J]. 外语教学与研究, 2020, 52(4): 580-593+641.

[148] 陈卫斌.《红楼梦》英译副文本比较与翻译接受[J]. 中国比较文学, 2020(2): 112-124.

[149] 王科, 夏睿. 情感词典自动构建方法综述[J]. 自动化学报, 2016, 42(4): 495-511.

[150] 霍跃红, 邓亚丽. 文学作品中情感翻译效度研究[J]. 大连理工大学学报(社会科学版), 2017, 38(3): 150-155.

[151] 邓林, 石春让. 莫言小说英译本在西方读者群体中接受态度的微观情感分析[J]. 湖北科技学院学报, 2020, 40(4): 85-89.

[152] 李烨, 蒋炜. 影响杨译本《红楼梦》接受性因素的分析[J]. 安康学院学报, 2021, 33(1): 51-55.

[153] Mohammad S, Dunne C, Dorr B. Generating high-coverage semantic orientation lexicons from overtly marked words and a thesaurus[C]//Proceedings of the 2009 conference on empirical methods in natural language processing. 2009: 599-608.

[154] Westgate A, Valova I. A Graph Based Approach to Sentiment Lexicon Expansion[C]//International Conference on Industrial, Engineering and Other Applications of Applied Intelligent Systems. Springer, 2018: 530-541.

[155] SAGLAM F, Genc B, Sever H. Extending a sentiment lexicon with synonym—

antonym datasets:SWNetTR++[J].Turkish Journal of Electrical Engineering and Computer Sciences,2019,27(3):1806-1820.

[156] Shaukat K,Hameed I A,Luo S,et al. Domain Specific Lexicon Generation through Sentiment Analysis[J]. International Journal of Emerging Technologies in Learning (iJET),2020,15(9):190-204.

[157] Kamps J,Marx M,Mokken R J,et al. Using WordNet to measure semantic orientations of adjectives[C]//Lrec,2004,4:1115-1118.

[158] Wang Y,Zhang Y,Liu B. Sentiment lexicon expansion based on neural pu learning, double dictionary lookup, and polarity association[C]//Proceedings of the 2017 Conference on Empirical Methods in Natural Language Processing,2017:553-563.

[159] Wu F,Huang Y,Yuan Z. Domain-specific sentiment classification via fusing sentiment knowledge from multiple sources[J]. Information Fusion,2017,35:26-37.

[160] 贺飞艳,何炎祥,刘楠,等.面向微博短文本的细粒度情感特征抽取方法[J].北京大学学报(自然科学版),2014,50(1):48-54.

[161] Turney P D,Littman M L. Measuring praise and criticism: Inference of semantic orientation from association[J]. acm Transactions on Information Systems (tois), 2003,21(4):315-346.

[162] Mullen T,Collier N. Sentiment analysis using support vector machines with diverse information sources[C]//Proceedings of the 2004 conference on empirical methods in natural language processing,2004:412-418.

[163] Liu J,Yan M,Luo J. Research on the construction of sentiment lexicon based on Chinese microblog[C]//2016 8th International Conference on Intelligent Human-Machine Systems and Cybernetics (IHMSC). IEEE,2016,2:56-59.

[164] 叶霞,曹军博,许飞翔,等.中文领域情感词典自适应学习方法[J].计算机工程与设计,2020,41(8):2231-2237.

[165] 聂卉,首欢容.基于修正点互信息的特征级情感词极性自动研判[J].图书情报工作, 2020,64(5):114-123.

[166] Hamilton W L,Clark K,Leskovec J,et al. Inducing domain-specific sentiment lexicons from unlabeled corpora[C]//Proceedings of the conference on empirical methods in natural language processing. conference on empirical methods in natural language processing. NIH Public Access,2016:595.

[167] Labille K,Gauch S,Alfarhood S. Creating domain-specific sentiment lexicons via text mining[C]//Proc. Workshop Issues Sentiment Discovery Opinion Mining (WISDOM),2017:1-8.

[168] Kiritchenko S,Zhu X,Mohammad S M. Sentiment analysis of short informal texts [J]. Journal of Artificial Intelligence Research,2014,50:723-762.

[169] Han H,Zhang J,Yang J,et al. Generate domain-specific sentiment lexicon for review sentiment analysis[J]. Multimedia Tools and Applications,2018,77(16): 21265-21280.

[170] Chen Z, Li X, Wang M, et al. Domain sentiment dictionary construction and optimization based on multi-source information fusion[J]. Intelligent Data Analysis, 2020, 24(2): 229-251.

[171] Sharma S S, Dutta G. SentiDraw: Using star ratings of reviews to develop domain specific sentiment lexicon for polarity determination[J]. Information Processing & Management, 2021, 58(1): 102412.

[172] Hatzivassiloglou V, McKeown K. Predicting the semantic orientation of adjectives[C]//35th annual meeting of the association for computational linguistics and 8th conference of the european chapter of the association for computational linguistics, 1997: 174-181.

[173] Qiu G, Liu B, Bu J, et al. Expanding domain sentiment lexicon through double propagation[C]//Twenty-First International Joint Conference on Artificial Intelligence, 2009: 1199-1204.

[174] Wu S, Wu F, Chang Y, et al. Automatic construction of target-specific sentiment lexicon[J]. Expert Systems with Applications, 2019, 116: 285-298.

[175] Hutto C, Gilbert E. Vader: A parsimonious rule-based model for sentiment analysis of social media text[C]//Proceedings of the international AAAI conference on web and social media, 2014, 8(1): 216-225.

[176] Huang S, Niu Z, Shi C. Automatic construction of domain-specific sentiment lexicon based on constrained label propagation[J]. Knowledge-Based Systems, 2014, 56: 191-200.

[177] 吴鹏,李婷,仝冲,等. 基于OCC模型和LSTM模型的财经微博文本情感分类研究[J]. 情报学报, 2020, 39(1): 81-89.

[178] Li W, Guo K, Shi Y, et al. DWWP: Domain-specific new words detection and word propagation system for sentiment analysis in the tourism domain[J]. Knowledge-Based Systems, 2018, 146: 203-214.

[179] 杨小平,张中夏,王良,等. 基于Word2Vec的情感词典自动构建与优化[J]. 计算机科学, 2017, 44(1): 42-47+74.

[180] 张璞,王俊霞,王英豪. 基于标签传播的情感词典构建方法[J]. 计算机工程, 2018, 44(5): 168-173.

[181] Li W, Zhu L, Guo K, et al. Build a tourism-specific sentiment lexicon via word2vec[J]. Annals of Data Science, 2018, 5(1): 1-7.

[182] 蒋翠清,郭轶博,刘尧. 基于中文社交媒体文本的领域情感词典构建方法研究[J]. 数据分析与知识发现, 2019, 3(2): 98-107.

[183] Cambria E, Li Y, Xing F Z, et al. SenticNet 6: Ensemble application of symbolic and subsymbolic AI for sentiment analysis[C]//Proceedings of the 29th ACM international conference on information & knowledge management, 2020: 105-114.

[184] Dong Z, Dong Q, Ebrary I. Hownet and the Computation of Meaning[J]. World Scientific Publishing Co. Inc, 2015.

[185] Dong Z, Dong Q. HowNet-a hybrid language and knowledge resource[C]//International conference on natural language processing and knowledge engineering, IEEE,2003：820-824.

[186] 李志义,黄子风,许晓绵.基于表示学习的跨模态检索模型与特征抽取研究综述[J].情报学报,2018,37(4)：422-435.

[187] 林江豪,周咏梅,阳爱民,等.基于词向量的领域情感词典构建[J].山东大学学报(工学版),2018,48(3)：40-47.

[188] 徐琳宏,林鸿飞,潘宇,等.情感词汇本体的构造[J].情报学报,2008,27(2)：180-185.

[189] Vilares D, Peng H, Satapathy R, et al. BabelSenticNet: a commonsense reasoning framework for multilingual sentiment analysis[C]//2018 IEEE symposium series on computational intelligence (SSCI). IEEE,2018：1292-1298.

[190] Bojanowski P, Grave E, Joulin A, et al. Enriching word vectors with subword information[J]. Transactions of the association for computational linguistics,2017,5：135-146.

[191] Blitzer J, Dredze M, Pereira F. Biographies, bollywood, boom-boxes and blenders: Domain adaptation for sentiment classification[C]//Proceedings of the 45th annual meeting of the association of computational linguistics,2007：440-447.

[192] Pang B, Lee L, Vaithyanathan S. Thumbs up? Sentiment classification using machine learning techniques[C]//Proceedings of the Conference on Empirical Methods in Natural Language Processing,2002：79-86.

[193] Kesarwani A. New York Times Comments[DB/OL].[2021-05-23]. https://www.kaggle.com/aashita/nyt-comments.

[194] 张华平.NLPIR 微博内容语料库[DB/OL].[2021-05-23]. http://www.nlpir.org/wordpress/download/ weibo_content_corpus.rar.

[195] SMP2020-EWECT. SMP2020 微博情绪分类评测[DB/OL].(2020). https://smp2020ewect.github.io/.

[196] 祁瑞华,简悦,郭旭,等.(2020).融合特征与注意力的跨领域产品评论情感分析[J].数据分析与知识发现,4(12)：85-94.

[197] Dai W, Yang Q, Xue GR, Yu Y. Boosting for Transfer Learning. Machine Learning[C]//Proceedings of the Twenty-Fourth International Conference.2007：193-200.

[198] Xu R, Xu J, Wang X. Instance level transfer learning for cross lingual opinion analysis[C]//Proceedings of the 2nd Workshop on Computational Approaches to Subjectivity and Sentiment Analysis (WASSA 2.011).2011：182-188.

[199] Vieriu R L, Rajagopal A K, Subramanian R, et al. Boosting-based transfer learning for multi-view head-pose classification from surveillance videos[C]//2012 Proceedings of the 20th European Signal Processing Conference (EUSIPCO). IEEE,2012：649-653.

[200] Chattopadhyay R, Sun Q, Fan W, et al. Multisource domain adaptation and its application to early detection of fatigue[J]. ACM Transactions on Knowledge

Discovery from Data (TKDD),2012,6(4):1-26.

[201] Gui L,Lu Q,Xu R,et al. Improving transfer learning in cross lingual opinion analysis through negative transfer detection[C]//International Conference on Knowledge Science,Engineering and Management. Springer,Cham,2015:394-406.

[202] Blitzer J,McDonald R,Pereira F. Domain adaptation with structural correspondence learning[C]//Proceedings of the 2006 conference on empirical methods in natural language processing,2006:120-128.

[203] Pan S J,Ni X,Sun J T,et al. Cross-domain sentiment classification via spectral feature alignment[C]//Proceedings of the 19th international conference on World wide web,2010:751-760.

[204] Xia R,Zong C,Hu X,et al. Feature ensemble plus sample selection: domain adaptation for sentiment classification[J]. IEEE Intelligent Systems,2013,28(3):10-18.

[205] Zhou J T,Tsang I W,Pan S J,et al. Heterogeneous domain adaptation for multiple classes[C]//Artificial intelligence and statistics. PMLR,2014:1095-1103.

[206] Zhou G,Zhou Y,Guo X,et al. Cross-domain sentiment classification via topical correspondence transfer[J]. Neurocomputing,2015,159:298-305.

[207] Glorot X,Bordes A,Bengio Y. Domain adaptation for large-scale sentiment classification: A deep learning approach[C]//ICML,2011:513-520.

[208] Chen M,Xu Z,Weinberger K,et al. Marginalized denoising autoencoders for domain adaptation[C]//Proceedings of the 29th International Coference on International Conference on Machine Learning,2012.

[209] Sun M,Tan Q,Ding R,et al. Cross-domain sentiment classification using deep learning approach[C]//2014 IEEE 3rd International Conference on Cloud Computing and Intelligence Systems. IEEE,2014:60-64.

[210] Peters M,Neumann M,Iyyer M,et al. Deep Contextualized Word Representations [C]//Proceedings of the 2018 Conference of the North American Chapter of the Association for Computational Linguistics: Human Language Technologies,Volume 1 (Long Papers),2018:2227-2237.

[211] Dai A M,Le Q V. Semi-supervised sequence learning[J]. Advances in neural information processing systems,2015,28.

[212] Mikolov T,Chen K,Corrado G,et al. Efficient estimation of word representations in vector space[J]. preprint arXiv:1301.3781,2013.

[213] Yu J,Jiang J. Learning sentence embeddings with auxiliary tasks for cross-domain sentiment classification[C]//Proceedings of the 2016 conference on empirical methods in natural language processing,2016:236-246.

[214] Li Y,Baldwin T,Cohn T. What's in a domain? learning domain-robust text representations using adversarial training[C]//Proceedings of the conference of the north American chapter of the association for computational linguistics: human language technologies,Volume 2 (Short Papers),2018:474-479.

[215] Zhang L, Tu K, Zhang Y. Latent variable sentiment grammar[C]//Proceedings of the 57th annual meeting of the association for computational linguistics, 2019: 4642-4651.

[216] Akhtar M S, Garg T, Ekbal A. Multi-task learning for aspect term extraction and aspect sentiment classification[J]. Neurocomputing, 2020, 398: 247-256.

[217] Tai K S, Socher R, Manning C D. Improved semantic representations from tree-structured long short-term memory networks[C]//Proceedings of the 53rd annual meeting of the association for computational linguistics and the 7th international joint conference on natural language processing (Volume 1: Long Papers), 2015: 1556-1566.

[218] Qiao Q, Huang M, Lei J, et al. Linguistically regularized LSTM for sentiment classification[C]//Proceedings of the 55th Annual Meeting of the Association for Computational Linguistics, 2017: 1679-1689.

[219] Ganin Y, Ustinova E, Ajakan H, et al. Domain-adversarial training of neural networks[J]. The journal of machine learning research, 2016, 17(1): 2096-2030.

[220] Wei X, Lin H, Yang L, et al. A convolution-LSTM-based deep neural network for cross-domain MOOC forum post classification[J]. Information, 2017, 8(3): 92.

[221] Yang Z, Yang D, Dyer C, et al. Hierarchical attention networks for document classification[C]//Proceedings of the 2016 conference of the North American chapter of the association for computational linguistics: human language technologies, 2016: 1480-1489.

[222] Gu Y, Yang K, Fu S, et al. Multimodal affective analysis using hierarchical attention strategy with word-level alignment[J]. arXiv: 1805.08660v1, 2018.

[223] Li Z, Zhang Y, Wei Y, et al. End-to-End Adversarial Memory Network for Cross-domain Sentiment Classification[C]//IJCAI, 2017: 2237-2243.

[224] Jatnika D, Bijaksana M A, Suryani A A. Word2vec model analysis for semantic similarities in english words[J]. Procedia Computer Science, 2019, 157: 160-167.

[225] Hochreiter S, Schmidhuber J. Long short-term memory[J]. Neural computation, 1997, 9(8): 1735-1780.

[226] Liu X, He P, Chen W, Gao, J. Multi-Task Deep Neural Networks for Natural Language Understanding[C]//Proceedings of the 57th Annual Meeting of the Association for Computational Linguistics, 2019: 4487-4496.

[227] Subramanian S, Trischler A, Bengio Y, et al. Learning General Purpose Distributed Sentence Representations via Large Scale Multi-task Learning[C]//International Conference on Learning Representations, 2018.

[228] Lu G, Zhao X, Yin J, et al. Multi-task learning using variational auto-encoder for sentiment classification[J]. Pattern Recognition Letters, 2020, 132: 115-122.

[229] Majumder N, Poria S, Peng H, et al. Sentiment and sarcasm classification with multitask learning[J]. IEEE Intelligent Systems, 2019, 34(3): 38-43.

[230] Fortin M P, Chaib-Draa B. Multimodal Sentiment Analysis: A Multitask Learning Approach[C]//ICPRAM,2019: 368-376.

[231] Wu F, Wu C, Liu J. Imbalanced sentiment classification with multi-task learning [C]//Proceedings of the 27th ACM international conference on information and knowledge management,2018: 1631-1634.

[232] Li X, Lam W. Deep multi-task learning for aspect term extraction with memory interaction[C]//Proceedings of the 2017 conference on empirical methods in natural language processing,2017: 2886-2892.

[233] Liu Q, Gao Z, Liu B, et al. Automated rule selection for aspect extraction in opinion mining[C]//Twenty-Fourth international joint conference on artificial intelligence, 2015: 1291-1297.

[234] He R, Lee W S, Ng H T, et al. An unsupervised neural attention model for aspect extraction[C]//Proceedings of the 55th Annual Meeting of the Association for Computational Linguistics (Volume 1: Long Papers),2017: 388-397.

[235] Wang W, Pan S J, Dahlmeier D, et al. Coupled multi-layer attentions for co-extraction of aspect and opinion terms[C]//Proceedings of the AAAI conference on artificial intelligence,2017,31(1): 3316-3322.

[236] Tang D, Qin B, Feng X, et al. Effective LSTMs for Target-Dependent Sentiment Classification[C]//Proceedings of COLING 2016, the 26th International Conference on Computational Linguistics: Technical Papers,2016: 3298-3307.

[237] Ma D, Li S, Zhang X, et al. Interactive attention networks for aspect-level sentiment classification[C]//Proceedings of the 26th International Joint Conference on Artificial Intelligence,2017: 4068-4074.

[238] Li X, Bing L, Lam W, et al. Transformation Networks for Target-Oriented Sentiment Classification[C]//Proceedings of the 56th Annual Meeting of the Association for Computational Linguistics (Volume 1: Long Papers),2018: 946-956.

[239] Fan F, Feng Y, Zhao D. Multi-grained attention network for aspect-level sentiment classification[C]//Proceedings of the 2018 conference on empirical methods in natural language processing,2018: 3433-3442.

[240] Phan M H, Ogunbona P O. Modelling context and syntactical features for aspect-based sentiment analysis [C]//Proceedings of the 58th annual meeting of the association for computational linguistics,2020: 3211-3220.

[241] Yang H, Zeng B, Yang J H, et al. A multi-task learning model for chinese-oriented aspect polarity classification and aspect term extraction[J]. Neurocomputing,2021, 419: 344-356.

[242] 王树槐. 杨、霍英译《红楼梦》文化传通的诗学比较[J]. 外语教学与研究,2020, 52(6): 929-939+961.

[243] 范敏. 新时代《论语》翻译策略及其传播路径创新[J]. 西安外国语大学学报,2019, 27(3): 94-98.

[244] 张小曼,刘欲阳.翻译规范视域下的《论语》英译——以刘殿爵译本为例[J].安徽大学学报(哲学社会科学版),2018,42(4):92-98.

[245] 张晓雪.翻译说服论视角下《论语》英译本接受效果分析——以 Google Scholar 被引统计为依据[J].出版发行研究,2019(3):70-76+95.

[246] 杨林.典籍英译中译者的主体性选择——《论语》英译本比较研究[J].北方民族大学学报,2020(6):139-143.

[247] 秦洪武,孔蕾,徐欣.《论语》英语多译本受纳状况多维数据分析[J].外语教学与研究,2020,52(4):580-593+641.

[248] 朱峰.深度翻译中的译者角色与翻译策略——以金安平《论语》英译本为例[J].中国文化研究,2019,(4):149-159.

[249] 陈甜.《三国演义》邓罗英译本的再评价[J].中州学刊,2013(9):162-165.

[250] 董琇.罗慕士英译《三国演义》风格之探析——以邓罗译本为对比参照[J].中国翻译,2016,37(4):93-99.

[251] 张晓红,刘金龙.典籍英译对外出版的读者定位——以《三国演义》的英译为例[J].中国出版,2015(14):29-32.

[252] 裘禾敏.典籍英译与东方情调化翻译倾向[J].西安外国语大学学报,2019,27(1):87-90.

[253] 屠国元,吴莎.《孙子兵法》英译本的历时性描写研究[J].中南大学学报(社会科学版),2011,17(4):187-191.

[254] 周远航.论詹纳尔《西游记》英译本的异质性及意义[J].上海翻译,2018(4):44-49.

[255] 王文强.《西游记》英译史研究[D].上海:上海外国语大学,2019.

[256] 朱明胜.《西游记》英译本副文本解读[J].小说评论,2016(4):100-107.